やわらかアカデミズム
〈わかる〉シリーズ

よくわかる

国際政治

広瀬佳一/小笠原高雪/小尾美千代
[編著]

ミネルヴァ書房

はじめに

現代の国際政治は複雑多岐な内容となっています。国際政治を動かしている基本単位には国家があるわけですが，冷戦が終わると，国際機構，地域機構などが活発に活動するようになりました。さらにそのほかにもNGO，NPOや多国籍企業などの非国家主体が国際政治に大きな影響を与えるようになっています。国際政治のテーマも，もともとは国家による外交，戦争と平和の問題が中心でしたが，そこから近年では経済を中心とするグローバル化，相互依存などの問題，テロと内戦，サイバーや宇宙の問題，気候変動の問題，さらには感染症パンデミックの問題など，非常に多岐にわたっています。

本書は，こうした複雑な国際政治の全体像を，「よくわかる」シリーズの1つとして，平易なことばで解説することを試みました。構成は以下のようになっています。

・序　国際政治の視点

　本書を理解する助走として，国際政治の性格，主体，外交と戦争，国際政治を動かす力について説明します。

・第1部　国際政治の歴史

　国際社会の原型から，主権国家体系のはじまり，国民国家の台頭，帝国主義の隆盛と二つの世界大戦および冷戦までを説明します。

・第2部　国際政治の基礎

　国際政治を理解するうえで重要な概念や，対外政策の理論，国際制度・機構などを説明します。

・第3部　国際安全保障

　国家が織りなす戦争と平和，国際秩序の条件などの問題を説明します。

・第4部　国際政治経済

　グローバル化する経済と政治の相互作用，開発や環境などの問題を説明します。

・第5部　現代の課題

　21世紀のテーマとして考えられる世界各地域の課題やグローバルな課題を説明し，最後に日本にとっての課題を考えます。

このほかに，本書の特徴として，随所に合計19のコラムを収録し，国際政治の重要な視点やキーワードあるいは最新の動向を，エピソードをまじえてわかりやすく解説することを試みています。

このように本書は国際政治を初めて学ぶ人にも理解がしやすいように編集されていますが，各項の執筆は，それぞれの分野の気鋭の専門家の手になるもので，基礎的な事柄を踏まえつつも，最新の研究をもカバーした内容となっています。

本書は，大学の学部教養課程や専門基礎課程で，国際政治学，国際関係論，国際政治経済学，国際政治史などの科目のテキストとして使用されることを想定していますが，国際政治や国際関係の動きに関心を持っているビジネスマンなど，広く社会人の方々にも利用していただけるように工夫しています。

本書が国際政治の全体像を理解するうえで，読者のみなさんに少しでも役に立つことができれば，執筆者一同にとってこの上ない喜びです。また本書を読みすすめたうえで，さらなる好奇心が喚起され，学びを深めていただければ望外の幸せです。

2021年８月

編者を代表して　広瀬佳一

もくじ

X　グローバル経済の新局面をめぐる国際政治

第5部　現代の課題

XI　国家・地域の課題

XII　グローバルな課題

XIII　日本の課題

コラム一覧

略語表

ABM	Anti-Ballistic Missile	弾道弾迎撃ミサイル
ADB	Asian Development Bank	アジア開発銀行
AGI	Artificial General Intelligence	汎用人工知能
AI	Artificial Intelligence	人工知能
AIIB	Asian Infrastructure Investment Bank	アジアインフラ投資銀行
AIPAC	American Israel Public Affairs Committee	アメリカ・イスラエル公共問題委員会
APEC	Asia-Pacific Economic Cooperation	アジア太平洋経済協力
ARF	ASEAN Regional Forum	ASEAN 地域フォーラム
ASEAN	Association of South-East Asian Nations	東南アジア諸国連合
AU	African Union	アフリカ連合
BMD	Ballistic Missile Defense	弾道ミサイル防衛
BRICs	Brazil, Russia, India, China	ブラジル，ロシア，インド，中国
BRICS	Brazil, Russia, India, China, South Africa	ブラジル，ロシア，インド，中国，南アフリカ
BWC	Biological Weapons Convention	生物兵器禁止条約
CAN	Climate Action Network	気候行動ネットワーク
CCS	Carbon dioxide Capture and Storage	二酸化炭素回収・貯留
CCUS	Carbon dioxide Capture, Utilization and Storage	二酸化炭素回収・有効利用・貯留
CCW	Convention on Certain Conventional Weapons	特定通常兵器使用禁止制限条約
CELAC	Community of Latin American and Caribbean States	ラテンアメリカ・カリブ諸国共同体
CFE 条約	Treaty on Conventional Armed Forces in Europe	欧州通常戦力条約
CMI	Crisis Management Initiative	危機管理イニシアティブ
COMECON	Council for Mutual Economic Assistance	経済相互援助会議
COMESA	Common Market for Eastern and Southern Africa	東南部アフリカ市場共同体
COP	Conference of the Parties	（国連気候変動枠組条約）締約国会議
COVAX	COVID-19 Vaccine Global Access	COVID-19ワクチン・グローバル・アクセス
COVID-19	Coronavirus disease 2019	2019年に発生した新型コロナウイルスによる急性呼吸器疾患
CPTPP	Comprehensive and Progressive Trans-Pacific Partnership	環太平洋パートナーシップに関する包括的及び先進的な協定
CSCE	Conference on Security and Cooperation in Europe	欧州安全保障協力会議
CSO	Civil Society Organization	市民社会組織
CWC	Chemical Weapons Convention	化学兵器禁止条約
DAC	Development Assistance Committee	（OECD）開発援助委員会
DDR	Disarmament, Demobilization, and Reintegration	武装解除・動員解除・社会復帰
DSB	Dispute Settlement Body	（WTO）紛争解決機関
DSU	Dispute Settlement Understanding	（WTO）紛争解決了解
EAC	East African Community	東アフリカ共同体
EAS	East Asia Summit	東アジア首脳会議

ECCAS	Economic Community of Central African States	中部アフリカ諸国経済共同体
ECOMOG	Economic Community of West African States Monitoring Group	西アフリカ諸国経済共同体監視団
ECOWAS	Economic Community of West African States	西アフリカ経済共同体
ECU	European Currency Unit	欧州通貨単位
EEC	European Economic Community	欧州経済共同体
EEZ	Exclusive Economic Zone	排他的経済水域
EMS	European Monetary System	欧州通貨制度
EPA	Economic Partnership Agreement	経済連携協定
EU	European Union	欧州連合
FOCAC	Forum on China-Africa Cooperation	中国アフリカ協力フォーラム
FOIP	Free and Open Indo-Pacific	自由で開かれたインド太平洋
FSB	Financial Stability Board	金融安定理事会
FTA	Free Trade Agreement	自由貿易協定
FTAAP	Free Trade Area of the Asia-Pacific	アジア太平洋自由貿易圏
GATS	General Agreement on Trade in Services	サービスの貿易に関する一般協定
GATT	General Agreement on Tariffs and Trade	関税及び貿易に関する一般協定
GAVI	Global Alliance for Vaccines and Immunization	ワクチンと予防接種のための世界同盟
GCC	Gulf Cooperation Council	湾岸協力機構
GDP	Gross Domestic Product	国内総生産
GGE	Group of Governmental Experts	（国連）政府専門家会合
GI	Geographical Indication	地理的表示
GNI	Gross National Income	国民総所得
GNP	Gross National Product	国民総生産
HGV	Hypersonic boost-Glide Vehicle	極超音速滑空飛翔体
IAEA	International Atomic Energy Agency	国際原子力機関
IAMD	Integrated Air and Missile Defense	統合防空ミサイル防衛
IBRD	International Bank for Reconstruction and Development	国際復興開発銀行
ICAN	International Campaign to Abolish Nuclear Weapons	核兵器廃絶キャンペーン
ICBL	International Campaign to Ban Landmines	地雷禁止国際キャンペーン
ICBM	Intercontinental Ballistic Missile	大陸間弾道ミサイル
ICT	Information and Communication Technology	情報通信技術
IDA	International Development Association	国際開発協会
IDPF	International Drug Purchase Facility	国際医薬品購入ファシリティー
IFPMA	International Pharmaceutical Federation of Pharmaceutical Manufacturers & Associations	国際製薬団体連合会
IGAD	Inter-Governmental Authority on Development	（アフリカ）政府間開発機構
IGO	Intergovernmental Organization	政府間組織
IMF	International Monetary Fund	国際通貨基金
INF	Intermediate-range Nuclear Forces	中距離核戦力
INGO	International Non-Governmental Organization	国際非政府組織
IOM	International Organization for Migration	国際移住機関
IoT	Internet of Things	モノのインターネット
IPCC	Intergovernmental Panel on Climate Change	気候変動に関する政府間パネル
ISAF	International Security Assistance Force	国際治安支援部隊

ISIL	Islamic State in Iraq and the Levant	イラク・レバントのイスラーム国
IT	Information Technology	情報技術
ITO	International Trade Organization	国際貿易機関
JADGE	Japan Aerospace Defense Ground Environment	自動警戒管制システム
LAWS	Lethal Autonomous Weapons Systems	自律型致死兵器システム
MAD	Mutual Assured Destruction	相互確証破壊
MaRV	Maneuverable Reentry Vehicle	終末誘導機動弾頭
MBFR	Mutual and Balanced Force Reduction	中部欧州相互均衡兵力削減交渉
MDGs	Millennium Development Goals	ミレニアム開発目標
MIRV	Multiple Independently-targetable Reentry Vehicle	個別目標誘導複数弾頭
MONUSCO	United Nations Organization Stabilization Mission in the Democratic Republic of the Congo	国連コンゴ民主共和国安定化ミッション
MPP	Medicines Patent Pool	医薬品特許プール
NAFTA	North American Free Trade Agreement	北米自由貿易協定
NATO	North Atlantic Treaty Organization	北大西洋条約機構
NGO	Non-Governmental Organizations	非政府組織
NPO	Non-Profit Organization	非営利団体
NPT	Treaty on the Non-Proliferation of Nuclear Weapons	核兵器不拡散条約
NSA	Negative Security Assurances	消極的安全保証
NSG	Nuclear Suppliers Group	原子力供給国グループ
OAS	Organization of American States	米州機構
OAU	Organization of African Unity	アフリカ統一機構
ODA	Official Development Assistance	政府開発援助
OECD	Organisation for Economic Co-operation and Development	経済協力開発機構
OIC	Organisation of Islamic Cooperation	イスラーム協力機構
OSCE	Organization for Security and Co-operation in Europe	欧州安全保障協力機構
PBC	Peacebuilding Commission	(国連) 平和構築委員会
PBSO	Peacebuilding Support Office	(国連) 平和構築支援事務所
PfP	Partnership for Peace	平和のためのパートナーシップ
PKO	Peacekeeping Operations	(国連) 平和維持活動
PLEO	Proliferated Low Earth Orbit	多数展開低軌道
PRSP	Poverty Reduction Strategy Papers	貧困戦略削減ペーパー
Quad	Quadrilateral Security Dialogue	日米豪印戦略対話 (クアッド)
RCEP 協定	Regional Comprehensive Economic Partnership	地域的な包括的経済連携協定
REC	Regional Economic Community	(アフリカ) 地域経済共同体
RIC	Russia, India, China	ロシア, インド, 中国
RTA	Regional Trade Agreement	地域貿易協定
S&D	Special and Differential treatment	特別かつ異なる待遇
SADC	Southern African Development Community	南部アフリカ開発共同体
SALT	Strategic Arms Limitation Talks	戦略兵器制限交渉
SART	Strategic Arms Reduction Treaty	戦略兵器削減条約
SCO	Shanghai Cooperation Organization	上海協力機構
SDGs	Sustainable Development Goals	持続可能な開発目標
SEATO	Southeast Asia Treaty Organization	東南アジア条約機構
SLBM	Submarine-Launched Ballistic Missile	潜水艦発射弾道ミサイル

SSR	Security Sector Reform	治安部門改革
TPP 協定	Trans-Pacific Partnership	環太平洋パートナーシップ協定
TRIMs 協定	Trade-Related Investment Measures	貿易に関連する投資措置に関する協定
TRIPS 協定	Trade-Related Aspects of Intellectual Property Rights	知的所有権の貿易関連の側面に関する協定
UNCTAD	United Nations Conference on Trade and Development	国連貿易開発会議
UNDP	United Nations Development Programme	国連開発計画
UNEF I	First United Nations Emergency Force	第一次国連緊急隊
UNFCCC	United Nations Framework Convention on Climate Change	国連気候変動枠組条約
UNHCR	Office of the United Nations High Commissioner for Refugees	国連難民高等弁務官事務所
UNOSOM II	United Nations Operation in Somalia II	第二次国連ソマリア活動
USMCA	United States-Mexico-Canada Agreement	アメリカ・メキシコ・カナダ協定
WFP	World Food Programme	世界食糧計画
WHO	World Health Organization	世界保健機関
WMD	Weapons of Mass Destruction	大量破壊兵器
WMO	World Meteorological Organization	世界気象機関
WTO	World Trade Organization	世界貿易機関

やわらかアカデミズム・〈わかる〉シリーズ

よくわかる
国際政治

国際政治の性格

1 政治と国家

国際政治の性格を考える手がかりの一つは，それを国内政治と比較してみることであろう。**イーストン**の簡潔な定義を借りれば，政治は「社会に対する価値の権威的配分」である。独立，安全，生存，繁栄などの価値を，人々が満足ゆくまで手に入れようとすれば，いずれ取り合いが起きるであろう。当事者間で自発的に調整し，適切に分け合うことができる場合はそれでよい。しかし，どのように配分するかを社会全体として決定し，社会全体として順守することが必要な場合もある。それが権威的配分である。

▷イーストン（David Easton, 1917-2014）アメリカの政治学者。行動科学を政治分析に導入。『政治体系』（1953）ほか。

価値の権威的配分は，国内社会においては日常的におこなわれている。国家は統治機構を持っており，決定を強制する力を持っている。それゆえ果てしなく議論が続き，いつまで待っても結論が出ないようなことはない。決定を破る者がいた場合には，ペナルティを課されることもある。統治機構には軍や警察などの実力組織も「最後の切札」として備わっている。通常の国内政治はそうした前提のもとで営まれている。

2 国家間の相互作用

国内政治と同様のことが国際政治についてもいえるであろうか。国際社会は無政府状態（アナーキー）にあるとしばしばいわれる。各国単位の統治機構は存在しても，世界規模の統治機構は存在しない。この点に着目すれば，国際社会を無政府状態というのも誤りではないであろう。少なくとも，国際社会が国内社会と比べて，きわめて分権的であるのは明白である。

国際社会がきわめて分権的である限り，価値の権威的配分は難しい。それがまがりなりにも可能となるのは，大国の思惑が一致している場合や，国際法が働きやすい案件などに限られる。権威的配分が難しければ，価値をどのように配分するかは，基本的には国家間で決めることになる。国家間では多くの場合，外交による調整が図られる。それは通常の国内政治と比較すれば，不安定で不確実なものとなりやすい。調整に失敗した場合には，戦争で決着をつける可能性もないとはいえない。国家間のそのような相互作用を，**クリック**は「一種の疑似政治」と呼んでいる。

▷クリック（Bernard Crick, 1929-2008）イギリスの政治学者。『政治を弁護する』（1962），『ジョージ・オーウェル』（1980）など。

もっと確固とした平和を望むならば，国際社会の分権性を変革するのが根本的な対策であろう。しかし世界はきわめて多様であり，さまざまな価値体系が存在している。無理に統一を急ぐならば，一大強国による世界支配を招くことにもなりかねない。こうして伝統的な国際政治観は，国際社会の分権性を受け入れたうえで，その欠点の改善を図ることを重視する。そうした考え方は**リアリズム（現実主義）**の源流となっている。

▷リアリズム（現実主義）
⇨IV-1「リアリズム」

3 相互依存を深める世界

伝統的な国際政治観に対しては，有力な反対論も存在している。各国内の企業，団体，個人のなかには国境を越えて活動し，国際的なネットワークを形成しているものも少なくない。それらは何らかの目的や利益を共有しており，次第に共同体意識を育んでゆくであろう。われわれは国別に色分けされた世界地図を見慣れているが，実際の社会は国境を越えて繋がり合っている。その繋がり合いが深まってゆくと，相互依存と呼ばれる段階になる。

相互依存を裏に返せば，国家の独立性の減少となるが，それは必ずしも悪いことではない。20世紀は国家間の相互作用が暴力的となり，大きな惨禍を招いた時代であった。相互依存を深めたからといって，国際社会の分権性がただちに解消されるわけではない。しかし戦争の危険はかなり軽減されるであろう。相互依存しあう国家が戦争したとき，「共倒れ」に陥るおそれが大きいのならば，互いに自制せざるをえないはずである。こうした考え方は**リベラリズム（自由主義）**の源流となっている。

▷リベラリズム（自由主義）⇨IV-2「リベラリズム」

4 複合的な視点

以上の二つの考え方に傾聴するべき部分はそれぞれあるが，少なくともこれまでのところ，国際政治における国家の重要性はそれほど減少していない。むしろ国境を越える相互作用の増加とともに，それらの管理や規制における国家の役割は拡大している。相互依存が平和を増進するかどうかも確実ではない。国境を越えて活動する団体にはテロ集団や犯罪組織も含まれており，ある意味では国家以上に厄介である。相互依存を利用して勢力を急速に伸ばす国家が現れ，国家間の競争を激化させるケースも出現している。

国境を越える相互作用にはさまざまな主体が関わっており，国家はその一つであるに過ぎない。もちろん，国家は依然として大きな比重を占めており，その動向を無視して国際政治の理解は不可能である。しかし，国家間の相互作用も，相互依存によってさまざまな影響を受けざるを得ないであろう。こうして，現代の国際政治を考察するのに，一つの視点だけで十分なことはほとんどない。多くの場合に，複合的な視点が要求されるのである。

（小笠原高雪）

推薦図書

高坂正堯『国際政治』中央公論社，1966年。
中西寛『国際政治とは何か』中央公論新社，2003年。

2 国際政治の主体

1 国家と非国家主体

国際政治を一つのドラマと見立てるならば，そこにはさまざまな役者が登場し，ストーリーを形づくることであろう。そうした役者（アクター）にあたるものが，ここにいう国際政治の主体（アクター）である。役者には主役もあれば脇役もあり，正義の味方もあれば悪役もあるが，いずれもがストーリーを形づくることに変わりはない。同様のことが国際政治の主体にもあてはまる。その最終の目的は何であれ，活動の過程において「**価値の配分**」というドラマに関わるものは，すべて国際政治の主体といえる。

▷「価値の配分」⇨序-1「国際政治の性格」

国際政治の主体は国家と非国家主体に大別される。非国家主体は国家以外の主体の総称であるが，決して目新しい存在ではない。たとえば近代以前のヨーロッパでは，カトリック教会がしばしば国家以上の存在感をもって君臨していた。20世紀前半の世界でも，**コミンテルン**が国際共産主義の世界革命を目指して活動していた。今日の非国家主体にはさまざまなものがあり，政府レベルの非国家主体と非政府レベルの非国家主体に大別できる。

▷コミンテルン
1919年にモスクワに創設され，1943年まで存続した各国共産党の国際組織。共産主義インターナショナル（Communist International）の略称。

2 最も主要な主体としての国家

国家と聞いて多くの人がイメージするのは，一定の領土（**領域**）があり，定住する人民（国民）があり，そこを統治する機構が存在するものであろう。統治機構には議会，法廷，**政府**，警察，軍などが含まれる。さらに，国家は互いを国家として承認しあい，国家どうしのさまざまな関係を形成している。こうして，領土，人民，統治機構の三つ，あるいはそれに外国からの承認を加えた四つを，国家の基本的な要素と考えることができるであろう。

▷領域
領土，領水，領空を合わせたもの。領水には領海と内水が含まれる。

▷政府
ここでの政府は行政府を指している。立法府や司法府を加えたものを広義の政府とすることもある。

もちろん，実体的に国家が存在していることと，外国から承認を受けることとは，必ずしも同じではない。たとえば統治すべき領土や人民がなく，名目的な統治機構が残るのみでも，有力国から承認され続けるケースがある。第二次世界大戦中のポーランドの亡命政府は一例であろう。また領土，人民，統治機構を備えているのに，十分な承認を得られないケースもある。今日の台湾は典型的な事例といえよう。

国際政治の文脈において重要なことは，領土，人民，統治機構を備えた国家はその気になればかなりの規模の人的資源や物的資源を動員し，自らの目的のために利用できるということである。また，国家として承認を受けたものは国家間のさまざまな関係に参加して，活動を展開できるということである。以上のようにみてくるならば，国際政治において最も重要な主体は国家である，といわれることが多いのは，決して不思議ではないであろう。

なかでも近代に入って明確な形をとるに至った国民国家は，人民の大部分が国家に対する帰属意識を共有する国家である。それは国民的な一体感を保ちうる範囲内で，帝国に対抗しうる規模にまで拡大された国家といえる。

3 政府レベルの非国家主体

国家以外の主体はきわめて多種多様であるが，政府レベルと非政府レベルに大別できる。政府レベルの非国家主体とは，政府間国際機構（IGO）のことである。政府間国際機構には，国際連合のような世界規模の組織もあれば，ヨーロッパ連合（EU）や東南アジア諸国連合（ASEAN）のような地域規模の組織もある。さらに国際通貨基金（IMF）や世界貿易機関（WTO）のような専門的な組織も存在している。

国際関係が緊密化し，多国間調整を必要とする事柄が増加するとともに，国際機構に求められる役割も拡大する。主要国首脳会議（サミット）のように設立のための条約がなく，常設の事務局もなく，定例化された国際会議というべきものであっても，実質的な役割を長期にわたって果たしているものは，政府レベルの非国家主体に数えて差支えないであろう。

4 非政府レベルの非国家主体

政府間国際機構とは別に，非政府間国際機構（INGO）も増加している。それは非政府組織（NGO）のなかでも，国境を越える活動を展開し，類似の組織と国際的ネットワークを形成しているものを指す。人道支援団体，人権擁護団体，環境保護団体，政党や労働組合などの国際組織，各国に信徒を有する宗教組織など，きわめて多様性に富んでいる。

広義の非政府組織に含めることもできるが，いちおう別に挙げておきたい例として，多国籍企業，有力メディア，国際シンクタンクなどがある。それらは経済的な実力や世論に対する影響力などによって，国際社会において存在感を発揮することがある。また，活動の目的や性質は大幅に異なるが，国際テロ集団や越境犯罪組織なども，国際的な平和と安定を現実に左右しているという意味においては，ある種の主体と見なしうる。

以上のような団体のほか，**ローマ教皇**◁のように国際的な影響力を有する個人も，非政府レベルの非国家主体といえる。1980年代にヨハネ・パウロ２世がポーランドの民主化運動を支援した例や，2015年のアメリカとキューバの国交回復をフランシスコが橋渡しした例などが知られている。（小笠原高雪）

▷ローマ教皇
カトリック教会のローマ司教で，世界のカトリック教徒に精神的影響を持つといわれる。ローマ法王ともいう。

推薦図書

藤原帰一『国際政治』放送大学教育振興会，2007年。

ジョセフ・ナイほか『国際紛争（原書第10版）』有斐閣，2017年。

3 外交と戦争

1 国際紛争の解決

国際的な「**価値の配分**」をめぐり，国家間にはさまざまな紛争が発生する。ここにいう紛争は，複数の主体が両立不可能な目標を同時に追求する状況であり，必ずしも武力紛争を意味しない。そのように定義される紛争は異常な現象では全くなく，いつでもどこでも発生しうるものであろう。紛争という言葉から，武力紛争を連想しやすいのならば，対立とか紛糾とかと言い換えてもよい。いずれにせよ，すべての当事国が何らかの結論を受け入れて，それ以上の要求を断念したとき，その紛争はひとまず**解決**されたことになる。

▷「**価値の配分**」⇨ 序-1「国際政治の性格」

▷**解決**
すべての当事者が納得している場合を解決と呼び，不満を残しながらの妥協の場合を処理と呼んで，両者を区別する立場もある。

国際紛争が裁判で解決されることは多くない。国際社会にも**裁判所**は存在するが，その決定を各国に強制しうるような権力の裏づけを欠いている。そうなると，国際紛争の解決は，当事国のあいだでなされることが原則となる。当事国のあいだで平和的に解決するのが外交であり，暴力的に解決するのが戦争である，とひとまず整理しておこう。

▷**裁判所**
国際裁判の実施のために国際機関によって設立される組織の総称。常設のものに国際司法裁判所，常設仲裁裁判所，国際海洋法裁判所，国際刑事裁判所などがある。

2 外交の制度化と変容

外交は国家間の利害調整を目的とする政府間の対話や交渉である。紛争が発生すると使者を送り，伝言や折衝にあたらせることは，古くからさまざまな場所で行なわれていた。しかし国家間の接触や交流が活発となり，紛争が日常的に起こるようになると，制度化された外交が必要となった。常設の在外公館が初めて置かれたのは15世紀のイタリア半島においてであり，やがてその習慣がアルプスの北側にも広がった。

近代のヨーロッパでは，外交は勢力均衡の一部であった。外交は自国の利益の増進を目的としたが，突出した大国の出現を阻止することも諸国の共通利益とされたのである。**外交論**の古典もいくつか現れ，今日でも多くの示唆を与える。たとえば外交官は「誠実」であるべきことが強調されたが，それは虚偽による成功は一時的にすぎず，長期的にはむしろ不利益となるからであった。

▷**外交論**
カリエール『外交談判法』(1716)，ニコルソン『外交』(1939) などが古典的。

現代における国際関係の緊密化は争点の多様化，首脳外交の活発化，世論や非国家主体の役割増大といった革命的な変化をもたらしている。それらは外交の伝統的なあり方に変革を迫るものではあるが，世界政府の存在しない状況下での国家間の利害調整という外交の存在理由を否定するものでは決してない。

たとえば国際機関の合意形成過程においても，外交が重要な役割を果たす場合は多い。

3 戦争とその違法化

外交による国際紛争の解決に失敗したとき，武力により決着を図ることが戦争であった。「戦争は他の手段による外交の延長である」という**クラウゼヴィッツ**の言葉は，戦争を政治目的の手段として位置づけるものであった。近代のヨーロッパでは，国家は外交と戦争を自由に選択できるものとされたが，他方で戦争のやりかたを規制する**交戦法規**の整備も進んだ。

ところが20世紀の前半に起きた二つの世界戦争は，戦争の位置づけに根本的な変化をもたらした。戦争の総力化，機械化，聖戦化が進展し，戦争による破壊と犠牲が飛躍的に大きくなった結果，戦争そのものを違法化する動きが生じたのである。1928年の**不戦条約**や1945年の国際連合憲章などにおいて，国際社会は武力による国際紛争の解決を否定した。

もちろんその後の国際社会から，事実上の戦争がなくなったわけではない。国際社会の無政府状態が解消されないなかで，自衛権を根拠とする国家の武力行使は容認された。集団安全保障のもとでの国際的な武力制裁も例外とされた。しかし，違法化による効果の有無を別にしても，国家が武力行使に踏み切ることは以前よりは困難となった。戦争による破壊と犠牲があまりに大きくなったからであり，その傾向は核兵器の出現により一層すすんだ。

4 戦争と外交のグレーゾーン

以上の記述においては，外交と戦争を別個のもののように扱ってきた。しかし，実際の国際政治においては，両者のあいだのグレーゾーンというべきものが存在していることも否定できない。

第一に，国家間の力の格差が大きい場合，小国よりも大国のほうが外交を有利に展開しやすいことは，一般的に否定できない。たとえば**ペリー**は黒船を率いて「**砲艦外交**」を展開し，日本を開国に応じさせた。このように，戦争には至らないが戦争の脅威を用いて影響力の拡大を試みることは，現代においてもしばしばみられる。核実験やミサイル実験を繰り返したり，重要な海上航路の近くに軍事施設を建設したりするのは，そうした試みの例である。

第二に，武力の小規模な行使を織り交ぜながら相手に圧力をかけ，交渉を有利に進めるケースもありうる。これは相手が武力で対抗しない限り，戦争には発展しなかったことになるかもしれない。しかし戦争の脅威を積極的に利用した，きわめて一方的な交渉であるといえよう。こうしたグレーゾーンは戦争による紛争の解決が困難になるとともに，ますます拡大すると予想される。

（小笠原高雪）

▷クラウゼヴィッツ（Karl von Clausewitz, 1780-1831）
プロイセンの軍人・軍事理論家。『戦争論』（1832）を遺した。

▷交戦法規
交戦国間の戦闘行為，戦争犠牲者の待遇，財産の取扱などを規律する法規。狭義の戦時国際法。

▷不戦条約
国際紛争解決手段としての戦争の放棄を定めた多国間条約。正式には「戦争放棄に関する条約」。主唱者であったアメリカの国務長官とフランスの外相の名を冠しケロッグ＝ブリアン条約と呼ぶこともある。

▷ペリー（Matthew Perry, 1794-1858）
アメリカ海軍軍人。江戸幕末の日本に艦隊を率いて来航した。

▷砲艦外交
海軍力の誇示によって相手国に心理的圧力をかけ，外交交渉を有利に進める戦略。

推薦図書

岡部達味『国際政治の分析枠組』東京大学出版会，1991年。
山影進『国際関係論講義』東京大学出版会，2012年。

国際政治を動かす力

1 大国と小国

パワーという言葉は，力（権力）を意味することもあるし，国家を意味することもある。たとえばグレート・パワーやメジャー・パワーは列強あるいは大国として，スモール・パワーは小国として，それぞれ伝統的に使われてきた。さらに力の程度に応じてスーパー・パワー（超大国），ミドル・パワー（準大国，中級国家）などと使い分ける場合もあれば，力の要素に応じてニュークリア・パワー（核保有国），エコノミック・グレート・パワー（経済大国）などと使い分ける場合もある。いずれにせよ，国家と力が分かちがたく結びついているところに，国際政治の性質がよく現れているといえるであろう。

小国にも国際政治を部分的に動かす力はあるが，全体的に動かしうるのは大国である。一般に大国か小国かということは，道義的な善悪とは関係がない。道義的な善悪と関係するのは力の大小ではなく，力を用いる目的である。たとえば平和という目的に関していうなら，小国は平和を破壊する力は限られているが，平和を創出する力も限られている。その反対が大国である。大国を悪玉のごとく扱うだけでは平和に近づくこともできないのである。

2 軍事力と経済力

国際政治を動かす力は具体的にどのような力であろうか。**E・H・カー**は国際政治学の古典といわれる『危機の二十年』(1939) において，軍事力，経済力，**意見を支配する力**の三類型をあげている。まずはこの三類型を手がかりとして，初歩的な整理を試みよう。

軍事力と経済力は全く別個の手段であるが，典型的な作用の仕方は共通している。すなわち報償（アメ）と強制（ムチ）である。利得に対する期待や不利益に対する恐れによって，他者をコントロールしようとするのは，社会生活においてしばしばみられる現象である。国際政治の場合でいえば，軍事的な威嚇は強制として作用しうるし，軍事的な支援は報償として作用しうる。貿易や経済援助は報償として作用しうるし，経済制裁は強制として作用しうる。

こうしたコントロールには，自分にとって好ましい行動をさせることと，好ましくない行動をさせないこととの両方が含まれる。いずれの場合も，相手の認識・思考を変えることは，直接の目標となっていない。行動を変えることが

▷**E・H・カー**（Edward Hallett Carr, 1892-1982）
イギリスの歴史家。『危機の二十年』(1939)，『平和の條件』(1942)，『歴史とは何か』(1961) などのほか，ロシア革命史の研究でも知られる。

▷**意見を支配する力**
原語は power over opinion であり，世論を支配する力とも訳される。カーは第一次世界大戦における連合国の勝利を軍事力，経済力，意見を支配する力の結合によると分析した。

直接の目標である。そのように即効性を求める場合，最も有用なのは軍事的手段であろう。戦争のコストが大きくなった今日，軍事的手段によって何かをさせることは，以前よりも困難となったかもしれない。しかし，何かをさせないために軍事的手段を用いることは，いまなお一般的な現象である。

3 意見を支配する力

意見を支配する力とは，他者の認識・思考に影響を及ぼすことをつうじ，行動を変化させるものである。これも社会生活においてしばしばみられる現象であり，たとえば説得の上手な教師であれば，生徒をコントロールするのに報償や強制に頼る場面は少なくてすむであろう。国際政治においては，宣伝や広報によって世論を味方につけることも重視される。もとより説得が効果を挙げるためには，言葉が巧みなだけでは十分でない。説得の内容じたいが，一般的に支持されるような正義や価値に訴えるものであることが重要である。

説得は報償や強制とくらべて，効果が現れるまでに時間を要する場合が多い。しかし，ひとたび相手の認識・思考を変えることに成功すれば，その効果は特段の作為を加えなくても持続すると期待できる。これは説得の長所であり，裏を返せば報償や強制の短所となる。相手が認識・思考を変えたわけではない以上，作為をやめた瞬間に効果も消失してしまうからである。

4 力の総合的な性格

報償と強制と説得は，力の作用の仕方に基づく区分であるにすぎない。軍事力と経済力は，典型的には報償や強制において作用するが，説得と無関係というわけでは決してない。経済的成功や軍事的貢献が当該国の威信を高め，国際政治における発言力を増大させることはおおいにありうる。その反対に，日頃から国際的な共感や敬愛を得ている国家であれば，軍事的な威嚇もやむを得ない手段とみなされ，支持や理解を受けやすいといえるだろう。

力は総合的な性格のものであり，特定の手段のみですべてを代替できるわけではない。この点は三類型を示したカーも明確に指摘していたことである。他国との協力で補完しあう余地は存在するが，そこにもギブ・アンド・テイクの原則は働く。これはある程度の種類のカードを用意しているのでなければ，ゲームへの参加自体が困難であることと類似している。

以上は国家を中心とした議論であるが，三類型のなかでも意見を支配する力は，非政府組織（NGO）によってもおおいに活用されうる。これは**ナイ**がソフト・パワー論において強調したポイントである。経済力でも一部の多国籍企業の売上高は，小国の国家予算を大幅に上回る。他方，軍事力を含む三類型をすべて行使しうるのは，いまのところ国家に限定されるといってよい。

（小笠原高雪）

▷ナイ（Joseph Nye Jr., 1937-）
アメリカの政治学者。相互依存の研究で知られ，カーター，クリントンの両政権で政策決定に携わる。『パワーと相互依存』（1977），『国際紛争』（1993）など。

▷ソフト・パワー
自己の魅力や正当性によって相手の選好や認識を変化させ，行動を変化させる能力。報償や強制を中心とするハード・パワーと対比される。

推薦図書

中西寛『国際政治とは何か』中央公論新社，2003年。
ジョセフ・ナイ『ソフト・パワー』日本経済新聞社，2004年。

第1部 国際政治の歴史

I　国際社会のはじまり

国際社会の原型

1 人間の集団，相互の接触

「人間は社会性の動物である」（**アリストテレス**）といわれるように，人間は原始時代から社会集団を形成し，集団生活を営んでいたと考えられる。ある集団が別の集団と遭遇したとき，最初のうちは警戒して近づこうとしなかったかもしれない。しかし，やがて好奇心や必要性から，相互の接触が育っていったに違いない。その先には大集団による征服と同化が待っていたが，小集団が存在を保持する場合や大集団が再分裂する場合などもあったであろう。

時代がくだり，統治機構を備えた国家が出現すると，国家間の接触は一段と活発となり，そのことがまた統治機構の強化を促した。そのようにして形成される諸国家のまとまりを文明圏と呼ぶ。文明圏は国際社会の原型であり，中心国が周辺諸国を支配下に置く帝国型と，いくつかの主要国が拮抗しあう並立型とに大別される。古代ギリシアは並立型の国際社会の原型であり，古代ローマは帝国型の国際社会の原型である。

▶**アリストテレス**（Aristotle, 384-322 BC）
古代ギリシアの哲学者。『政治学』では政体を君主政，貴族政，民主政に三分類した。

2 古代ギリシア：並立型の原型

古代ギリシア人は大きな統一国家を作るのではなく，いくつかの都市国家（ポリス）に分かれていた。アテネに典型的にみられたように，民会を中心とする直接民主政が可能であった理由の一つとして，個々の都市国家が小規模であった事実を挙げることは十分に可能であろう。都市国家間に問題が発生すれば，使者を送って話し合いが行なわれた。話し合いで解決できない場合は，武器を用いて決着をつけることもしばしばあった。都市国家の守護者としての戦士は軍会を構成し，それが民会の起源となった。

話し合いにせよ戦いにせよ，それらは全くの無秩序ではなく，ある程度の原理や規則を共有しながら行なわれた。それを可能にしたのは，ギリシア人が言葉や信仰などの点で一つの文明圏に属している，と自覚していたことであった。**デルフォイの神託**や**オリンピアの祭典**のような共通の制度が存在したのも，同様の背景からであった。一つの都市国家が強大化しそうになると，ほかの都市国家が同盟を組み，勢力均衡を回復する，といったことも行なわれていた。アテネやスパルタなどの興亡を描いた**トゥキディデス**の「戦史」は，国際政治の生きた教材として，いまも世界中で読み継がれている。

▶**デルフォイの神託**
古代ギリシアでは隣接する都市国家が信仰や神殿を通じて同盟することがあり，なかでもデルフォイ神殿を中心とする結びつきは重要だった。

▶**オリンピアの祭典**
古代ギリシアで４年ごとに開催された競技大会。大会の前後３カ月間は休戦期間とされ，遠方から訪れる選手や観客の安全も保障された。古代オリンピックともいう。

▶**トゥキディデス**（Thucydides, おおむね 460-400 BC）
古代ギリシアの歴史家。ペロポネソス戦争を記述した『戦史』が有名。

3 古代ローマ：帝国型の原型

古代ローマ人は周辺の国々を支配下に置き，巨大な帝国を形成していた。そこでは正義と安定の実現のために，法の強制という手段に頼らなければならなかった。都市国家でみられたように，市民が互いに顔を合わせて議論を重ね，合意を形成してゆくことは，難しかったからである。

古代ローマを国際社会の原型と見なすことには，違和感を抱く向きもあるかもしれない。いうまでもなく帝国にはいくつかの段階があり，属領の同化が著しく進行した帝国は，もはや一つの国家と見なすほうが適切であろう。しかし，上述したローマ法は，征服した国々の法を破壊するのではなく，全体のなかで調整するものであった。市民資格に関しては，ローマは異邦人でも法に忠誠であれば与えたので，血統重視のギリシアよりも開放的であった。こうして古代ローマは並立型とは異なり，支配関係が基本ではあったものの，内部にかなりの多様性を許容していたのであった。

4 近代以前の文明圏

近代以前の文明圏は古代ギリシアと古代ローマだけであったわけではない。歴代中華王朝を中心とする東アジア文明圏，ムガル帝国を中心とする南アジア文明圏，オスマン帝国を中心とする西アジア文明圏などは，帝国型の文明圏のよく知られた例であろう。ヨーロッパでは，古代ローマ帝国が衰えたあとも，神聖ローマ帝国を中心とするキリスト教文明圏が存在しつづけていた。これに対し，並立型の典型例としては，春秋戦国時代の中国大陸，中世末期のイタリア半島などを挙げられる。

もちろん，近代以前の文明圏は国際社会の原型であるとはいえても，今日の国際社会と同一視できるものではない。まず，それらの文明圏は今日の国際社会と異なり，地球的な規模ではなかった。交通通信手段が限られていた時代には，一つ一つの文明圏も見渡すことが困難なほどに広大であり，ほかの文明圏との接触は日常的ではなかった。当時を生きた人々の大半にとって，自分の属する文明圏こそ「世界」であり「天下」であった。そうした「世界」「天下」が地球上のあちらこちらに点在していたのである。

また，近代以前においては，国家の領地は必ずしも明確でなく，支配者の管轄権も限られていた。たとえばギリシアの都市国家には境界線があったが，それは隣接する都市国家との力関係によって絶えず変動していた。ヨーロッパの諸王国には教会領や貴族領が含まれており，そこへは国王も介入できなかった。対外的に最高位でなかった国王は，対内的にも絶対者となりえなかったのである。今日のわれわれが理解しているような国際社会が出現するのは，ヨーロッパに主権国家体系が成立してからのことである。（小笠原高雪）

推薦図書

J. フランケル『国際関係論（新版）』東京大学出版会，1980年。
山影進『国際関係論講義』東京大学出版会，2012年。

I　国際社会のはじまり

2 主権国家体系の誕生

1 教皇・皇帝の普遍的支配体制からの脱出

グローバル化した現代の国際社会においても，国際政治の最も主要な主体は国家である。戦争や経済問題は国家間の交渉によって処理されることが多く，内戦の後にも国家の再建が図られる。領土，領民を有する（主権を持った）国家が主要な主体となっている社会のことを「**主権国家体系**」と呼ぶ。現在の主権国家体系は近代ヨーロッパで誕生した。

中世後期，西ヨーロッパにおいてローマ教皇の権威の普遍性は減衰し，国家による教会の支配が強まっていった。西ヨーロッパの世俗的権力の頂点として位置づけられていた**神聖ローマ皇帝**もまた，実質上の支配領域を縮小し，帝国は「ドイツ人の神聖ローマ帝国」と呼ばれるようになっていた。近代の主権国家体系の形成は，中世の教会＝帝国による普遍的（二元）支配体制の解体と同時に進展していく。

16世紀に発生した**宗教改革**は，西ヨーロッパのカトリック世界を二分することとなった。各地で宗教戦争が勃発し，ヨーロッパは荒廃した。他方，宗教戦争による動乱は当時の軍事技術の発達と相まって王権に権力を集中させ，領域国家の形成を促進していく。こうしたなか，フランスの思想家**ジャン・ボダン**はユグノー戦争中の1576年に『国家論六篇』を執筆し，「主権」概念を提示した。

2 国際体系のメンバーシップの選択と確定

宗教戦争の最大のものは17世紀初頭にドイツ神聖ローマ帝国内で勃発した**三十年戦争**である。帝国内のプロテスタントに対する弾圧に対し，帝国内のプロテスタント勢力が反発して動乱が拡大，これにデンマーク，スウェーデンなどの帝国外のプロテスタント勢力が加わり，やがてフランスが介入した。三十年戦争はヨーロッパ大の世界大戦となった。

和平交渉にはフランス，スウェーデン，神聖ローマ皇帝だけでなく，帝国内外の多くの諸侯が参加した。1648年に和平交渉が結実し，**ウェストファリア条約**が締結された。ウェストファリア条約の定めた秩序は主権平等原則や内政不干渉原則が十分貫徹しておらず，過渡的な性格を持つものだった。しかし，戦争の規模が大きく，和平の範囲も広かったことから，ウェストファリア条約のカバーする範囲はヨーロッパ全体に匹敵するものとなった。この過程で国際体

▷主権国家体系
主権国家は領土，領民を有する政府が，領域を排他的に支配し（排他性），ほかの国家に対して対等性を主張する（主体性）。主権国家によって構成される国際システムを主権国家体系（システム）と呼ぶ。

▷神聖ローマ皇帝
中世から近世にかけて西ヨーロッパの世俗界における最高権力を持つとされた。中世後期以降は一部の例外を除きハプスブルグ家が帝位を独占してきた。

▷宗教改革
ルターらによってはじめられた宗教改革はこれまでローマ・カトリックが独占してきた教会権力を相対化し，領域国家の正統性を後押しすることとなった。

▷ジャン・ボダン（Jean Bodin, 1530-1596）
フランスの思想家。宗教に対し世俗秩序を優先させて内戦を終結させることを目指す「ポリティーク」と呼ばれる思想の代表的論客とされる。

▷三十年戦争
1618年から1648年の30年間，現在のドイツを中心に戦われた。戦闘による死者数だけで200万人，合計で800万人の犠牲者を出したといわれる（Peter Brecke *Conflict Catalog* 2012）。

▷ウェストファリア条約

系の（外交上の）メンバーシップが選択され，確定されていった。こうしたことから，現在の主権国家体系をウェストファリア体制と呼ぶことがある。

三十年戦争の惨禍を目にした**フーゴ・グロチウス**は1625年に『戦争と平和の法』を著し，国際法の発展の礎を提供した。

3 勢力均衡と主権平等

17世紀後半フランスの**ルイ14世**は領土拡張政策をとり，近隣諸国と戦争を繰り返した。フランスの拡張政策に対しヨーロッパ諸国は対仏連合を組織して対抗した。1701年に勃発したスペイン継承戦争では，フランスの拡張政策だけでなくハプスブルク家の強大化も懸念された。こうした経験からスペイン継承戦争の和平条約であるユトレヒト条約には，特定の一国が支配的な力を確立することを阻止する条項が挿入されている。**勢力均衡**はヨーロッパ国際秩序の原則となっていった。

すべての主権国家が平等であり，相互に内政干渉すべきではないという原則はいわば規範であり，必ずしも貫徹したものではない。大国間の勢力均衡を口実に小国への介入も正当化されることがあった。たとえばポーランドは大国間の取り決めによりたびたび分割され1795年にその姿を消した。しかし，17世紀後半から18世紀に活躍したプーフェンドルフ，ヴァッテルら国際法の研究者たちは主権国家概念を定式化し，主権概念に基づいた国際体系の在り方を模索していった。

4 皇帝の国際主体性

主権国家間の平等性とは相いれない，それまでの中世的な階層的な秩序はどのように解体していったのだろうか。最後に神聖ローマ皇帝の国際主体性の変遷を考える。

ウェストファリア条約の締結ののちも，神聖ローマ皇帝は戦争，外交交渉，条約の締結などに関与し，国際主体としての存在を示し続けた。他方，帝国を構成するさまざまな主体（プロイセンやザクセンなどの領邦や領邦に仕える貴族たちなど）も帝国とは別に条約を締結しており，帝国は二重，三重の国際主体性を持っていた。

帝国が実質上の国際主体性を失っていくのは18世紀半ばのハプスブルク家の家督継承がきっかけとなっている。オーストリア・ハプスブルク家に男系の跡継ぎが生まれず，マリア・テレジアが家督を相続することとなった。しかし，彼女は皇帝位を継承できず，夫のフランツ一世が皇帝位を継承した。オーストリア・ハプスブルク家の実権はマリア・テレジアに残ったため，条約などの署名は「オーストリア家」として行われることとなった。これ以降皇帝による条約署名は激減し，神聖ローマ帝国は1806年に正式に解体した。（久保田徳仁）

ヴェストファーレン条約とも呼ばれる。条約の内容そのものは必ずしも革新的ではないが，現状を追認・固定し，平和を達成したことからその後の国際秩序に大きな影響を与えた。

▷フーゴ・グロチウス
(Hugo de Groot, 1583-1645)
オランダ生まれの国際法学者，外交官。『戦争と平和の法』『海洋自由論』などを著し，「国際法の父」とも呼ばれる。

▷ルイ14世（Louis XIV, 1638-1715）
フランス・ブルボン家の王。三十年戦争中の1643年に父の死により4歳で王位を継承。対外的な戦争と重商主義政策によりフランスの地位を高めたが，国内の財政的な疲弊をもたらした。

▷勢力均衡
⇨Ⅳ-1「リアリズム」，Ⅷ-1「勢力均衡」

推薦図書

髙澤紀恵『主権国家体制の成立』山川出版社，1997年。
山影進編『主権国家体系の生成過程――「国際社会」認識の再検証』ミネルヴァ書房，2012年。
山下範久ほか編『ウェストファリア史観を脱構築する――歴史的記述としての国際関係論』ナカニシヤ出版，2016年。

I　国際社会のはじまり

国民国家の発展と帝国主義

1　神聖ローマ帝国解体と勢力均衡の時代

神聖ローマ帝国が実質的に解体となったあと，18世紀末から英，仏，露，墺，プロイセンを中心とする勢力均衡の時代がはじまった。これらの五大国は，効率的な軍隊，有能な官僚制度，王権を抑制する政治体制を備える近代国家であった。18世紀末から20世紀初頭までの国際関係は，その前半が大国間協調によるウィーン体制，後半が協調なき勢力均衡を特徴とする二つの時期に大別することができる。さらにグローバルな時代背景としては，イギリスを覇権国とする「パクス・ブリタニカ（イギリスによる平和）」の盛衰という側面もあった。

▷**神聖ローマ帝国**
⇨ I-2「主権国家体系の誕生」

2　ウィーン体制とその崩壊

自由・平等・博愛などの理念を求めた1789年のフランス革命は，平等な市民が国家の担い手になるという国民意識の高まりを反映していた。これは17世紀のイギリスの**清教徒革命**にはじまった市民階級勃興の表れであった。しかしフランス革命はやがて内部分裂を引き起こし，そのなかで革命終了を宣言したナポレオンが台頭して，一時はヨーロッパ大陸の大半に支配圏を拡大した。これに対して英，露，墺などが対仏大同盟を結び，1814年にナポレオンを打倒した。このフランス革命とナポレオンによる戦争の戦後処理が，1814年から翌年にかけてオーストリア外相**メッテルニヒ**を中心に開かれたウィーン会議であった。

ウィーン会議の指導理念は，フランス革命前への原状復帰と大国間協調であった。そのため革命前のフランスのブルボン朝を復帰させる一方で，革命によって刺激された各地の民族運動や革命運動を弾圧した。この復古主義的なウィーン体制は，英，露，墺，プロイセンの四国同盟（1818年に仏が加わり五国同盟）の協調により，ヨーロッパに30年あまりの安定をもたらした。

しかし1848年のフランスの二月革命を契機にヨーロッパ各地に自由主義，民族主義の動き（「諸国民の春」）が拡大すると，影響はオーストリアにも及び，ウィーン体制の立役者メッテルニヒは罷免された。最終的にウィーン体制を破綻させたのはクリミア戦争（1853-56年）であった。ロシアの南下政策を警戒する英仏は，トルコの要請に応じてクリミア半島に出兵しロシアと戦火を交えたのである。この戦争により五大国協調は崩壊した。またウィーン体制の崩壊は，イタリアとドイツに国民国家としての統一をもたらした。イタリアはサルディ

▷**清教徒革命**（1642-49）
イギリスのステュアート朝絶対王政に対して，議会の中心勢力ジェントリが国王の専制政治を倒し，宗教的自由を求めて立ち上がった。歴史上，絶対王政を倒した市民革命の最初のものとされる。

▷**メッテルニヒ**（Klemens von Metternich, 1773-1859）
ドイツ・コブレンツ出身の貴族。1809年からオーストリアの外相，1821年から1848年までは首相を兼任。

ニア王国を中心に運動をすすめ，1861年に統一を果たした。プロイセンは**小ドイツ主義**のもとでオーストリアと訣別し，1871年に統一を果たした。

3 協調なき勢力均衡と帝国主義の勃興

ヨーロッパで国民国家が成立・発展する一方で，対外的には植民地獲得競争を含んだ帝国主義へと移行した。その契機となったのが，世界経済を襲った初の大不況（1873年）であった。深刻な不況のもとで主要国は国内産業を守る保護貿易へと転換し，植民地をアフリカ，アジアへと拡大させ，その市場を抱え込みながら，重化学工業を中心とする工業化（第二次産業革命）を進展させた。

この時代の前半（1870-90年）は，ドイツ首相**ビスマルク**の巧みな外交により勢力均衡が保たれていた。ビスマルクは，英露対立や墺露対立の「公正な調停者」として振る舞いつつ，フランスの国際的孤立を軸とした勢力均衡によって安定を確保していた。しかし経済力を強めたドイツは，やがて皇帝ヴィルヘルム２世が「世界政策」と呼ばれる帝国主義的政策を推進し，ビスマルクを事実上解任（1890年）したうえで，フランスを牽制するためにビスマルクが腐心してきたロシアとの関係調整の努力を放棄した。その結果，ドイツをとりまく国際環境は急速に不安定化した。ドイツはオーストリア，イタリアに接近し三国同盟を結んだが，これに対して孤立していたフランスとロシアが同盟を締結し，対立関係が深まった。こうしたなかで去就を問われたのがイギリスであった。

4 「パクス・ブリタニカ」の終焉

覇権安定論は，19世紀を「パクス・ブリタニカ」の時代とする。イギリスは18世紀半ばの第一次産業革命以来，経済力と海軍力において他国を圧倒するようになっており，自由貿易を世界各地に拡大しつつ，ヨーロッパ大陸においては勢力均衡を維持するバランサーとして「栄光ある孤立」を堅持し影響力を極大化していた。ウィーン体制は，フランスという現状変更勢力に対するイギリスの牽制であったし，クリミア戦争でもロシアの南下政策に対してバランスを回復しようとするイギリスの役割が大きかった。しかし1890年代からの第二次産業革命によって，イギリスの工業力はアメリカ，ドイツに追い越された。そこでイギリスはドイツ，ロシアの膨張を抑えるために「栄光ある孤立」からの政策転換を行い，アジアで急速に近代化を果たしていた日本との同盟（1902年）に踏み切った。やがて日露戦争によりロシアが衰えると，イギリスはドイツの脅威に対処するために英仏協商（1904年），英露協商（1907年）を締結して三国協商を成立させ，独墺伊の三国同盟と対峙するにいたった。

こうして世界経済において保護主義がすすむなか，外交面でも二つのブロックが対峙する事態となった。この力の均衡の臨界点が第一次世界大戦であった。

（広瀬佳一）

▷小ドイツ主義
国民国家としてのドイツ統一については，多民族帝国オーストリアのドイツ人地域を含める（大ドイツ主義）かどうかの対立があり，最終的にプロイセンがオーストリアを排除した小ドイツ主義による統一を実現させた。

▷ビスマルク（Otto von Bismarck, 1815-1898）
プロイセンのユンカー（地主貴族）出身。1862年に首相就任。1971年にドイツ帝国首相（1890年まで）。社会主義者など反体制分子を厳しく取り締まる一方，社会保険制度などの近代化を行った。

▷覇権安定論
他国を軍事力，政治力，経済力で圧倒する覇権国は，国際システムの形成・維持を主導するため国際秩序が安定するという国際関係論・国際政治経済学の理論。ロバート・ギルピン，ジョージ・モデルスキー，イマニュエル・ウォーラースタインらが代表的論者。Ⅷ-2「覇権」参照。

コラム-1

国際政治史のなかのイギリス帝国

主権国家体系と帝国

ウェストファリア条約以降の国際政治史において，主権を有する各国は独立かつ対等であると理解されてきた。しかし，現実には各国の規模や国力は不均衡であった。国際政治史の中心となったのは，五つの大国（イギリス，フランス，プロイセン，オーストリア，ロシア）であった。

また，ヨーロッパの外に目を向けると，独立や対等とは程遠い関係が構築された。近代において，イギリスやフランスなどは自国において国民国家の形成をすすめると同時に，アジア・アフリカ地域では帝国主義を推しすすめ，支配／従属という非対称な関係を構築していった。この過程で，アジア・アフリカ地域においても将来の国民国家の境界線を確定するという作業がすすんだが，これはむしろ民族紛争や内戦の火種として残ることとなった。

ヨーロッパの帝国のなかでもイギリス帝国（一般には「大英帝国」と呼称されるが，学界では British Empire の訳語としての「イギリス帝国」が多用される）は最大であり，植民地や保護領といった公式帝国のほか，政治的には独立しているがイギリスの経済的影響を強く受ける非公式帝国をも包含していた。そこでは，支配や抑圧のみならず文明化の使命が語られたり，「周辺」地域からの搾取が糾弾される一方で自由貿易システムを世界に敷衍したという功績も語られたりする。イギリス帝国が現代世界に残した影響については，功罪両面に関しての議論がある。

世界大戦と冷戦の時代

20世紀の二度にわたる世界大戦は，イギリス帝国を大きく揺るがした。第一次世界大戦には，イギリスのみならず従属地域の兵員も数多く参加した。オーストラリアとニュージーランドの連合軍（Anzac）がトルコ上陸を目指した「ガリポリ作戦」は有名である。戦勝国となったイギリスは，中東に委任統治領を獲得して帝国の版図を最大に広げたものの，その統治コストは高まっていた。帝国の各地でイギリス支配に対する反乱が勃発した。また，イギリスに対して戦争協力をした従属地域は，自治要求を強めるようになっていた。

第二次世界大戦では，ドイツが北アフリカに，日本が東南アジアに侵攻したことによりイギリス帝国は存亡の危機に立たされた。イギリスはアメリカと「特別な関係」を築き，ソ連と「偽りの同盟」を結ぶことで，日独の侵攻を押し返し，終戦時にはすべての帝国領域を奪還した。しかし，イギリスの国力は疲弊し，従属地域では独立の機運が高まっていた。両大戦は植民地の争奪をめぐる帝国主義戦争であったという解釈があるが，皮肉なことに，その究極的な代償は帝国そのものであった。

1947年のインド独立をはじめ，イギリスの従属地域のうち比較的規模の大きな国々は早期に独立した。しかし，その頃からはじまった冷戦は，むしろイギリスの世界的影響力を残存させる方向に作用した。アメリカは理念としては帝国主義に反対であったが，イギリスが世界各地に軍事拠点を維持し，ソ連の影響力浸透に対抗することを黙認したからである。「冷戦の論理」が「帝国の論理」を後押ししたのである。イギリスと引き続き友好的な関係を維持することを望んだ旧帝国地域の国々は，コモンウェルス（英連邦）へと再編されていった。これらの国々の一部は，イギリスの軍事プレゼンスを肯定的に評価し，イギリスが財政的制約のために駐留軍を撤退しようとした際に引き留めさえしたのである。

新しい帝国主義？

21世紀の今日，イギリスは世界各地に軍事介入を行っている。発展途上国で人道的介入や平和構築に関与するイギリスの姿は，「文明」を広めようとしたかつての帝国時代と重ね合わせることができる。イギリス帝国史家の木畑洋一によれば，帝国意識は「遅れた」人々を指導，教化し，「文明」の高みに引き上げようとする側面も伴うものであった。

イギリスの欧州連合（EU）離脱が明らかになった頃からイギリスの政治家が言及するようになった「グローバル・ブリテン」政策もまた，帝国への郷愁に突き動かされているとの指摘がある。現在，イギリスは伝統的な影響力圏であったインド太平洋地域へ再び関与しようとしている。同時に，近年のイギリスの政策文書では日本や韓国などの帝国外であった国々をも友好国と言及しており，帝国への回帰とは言い切れない一面も見せている。イギリスのインド太平洋政策を帝国史の流れにどう位置づけるべきか，これを見極めるには，今しばらく注視する必要があろう。

（篠崎正郎）

Ⅱ　二つの世界大戦と平和

第一次世界大戦

1 帝国主義の終焉のはじまり

第一次世界大戦とは，1914年7月，サラエボでのオーストリア皇太子暗殺事件をめぐってオーストリアがセルビアに宣戦布告したことに端を発し，1918年11月まで続いた連合国（英，仏，米，露，日本など）と同盟国（独，墺，オスマン帝国など）との史上初の世界規模での戦争である。戦争の原因は中東の植民地をめぐる英独の対立，バルカンをめぐるロシアとオーストリアの対立，および勢力圏をめぐる独仏の対立に求められ，基本的には植民地・領土をめぐる帝国主義国間の均衡が崩れたことによって発生した戦争といえる。

ドイツは，フランス，ロシアとの両面作戦で勝利を得るため，ロシアの戦争準備が整う前にベルギーからフランスに侵攻してパリを迅速に制圧する「シュリーフェン・プラン」を策定して，1914年8月に戦闘を開始した。しかしロシアが予想以上に早くドイツの東部国境に近づいたため，西部戦線から東部戦線に一部兵力を割いた結果，ドイツは西部戦線での進撃に支障をきたすようになった。結果的にドイツ軍は優勢ではあったものの戦闘は硬直化し**塹壕戦**となって，クリスマスまでに終わるとされていた戦争は長期化した。

戦線はアジアにも拡大し，日本は1914年8月，日英同盟を理由に参戦[1]してドイツが権益を持つ中国の山東省青島を占領した。

2 アメリカの参戦とロシアでの革命勃発

戦争が長期化するなかで，1917年2月にドイツが**無制限潜水艦作戦**を宣言すると，それまで中立を宣言していたアメリカは4月にドイツに宣戦布告をし，これにより連合国側が優勢となった。他方，ロシアにおいては1917年に革命が勃発し，「平和の布告」により無併合・無賠償での即時平和をとなえる**レーニン**のもとで，1918年3月にドイツと休戦協定（ブレスト＝リトフスク条約）を締結して戦線から離脱した。そこでドイツは西側戦線で最後の攻勢をかけたが，米軍の支援を受けた連合国軍の頑強な抵抗にあい失敗した。

3 終戦

西部戦線で敗色が強まると，ドイツにおいて急速に厭戦気運が高まった。やがて1918年11月にキール軍港での水兵の反乱をきっかけにドイツ革命が勃発し，

▷**塹壕戦**　Trench Warfare
塹壕とは，敵の銃砲撃を防ぐために陣地の前線に掘った防御用の溝のこと。塹壕戦とは対戦国同士が長い塹壕を築いて対峙し，互いに相手の塹壕を突破できずに戦線が膠着状態に陥った戦いを表す。なおトレンチコートとは，もともと第一次世界大戦の塹壕戦で防水性や耐久性を発揮した全身を覆う軍服に由来する。

▷1　**日本の参戦**
この他に日本は，ドイツの潜水艦（Uボート）による通商破壊に苦しめられたイギリスの要請で，1917年から約1年半にわたり延べ18隻の艦隊を地中海に派遣して，連合国側の輸送船団護衛の任務に従事した。

▷**無制限潜水艦作戦**
戦時下で，潜水艦が，敵国に関係すると思われる艦艇・船舶に対して，無差別に無警告で攻撃する作戦のこと。

▷**レーニン**（Vladimir Il'ich Lenin, 1870-1924）
ロシア革命の指導者，政治家。1917年に帝政が倒され臨時政府が樹立されると，ボリシェビキ（ロシア社会民主労働党）を率いて臨時政府を打倒し，世界初の社会主義国家を樹立した。新政権の初代指導者（人民委員会議議長）。

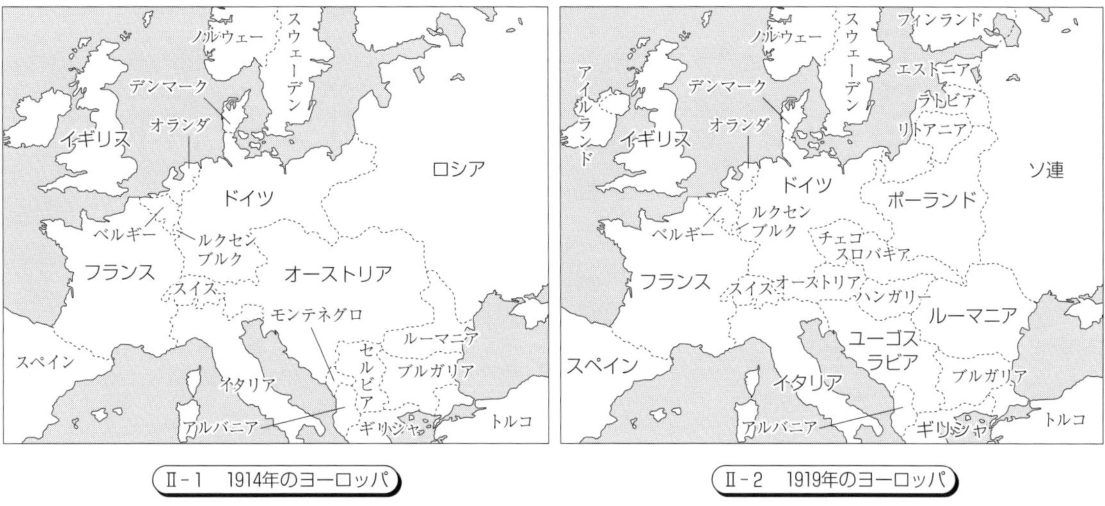

Ⅱ-1 1914年のヨーロッパ

出所：筆者作成。

Ⅱ-2 1919年のヨーロッパ

出所：筆者作成。

皇帝ヴィルヘルム2世が退位して帝政が崩壊した。またオーストリアでもハンガリー，チェコ，クロアチアなどで独立宣言が出され，実質的に帝国が解体した。その結果，11月にドイツ，オーストリアなどの同盟国は連合国と休戦条約に調印した。翌1919年6月，ヴェルサイユ条約をはじめとする一連の講和条約[2]に調印したことにより，第一次世界大戦は公式に終了した。

▶2 ⇨Ⅱ-2「ヴェルサイユ体制と集団安全保障」

4 第一次世界大戦の歴史的・政治的意義

第一次世界大戦は，同盟国側についたオスマン帝国に対抗して中東のアラブ勢力をイギリスが秘密外交を駆使して支援したり，アジアでも日英同盟のもと日本が参戦するなど，初めての世界規模での戦争となった。

また，19世紀後半から急速に発展した資本主義の論理により市場を求めて領土や勢力圏を拡大し，アジア，アフリカにおいて植民地獲得競争を展開した帝国主義が終わりを告げた。その結果，各地で民族主義が活発化した。とりわけロシア帝国，ドイツ帝国，オーストリア帝国，オスマン帝国が解体されると，多くの民族が独立宣言を出し，新たな国民国家を建設した（図Ⅱ-1，Ⅱ-2参照)。しかし成立した中・東欧の国民国家は人口1000万以下の小国が多く，ドイツとソ連の間に挟まれて，地政学的には脆弱性を抱えることとなった。そのことが第二次世界大戦を引き起こす要因の一つとなった。

さらにこの戦争は，参戦国の軍事力だけでなく，経済力，科学技術力，資源，人口など，国力を総動員する総力戦となった。とくに科学技術に関しては，航空機，戦車などの新しい技術が導入された[3]。これらは戦後に民間に転用されて経済発展に貢献したが，戦争の犠牲者もまた飛躍的に増大させることとなった。

（広瀬佳一）

▶3 ⇨コラム2「20世紀の戦争と技術」

Ⅱ　二つの世界大戦と平和

ヴェルサイユ体制と集団安全保障

1 ヴェルサイユ体制の特質

ヴェルサイユ体制とは，第一次世界大戦後のドイツとのヴェルサイユ条約（1919年6月），オーストリアとのサン・ジェルマン条約（1919年9月），ハンガリーとのトリアノン条約（1920年6月）など，一連の講和条約によって形成されたヨーロッパの秩序のことを指している。この体制の指導理念は，1918年1月に**ウィルソン**米大統領が発表した「14カ条の平和原則」であった。その主な特徴としては，①秘密外交の廃止，②公海の自由，③**民族自決**原則による諸帝国の解体，④国際連盟設立，などが挙げられる。

この指導理念のうち，特に民族自決原則の適用は大きく三つの問題をはらんでいた。第一に，ドイツをはじめとする敗戦国に対しては，領土的な弱体化を狙った報復的な措置がとられた。たとえばチェコスロバキアがドイツ系住民の多いズデーテン地方を武力併合したことを，英仏は容認した。その一方で，同じドイツ系民族であるドイツとオーストリアとの合併は禁止された。またハンガリーの国境が縮小され，隣接するチェコスロバキア，ルーマニア，ユーゴスラビアに約300万人弱のハンガリー系住民が取り残された。第二に，ソ連に対しては共産主義を警戒する**隔離政策**の影響を受けた措置がとられた。たとえばポーランドが東部国境について歴史的な根拠による領土要求を掲げてソ連に攻め入ると，英仏はこれを支援した。その結果，民族誌的境界よりも200キロ東方にソ連との国境線が移動し，ポーランドはウクライナ人，ユダヤ人，ドイツ人，ベラルーシ人など，人口の約3割強が少数民族という国家になった。第三に，旧ドイツ植民地（カメルーン，トーゴランド，ニューギニアなど）は国際連盟による委任統治とする措置がとられた。しかしこれを英仏などが受任したため，実質的には植民地主義の再編となった。このように民族自決原則の適用においては，英仏両大国の国益が最優先された側面があったのである。

また，ドイツに対してはヴェルサイユ条約に基づいて「天文学的数字」ともされる巨額の賠償金が課せられた。1924年にはドーズ案によりアメリカ資本の流入を通して，ドイツの経済復興が図られた。しかし，1929年に世界恐慌が起こるとドイツ経済は急激な不況にあえぐようになり，やがて賠償支払い拒否を公約とするナチスの台頭を招くこととなった。

▷**ウィルソン**（Thomas Woodrow Wilson, 1856-1924）
第28代アメリカ合衆国大統領（民主党）。進歩主義的政治学者。プリンストン大学総長，ニュージャージー州知事を経て1913年に大統領就任。国際連盟創設への貢献により1919年ノーベル平和賞受賞。

▷**民族自決**
各民族がそれぞれ帰属すべき政治的主体を自ら決定する権利を有するという考え方。実際の適用にあたっては，自決権の主体である民族をどのように決定するのかが問題となり，ときには過激な排外主義を生み出す危険性をはらんでいる。

▷**隔離政策**　Cordon Sanitaire
世界革命を標榜する共産主義を警戒し，政治的，経済的に距離をとることでソ連を孤立させるフランスやイギリスの政策。共産主義を一種の感染症になぞらえた表現。

▷**ウィーン体制**　⇨［Ⅰ-3］

2　戦間期欧州の安全保障体制

安全保障の面からみると，ヴェルサイユ体制においては，19世紀の**ウィーン体制**のようなパワーポリティクスを原理とする体制と異なり，**集団安全保障**の考え方が初めて導入された。新たに設立された国際連盟は，その規約第11条で，戦争の脅威が発生した場合に事務総長が理事会を招集すべきことを規定し，第16条で戦争に訴えた加盟国を全加盟国に対して戦争をしかけたとみなして制裁を実施することを規定していた。しかし国際連盟による集団安全保障には限界もあった。それは，第一に制裁措置が経済的手段に限られていたことであり，第二にアメリカが孤立主義に基づく議会の反対のため不参加となったうえに，ソ連の参加が認められず，さらに当初は敗戦国ドイツも排除されたことであった。その結果，集団安全保障も英仏主導の体制となった。

集団安全保障という新しい枠組みが，現実的に全く機能しなかったわけではない。1925年10月，スイスのロカルノで国際会議が開催され，12月に英，仏，独，伊，ベルギー，ポーランド，チェコスロバキアの間で，七つの安全保障に関する条約が結ばれた（その総称がロカルノ条約と呼ばれる）。これらは独仏間および独ベルギー間の国境の現状維持と相互不可侵，独西部ライン川沿いのラインラントの非武装を定め，紛争の平和的解決を規定していた。この翌年にドイツの国際連盟への加入が認められた結果，西欧には「ロカルノ精神」と呼ばれる国際協調が生まれ，ヴェルサイユ体制を支えた。

ロカルノ条約は，ドイツ西部国境地域に限定した地域的集団安全保障を確立した。しかしドイツ東部国境地域については，現状維持を確立するための**東方ロカルノ案**が提唱されたが，ドイツやポーランドの参加拒否により実現にはいたらなかった。このため，中・東欧においては地域的な不安定性が高まった。

3　ヒトラーの台頭とヴェルサイユ体制の崩壊

1929年の世界恐慌による経済的混乱がヨーロッパに波及すると，ドイツにおいてヴェルサイユ条約の改訂を要求する**ナチス**が台頭した。やがて33年に党首**ヒトラー**が首相に就任すると，35年には再軍備宣言を出したうえで国際連盟を脱退した。さらに36年３月にヒトラーはロカルノ条約破棄を宣言してラインラントに進駐したため，ヴェルサイユ体制は崩壊した。

ドイツの台頭に対して，ソ連の共産主義への強い警戒感を抱いていた英仏は，むしろドイツを宥和して大国間協調の枠組みに迎え入れることでヴェルサイユ体制崩壊後のヨーロッパの政治的安定性を保とうとした。しかし，その代償としてドイツのズデーテン地方に対する自治要求を認めざるを得なくなった（**ミュンヘン宥和**）うえ，結果的にドイツの**ポーランド回廊**へのさらなる要求を引き出してしまうことになり，第二次世界大戦への道を開いた。　（広瀬佳一）

「国民国家の発展と帝国主義」

▷集団安全保障　⇨Ⅷ－4「集団安全保障」

▷東方ロカルノ案
1934年フランスのバルトゥー外相が提唱した東欧諸国の集団安全保障案。25年のロカルノ条約を補うもので，ソ連，ドイツ，ポーランド，チェコスロバキア，エストニア，ラトビア，リトアニア，フィンランドの国境の現状維持を目的としていた。

▷ナチス
国民社会主義ドイツ労働者党の通称。1932年の選挙で第一党となり1933年に党首ヒトラーが首相に就任して一党独裁体制を敷いた。戦後は活動禁止。

▷ヒトラー（Adolf Hitler, 1889-1945）
オーストリア生まれのドイツの政治家。国民社会主義ドイツ労働者党の指導者。1933年にドイツ首相に就任し独裁体制を敷いた。東方生存圏を求める膨張主義的対外政策とアーリア民族の優位性と反ユダヤ主義による人種差別主義で知られる。1945年，敗戦直前に自殺。

▷ミュンヘン宥和
チェコスロバキアのドイツ系住民の多いズデーテン地方の自治要求を掲げたヒトラーに対して，それ以上の要求を封じるために行った英仏による対独譲歩。結果的にこの政策は英仏の弱さとみられヒトラーを増長させた。

▷ポーランド回廊
第一次世界大戦の結果，ドイツ本国と東プロイセンを分断する形でポーランド領となった地域のこと。ヒトラーはこの回廊の道路・鉄道の通行権を主張した。

Ⅱ　二つの世界大戦と平和

3 第二次世界大戦

1 パワーポリティクスの破綻

第二次世界大戦とは，1939年9月，ドイツによるポーランド侵攻によってはじまり，1945年8月の日本の降伏で終わった連合国（アメリカ，イギリス，ソ連など）と枢軸国（ドイツ，イタリア，日本など）との世界規模の戦争である。この戦争は，1933年に政権を獲得したドイツのヒトラーが第一次世界大戦で失われた領土回復を求めて**ヴェルサイユ体制**打破を唱え，領土回復という利害を共有するソ連と提携して周辺諸国に膨張主義的政策をとったことに着目すると，その起源については，**帝国主義**的な性格をみることもできる。しかしソ連の共産主義を警戒した英仏が，独伊をとりこんだ大国協調による安定を図りながら，結果的にヒトラーを抑えることに失敗したことに着目すると，パワーポリティクスの失敗とみることができる。ヒトラーへの宥和政策はさらなる要求（ポーランド回廊の通行権）を引き出し，結果的に戦争が勃発した。

▷ヴェルサイユ体制
⇨Ⅱ-2「ヴェルサイユ体制と集団安全保障」
▷帝国主義　⇨Ⅰ-3「国民国家の発展と帝国主義」

2 世界戦争へ

ポーランドをドイツが占領し，それに対して英仏がドイツに宣戦布告を行い，ついでソ連がバルト三国の大部分を併合してはじまったこの戦争は，1941年6月に独ソ戦が開始されてソ連が連合国陣営に加わるに及んで，その性格に反ファシズムあるいは民族解放の戦いという側面が加わった。また同年12月にドイツと同盟を結んだ日本の真珠湾攻撃によってアメリカが連合国陣営に加わると，戦線もアジアにまで広がって，文字通り世界戦争となった。

軍事的にはヨーロッパ戦線では1942年11月から1943年2月までの独ソ両軍によるスターリングラード攻防戦が一つの分岐点である。そこで大敗を喫したドイツは一転して守勢に廻るようになり，1944年6月に連合軍による北仏への**ノルマンジー上陸作戦**が行われると，敗北が決定的となった。他方，太平洋戦線では，1942年6月のミッドウェー海戦で米軍に大敗を喫して以降，日本も守勢に廻るようになり，1945年2月には硫黄島，6月には沖縄が相次いで陥落して，敗北が決定的となった。ドイツの降伏は1945年5月9日，日本の降伏は史上初の広島，長崎への原爆投下後の1945年8月15日である。

▷ノルマンジー上陸作戦
1944年6月，アメリカ，イギリス，カナダなどの連合軍が北仏のノルマンジー海岸に実施した大規模な上陸作戦。当初約15万人の兵力ではじまった作戦は最終的に約130万人まで膨れ上がった。約5000隻の艦艇と約1万2000機の航空機が作戦を支援した。ドイツは連合国の欺瞞作戦のため上陸地点をノルマンジーに絞れず上陸阻止に失敗した。

▷大西洋憲章
1941年8月，ローズベルト米大統領とチャーチル英首

3 米英ソ三大国に芽生える不信感

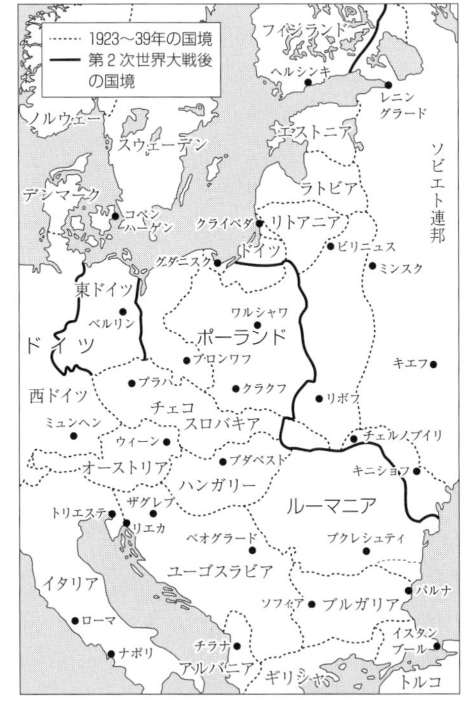

Ⅱ-3 東欧の領土変更

出所：筆者作成。

三大国の首脳は，1943年９月にイタリアが降伏したことで，戦後統治という政治的問題を突きつけられた。そこで同年12月に戦時中初の首脳会談となったテヘラン会談が開催されたが，その際，それまで共通の敵に対して協力してきた米英とソ連の間に，戦後構想をめぐって思惑の違いが生まれた。イギリスは，伝統的なヨーロッパでの勢力均衡政策の観点から，ソ連の中・東欧への勢力圏構築の動きを牽制した。逆にソ連は軍事的にドイツとの戦いに必ずしも積極的とは思えない英米に不信感を募らせつつ，自らの犠牲の代償としてバルト三国，ポーランド東部，ベッサラビア，北ブコヴィナなどの領土併合を含めて中・東欧に広範な緩衝地域を求め，イギリスと対立した。しかしアメリカは第一次世界大戦の反省に基づいて**大西洋憲章**（1941年）を盾に，住民の意思によらない主権や領土の変更に反対で，戦後に平和のための強力な国際機構を設置することを最重視しており，英ソの勢力圏をめぐる対立に距離をとった。

4 戦後構想をめぐる政治的対立から冷戦へ

結果的に1945年のヤルタ会談においても三大国の足並みは揃うことはなかったが，米英ソ中を「４人の警察官」とする基本思想に基づいた国際連合創設をアメリカが最優先し，個別の地域的問題についてソ連に譲歩する姿勢を示したため，中・東欧においてはほぼスターリンの思惑通りにソ連の勢力圏が構築された。その後，**ローズベルト**大統領急死のため副大統領であった**トルーマン**が大統領に就任すると，従来より対ソ姿勢を硬化させて，イギリスとともにソ連の強権的な姿勢に反発するようになった。

対日講和，対独講和においては三大国の足並みが揃うことはなく，対日講和はソ連抜きで締結され，ドイツにいたっては東西分断のままの状態が冷戦終結まで続いた。第二次世界大戦は，その末期にはすでに，冷戦的対立を内包していたのであった。

（広瀬佳一）

相との首脳会談で調印された，戦後処理と国際協調の原則を定めた文書。領土不拡大・不変更，民族自決，自由貿易，航海の自由，安全保障システムの構築などが掲げられていた。当時，中立を堅持していたアメリカを参戦させたいイギリスが，アメリカの立場に歩み寄った形での合意であった。

▷フランクリン・デラノ・ローズベルト（Franklin Delano Roosevelt, 1882-1945）

第32代大統領（民主党）。ニューヨーク州知事を経て1933年に大統領に就任し，それ以来1945年４月に死去するまで，史上初の４期にわたりその職にあった。世界恐慌後の経済を，政府が市場に積極的に関与するニューディール政策で立て直し，第二次世界大戦を，ソ連との協調によって勝利に導いた。

▷ハリー・S・トルーマン（Harry S. Truman, 1884-1972）

第33代大統領（民主党）。1945年４月のローズベルト大統領死去を受けて副大統領から大統領に昇格した。1935年から上院議員。ソ連との協調を重視した前任者の路線を転換させ，封じ込め政策に基づくトルーマン・ドクトリンの発表など，ソ連に対して強硬な姿勢で臨んだ。

推薦図書

ジョナサン・フェンビー（河内隆弥訳）『奇妙な同盟――ルーズベルト，スターリン，チャーチルはいかにして第二次大戦に勝ち，冷戦を始めたか』（Ⅰ・Ⅱ）藤原書店，2018年。

コラム－2

20世紀の戦争と技術

科学技術と戦争

人類の歴史において，科学技術の進歩は軍事技術の発展を促し，兵器の破壊力や精度を向上させてきた。有史以来の長きにわたり兵器の性能向上は緩慢であったが，20世紀に軍事技術の発展は著しく加速した。そのことは戦争の形態や国際政治の様相を変化させてきた。

技術をめぐる民軍のかかわりをみると，民生技術が軍事技術に利用される場合（スピンオン）と，軍事技術が民生技術となる場合（スピンオフ）とがある。民軍のいずれにも用いられる技術は，両用（デュアル・ユース）技術といわれる。

近代兵器と世界大戦

第一次世界大戦には，航空機，戦車，毒ガスなどの近代兵器が投入された。航空機や戦車は，民生品から軍用へのスピンオンであった。航空機は，1903年に自動車工であったライト兄弟によって発明された。1911年のイタリア・トルコ戦争において，イタリア軍機が敵陣に手榴弾を投下したのが史上初の空爆であった。航空技術については，大戦中に空気抵抗の減少，操作性の向上，翼・機体の設計技術の改良といった進歩がみられた。また，18～19世紀に多くの技術者によって考案されたキャタピラー（無限軌道）は戦車に利用され，膠着した西部戦線で鉄条網や塹壕を突破するのに有効であることを示した。

第一次世界大戦で近代兵器が多用された結果，戦場では無差別殺戮が起こり，約1000万人の死者と約2000万人の負傷者が生じた。こうした犠牲は，戦争に対するそれまでのヒロイックなイメージを打ち砕き，戦争違法化に向けた潮流に弾みをつけた。戦後，国際連盟が設立され，不戦条約が結ばれた。

第二次世界大戦において，近代兵器とその運用法はさらに発展した。ドイツは航空機と戦車を併用した電撃戦によりヨーロッパ各国に侵攻した。日米は航空母艦を太平洋に投入して争った。大戦を遂行するために，各国は航空機，機械工業，金属加工業，化学工業など，数々の産業技術を総動員したのである。そして，大戦中に開発された軍事技術は戦後の経済発展に大きく寄与していった。原爆は原子力発電にスピンオフし，航空機・自動車産業などは軍需から民需へと転じた。とくに，アメリカは大戦中に輸送機を大量生産していたことから，戦後の民間旅客機分野で圧倒的な優位を得た。

冷戦期の科学技術競争

第二次世界大戦末期に現れた核兵器は，冷戦期の軍事戦略の中核を占めるようになる。米ソともに膨大な核弾頭を蓄積するとともに，運搬手段としての弾道ミサイル開発（宇宙開発）が進展した。核兵器は破壊力の大きさゆえに使えない兵器と認識され，軍の目的は戦争に勝利することよりも戦争を回避することとなった。冷戦期は，大国間の戦争がない「長い平和」でもあった。

第二次世界大戦の帰趨を決したのが物量であったのに対し，冷戦期には兵器が高性能化し，質のほうが重要になった。技術革新は，しばしば兵力や兵器保有量の低下をもたらした。また，兵器が高性能化するにつれて，一国のみで兵器を開発・生産することが技術的にも資金的にも困難になり，国際共同開発が広まった。英独伊で共同開発したトーネード戦闘攻撃機などがその例である。他方で，高度な技術を「持てる国」は，優位を保つために不拡散や輸出管理の制度を築いた。米ソは対立関係にあったにもかかわらず，核不拡散という点については協力を惜しまなかった。

さらに，20世紀後半にはインターネットや全地球測位システム（GPS）などのスピンオフも引き続きみられたが，技術革新の大部分が民生部門においてなされ，それが軍事技術としてスピンオンされるという流れが一般的になった。しかし，社会主義諸国は自由な経済活動を認めなかったため，技術革新にキャッチアップできず冷戦に敗北したのである。

ポスト冷戦期の戦争

兵器がハイテク化し，精密誘導兵器が登場すると，付帯的被害（軍事行動に付随する民間人の被害）を局限しうる可能性が生じた。民間人の被害が軽減すること自体は評価できよう。だが，かつて戦場の悲惨さに対する恐怖心が武力行使を抑制する規範を形づくってきたことを思い返すと，付帯的被害の局限は，武力行使へのハードルを引き下げるかもしれない。現に，冷戦後には一定の正統性があれば武力行使を容認する言説が出てきたのである。たとえば，1999年に北大西洋条約機構（NATO）は人道的介入という名目のもと，国連安保理決議を得ないままにコソボ空爆を実施した。技術の進歩は，戦争と平和をめぐる問題の一部に解決策をもたらしたが，同時に新たな問題をも生起させているのである。

（篠﨑正郎）

Ⅲ　冷戦と現代

冷戦の起源

1 冷戦とはなにか

冷戦とは，第二次世界大戦終結前後から1990年前後までの，アメリカを中心とする西側陣営とソ連を中心とする東側陣営との間の継続的な対立関係のことを指している。この時代は核兵器をはじめとする軍事技術の発達により，米ソの対立は人類の破滅をもたらしかねない状況となったため，「平和は不可能であるのに戦争も起こりえない状況」（フランスの社会学者アロン）と評された。しかし実際には朝鮮半島，中東，インドシナ半島，アフガニスタンなど，少なくとも20以上の戦争が勃発した。ただし東西の大国間において直接戦闘は発生しなかったため，「長い平和」（アメリカの国際政治学者ギャディス）と呼ばれる安定的な均衡状態にあったともいえる。

冷戦における対立関係の特徴は，軍事力，経済力，科学技術力，資源，人口など伝統的な**パワー**に基づく対立というだけでなく，共産主義対資本主義という**イデオロギー**の対立という側面を有していたことにある。パワーの関係は相対的なものであったが，イデオロギーは絶対的な価値体系にかかわるものであったため，パワーが均衡を保ったときでも厳しい対立は継続した。このように二つの対立が同時的に併存したことが，冷戦という時代を際立たせていた。

▷冷戦（the Cold War）の語源
この言葉が最初に使われたのは，作家ジョージ・オーウェルによるトリビューン紙でのエッセイ（George Orwell, "You and the Atom Bomb", *Tribune*, 19 October 1945）においてであるが，一般に流布するようになったのは，政治評論家ウォルター・リップマンが1947年に刊行した『冷戦——合衆国の外交政策研究』（Walter Lippmann, *The Cold War : A Study In U. S. Foreign Policy*, Harper, January 1, 1947.）による。

▷パワー
⇨序-4「国際政治を動かす力」

▷イデオロギー
「民主主義」「資本主義」「社会主義」のような政治，社会の仕組みについての考え方（思想）のこと。個人の意見や傾向を指す場合もあるが，政治学では社会集団の思想・行動を規定する概念としてとらえられる。

2 第二次世界大戦中から戦後にかけての米英とソ連の対立

冷戦は戦後に突然勃発したわけではない。ナチス・ドイツを共通の敵として戦う連合国であった米英ソの間では，軍事的勝利がみえはじめた1943年12月に開催された戦時中初の首脳によるテヘラン会談から，戦後構想をめぐって政治的対立が芽生えていた。主な争点としては国連創設，ドイツの戦後処理，解放されるヨーロッパ復興の方針などがあったが，それらとならんで，その後のヤルタ会談，ポツダム会談（いずれも1945年）においても激しい論争の的となったのが，戦後東欧の領土と政権をめぐる問題であった。とくにポーランドについては，ロシアおよびソ連にとって19世紀のナポレオン（フランス），20世紀のヴィルヘルムⅡ世（ドイツ）およびヒトラー（ドイツ）と，3度にわたりその領土を通過して侵入を受けるという経験があった。このためスターリンにとって戦後ポーランドの問題は安全保障に直結する問題であり，その領土をソ連にとっての緩衝地帯としてより西側に拡大させたうえで，強力で親ソ的な政権を樹立することに全力を傾けた。

やがて1945年から48年に，ソ連は東欧に対して軍事力を背景として自らの領土要求を実現し，選挙介入によって次々に共産党主導の体制を樹立した。こうしたソ連側の攻勢に対して，アメリカは駐ソ公使**ケナンの「長文電報」**を基に対ソ政策を練り直し，1947年3月にはトルーマン・ドクトリンを発表して，いまや世界が二分化したこと，アメリカは自由を求める人々の側に立つことを宣言したうえで，ソ連の脅威にさらされているトルコとギリシャに軍事援助を行うことを決定した。ついで同年6月，ヨーロッパの復興を促し強力なパートナーに育てるための大規模な資金援助計画であるマーシャル・プランを発表した。

こうした動きに対抗してソ連も，ヨーロッパの共産党のネットワークを構築するために1947年にコミンフォルムを結成し，また1949年にはソ連・東欧のブロック内で経済の相互援助協力を行うCOMECON（コメコン）を結成した。こうして冷戦の政治的・経済的次元が明らかになった。さらに西側は1949年に**NATO（北大西洋条約機構）**を結成したが，他方で同年，ソ連が初の原爆実験に成功すると，冷戦の軍事的次元も明確に姿を現したのだった。

▷ケナンの「長文電報」
アメリカ国務省のソ連専門家であったジョージ・ケナンが1946年2月，モスクワから打電した約8000語に及ぶソ連分析の電報のこと。当時のトルーマン政権内に大きな影響を及ぼし，「封じ込め」政策の根拠となった。しかしケナン自身は，軍事的封じ込めのような対ソ強硬路線を意味したわけではないと主張している。

▷NATO ⇨Ⅺ-2「漂流の危機にあるNATO」

3 冷戦の起源をめぐる論争

冷戦の起源をめぐっては研究史上，いくつかの説明がなされてきた。たとえばイデオロギー対立を重視するならば，スターリンは当初から第二次世界大戦後に世界に革命を輸出する意図を持っていたと考えられるため，1917年のロシア革命の成功こそ，冷戦の起源であるとする見方があった。逆にアメリカが戦後に債権を回収し財政赤字を解消するため，東欧を含めたヨーロッパに市場を求めて門戸開放をしかけたことが冷戦の原因であるとする主張もなされた。しかしこうしたイデオロギーに偏重した研究は，1980年代以降，より広範な史料に基づいた実証研究がすすむにつれて，修正を施されるようになった。

近年の研究によれば，第二次世界大戦末期から49年頃までの間に政治，経済，軍事面で徐々に米ソ間で冷戦的状況が出現したとするのが，妥当な見方となっている。その際，イデオロギーにより対立が拡大したというよりは，第二次世界大戦が各地にもたらした政治的・地政学的空白を米ソ両大国が埋めようとする中で，双方が十分な信頼とコミュニケーションを欠いた状態で「**安全保障のジレンマ**」に陥り，お互いに相手の脅威を過大評価して，その影に脅えつつ対立を深めていったとみることができる。とりわけ核兵器という強力な破壊力を持った戦力の増大が，相互に過剰反応をもたらした要因といえよう。

冷戦の起源やその後の展開をめぐっては，このほかにも米ソ中心的な研究に対して，アジアやアフリカを含め，よりグローバルな展開に注目する見方や，政治エリートの思考と行動のみではなく，社会的・文化的側面での動向に注目する見方など，研究の広がりがみられるようになっている。　（広瀬佳一）

▷安全保障のジレンマ
⇨Ⅳ-1「リアリズム」

推薦図書

益田実・池田亮・青野利彦・斉藤嘉臣（編著）『冷戦史を問い直す』ミネルヴァ書房，2015年。
ヴォイチェフ・マストニー（秋野豊・広瀬佳一訳）『冷戦とは何だったのか――戦後政治史とスターリン』柏書房，2000年。
ベン・ステイル（小坂恵理訳）『マーシャル・プラン』みすず書房，2020年。

Ⅲ　冷戦と現代

米ソ軍拡競争と軍備管理

1 米ソ軍拡競争のはじまり

冷戦の二極構造は米ソ間に際限のない軍拡競争を生み出した。軍拡競争そのものは，大国が常備軍を保有するようになった18世紀後半からしばしば行われてきたが，冷戦期の特徴は**通常戦力**にくわえて核戦力の軍拡競争がはじまったことである。

▷通常戦力
大量破壊兵器（核兵器，生物兵器，化学兵器など）以外の軍備のこと。小火器，地雷，戦車，大砲，ミサイルから軍艦，戦闘機まで多岐にわたる。

冷戦が開始された1940年代末，ヨーロッパ大陸の東側には陸軍の師団数で西側の5.6倍，戦車の数にすると西側の８倍ものソ連軍が駐留していた。このため，東西対立が激しくなるにつれ，西側は通常戦力における不均衡に悩まされた。通常戦力を補うために期待されたのが核戦力であった。ソ連も1949年８月に原爆実験を成功させて核保有国となっていたが，まだ核戦力は非常に小さかった。そこでアメリカは1954年に**大量報復戦略**を採用し，ソ連の膨張主義を抑えようとした。

▷大量報復戦略
アメリカの核戦略。圧倒的な数の核兵器による報復可能性を示すことで，ソ連の通常戦力による先制攻撃を抑止する考え方。

表Ⅲ-1　核戦力の軍拡

	アメリカ/NATO			ソ連/ワルシャワ条約機構		
	1961	1969	1978	1961	1969	1978
ICBM	120	1054	1054	0-25	858	1500
SLBM	30	720	656	25-75	565	900
戦略爆撃機	1800	600	450	175	155	160

出所：Richard L. Kugler, *Commitment to Purpose*, RAND, 1993, p. 227, 483 より筆者作成。

ところがソ連もその後，核戦力の近代化に努め，1957年には人工衛星スプートニク打ち上げに成功し，アメリカと同時期にICBM（大陸間弾道ミサイル）開発に成功，1960年にはSLBM（潜水艦発射弾道ミサイル）打ち上げにも成功するなど，米本土への攻撃能力を持つにいたった。このため大量報復戦略にもとづく**核抑止**の信頼性は大きく低下した。それ以降，米ソは，核先制攻撃を受けても，相手に耐えがたい損害を確実に与える核戦力を保持する相互確証破壊（MAD）という考え方をとるようになった。こうして米ソはともにICBM，SLBMの軍拡をすすめ，70年代までにほぼ均衡な状態となった（**表Ⅲ-1**参照）。

▷核抑止
核抑止とは，核兵器による壊滅的な報復を受ける可能性を相手側に認識させることで，攻撃を未然に思いとどまらせようという核戦略の基本的考え方。

▷部分的核実験禁止条約
1963年８月に米英ソの間で調印された条約。地下を除く大気圏内，宇宙空間および水中における核爆発実験を禁止。

▷SALTⅠ（第一次戦略兵器制限交渉）暫定条約
（1972年発効，1977年失効）
ICBMをアメリカが1000基，

2 軍備管理の試み

核戦力の軍拡は，なんらかの偶発的事件によって，一気に地球を壊滅しかねないというリスクをはらんでいた。事実，ICBMの劣勢を覆すためにソ連が中距離核ミサイルを持ち込もうとした1962年のキューバ危機は，一触即発の事態となり，米ソ指導者は核戦争の恐怖を味わった。ここから米ソ両国は軍拡を続ける一方で，核兵器の軍備管理をする必要性に迫られたのである。キューバ危機の教訓を受けて最初に行われたのは1963年の米ソ首脳間の緊急用直接対話ホットライン設置と**部分的核実験禁止条約**の締結であった。ついで1972年には戦略核ミサイル（射程5500 km 以上）の数量制限を定めた初の **SALT Ⅰ暫定条約**と迎撃ミサイル配備を制限する **ABM 条約**が締結された。戦略核ミサイルについてはその後 **SALT Ⅱ条約**（1979年）へと受け継がれた。

中距離核ミサイル（INF，射程500～5500 km）については，ソ連が1976年に新型 SS20 を配備したことから東西対立が激化した。しかし1984年にソ連書記長となったゴルバチョフが，改革政策を展開するなかでレーガン大統領との間で交渉を行い，1987年に INF 全廃条約が締結された。これは，一つのカテゴリーの兵器が全廃された画期的な条約であり，冷戦終結への道を開いた。

また1950年代から60年代にかけて，米ソのほか，イギリス（1952年），フランス（1960年），中国（1964年）がそれぞれ核保有国となった。こうした核保有国は，それ以上の核保有国の増加（拡散）を防ぐことに共通の利害を見いだすようになった。その結果として1968年に**核拡散防止条約（NPT）**が締結された。これは核保有国の現状維持を容認するものとして批判もあるが，拡散に一定の歯止めをかける機能を担っている。

他方，通常戦力の軍備管理は遅々として進まず，1973年にはじまった中部欧州相互兵力削減交渉（MBFR）は14年間続いたが，結局，妥結にはいたらなかった。これは，扱う兵器の範囲や定義をめぐる対立，検証が難しいこと（特に東側），通常戦力で優位にあった東側の非妥協的姿勢などが理由である。しかし冷戦終結の動きが加速化した1987年に新たに通常戦力に関する交渉が開始され，1990年11月に**欧州通常戦力（CFE）条約**が締結された。

3 冷戦後の課題

冷戦終結によって東西間の厳しい軍拡が終わったにもかかわらず，軍備管理はむしろ停滞をみせている。戦略核兵器は冷戦終結直後に **START Ⅰ（1991年）**により新たに上限が設定されたが，その後 START Ⅱは批准されず，**新 START**（2010年）が締結されるもそれ以降，交渉は進んでいない。一方 INF はロシアの条約違反を根拠に2019年にアメリカが脱退を宣言し失効した。この背景には中国やインドなどの INF が規制されていないことへの米ロの不満もあった。また CFE についても，ロシアの部隊移動に対するアメリカの不満と，NATO 拡大やミサイル防衛に対するロシアの不満のため，履行停止状態となっている。このように冷戦後は軍拡競争が多極化し軍備管理は不透明な状況となっている。

（広瀬佳一）

ソ連が1410基，SLBM を米が710基，ソ連が950基に制限。ただし MIRV（多弾頭誘導弾）化がはじまっていた核弾頭数の制限はなし。

▶ABM 条約
弾道弾迎撃ミサイルを制限することで，都市を人質とした恐怖の均衡という MAD の考え方による核抑止が効果的になると考えられていた。ミサイル防衛網構築のため2002年にアメリカは条約から脱退。

▶SALT Ⅱ（第二次戦略兵器削減交渉）条約（1979年調印）
米ソともに ICBM，SLBM，爆撃機，空対地弾道ミサイルの合計を2400基に制限。ただしソ連のアフガニスタン侵攻により米議会は批准せず。

▶核拡散防止条約（NPT）
⇨Ⅻ-2「大量破壊兵器の拡散とその身近な脅威」

▶欧州通常戦力条約
1990年11月に NATO 加盟国とワルシャワ条約機構加盟国の計30カ国により調印。対象となる兵器は，戦車・装甲戦闘車両・火砲・戦闘機・攻撃ヘリの五つのカテゴリーからなる。

▶START Ⅰ（第一次戦略兵器削減条約）（1994年発効，2009年失効）
米ソは戦略核弾頭数の上限を6000発，ICBM，SLBM，爆撃機などの合計を1600以下に削減。

▶新 START（新戦略兵器削減条約）（2011年発効，2026年まで延長）
START Ⅰを継承しつつ，米ソは戦略核弾頭数の上限を1550発（ただし備蓄数制限なし）。ICBM，SLBM，爆撃機などの合計を800以下に削減。

Ⅲ　冷戦と現代

3 冷戦とアジア(1)　中国革命と朝鮮戦争

1 国共合作と朝鮮解放

中国国民党と中国共産党は，1924年に成立した第一次国共合作を解消しながら，満州事変以降，日本軍に対する統一戦線のため，1937年に第二次国共合作を成立させた。しかし，盧溝橋事件以降，日中戦争が拡大したにもかかわらず，両者間の抗争は絶えなかった。1941年1月には中国国民党が中国共産党の主力部隊の一つを掃滅する事件も起き，第二次国共合作は形骸化していった。さらに，1941年12月，日本が真珠湾攻撃を行うと，両者は次第にアメリカが中国大陸から日本軍を一掃することを期待するようになった。両者は抗日統一戦線を維持しつつも，ともに勢力拡張をはかり，来るべき内戦に備えていった。

日本統治下の朝鮮では，1919年の**三・一独立運動**を機に同年4月11日には，上海で「大韓民国臨時政府」の樹立が宣言され，中国国民党と行動をともにした。その一方で，朝鮮人の独立運動のなかには，中国共産党と行動をともにする独立運動家も生まれた。しかし，これらの独立運動組織が日本軍と大規模な武力衝突を行ったことはなく，連合国も「大韓民国臨時政府」を正統な亡命政府と認めることはなかった。結局，日本の植民地統治を終わらせたのは連合国であった。1945年2月，ドイツ敗戦が確実視されるなか，ヤルタに集った連合国首脳は第二次世界大戦後の国際秩序を議論しつつ，抗戦を続ける日本を早期終戦に導こうとした。ローズベルト米大統領はスターリンに対日参戦を要請し，スターリンもドイツ降伏後3カ月以内に対日参戦することに合意した。

ドイツは1945年5月8日に敗戦するが，ローズベルトはその前月に死去しており，日本の戦争終結と日本敗戦後のアジア秩序をつくる任務は，副大統領から大統領に就任したトルーマンに任せられた。ドイツ敗戦後のヨーロッパでのソ連の膨張をみて不信感を抱いたトルーマンは，1945年7月末の「ポツダム宣言」後，日本との戦争を早期終戦に導き，ソ連から対日参戦の機会を奪うことを考えた。広島と長崎に投下された原子爆弾は，戦争の早期終結の目的も持っていた。しかし，スターリンは日ソ中立条約を破るかたちで対日参戦し，8月10日には朝鮮半島北部に進軍した。その当時，沖縄で上陸戦を闘っていた米軍は，ソ連軍のさらなる南下を阻むため北緯38度線での分割統治を提案しなければならなかった。スターリンはそれを受け入れ，日本敗戦後，朝鮮半島は米ソ両軍による軍政により分割統治されることになった。

▷三・一独立運動
1919年3月1日，独立運動家が京城（現ソウル）のパゴダ公園（現タプゴル公園）に集まって「独立宣言書」を読み上げたことに端を発する独立運動をいう。運動は朝鮮全土に波及し，これを日本官権は弾圧していった。運動の契機は「民族自決主義」よりも，日本の「武断政治」への抗議であったとみるべきである。外国からの批判もあり，その後日本の朝鮮統治は，朝鮮人による集会の制限緩和，朝鮮語新聞の刊行許可など「文化政治」に転じることになる。

▷「台湾不介入宣言」
アメリカは中華人民共和国が成立した後も，台湾を中華民国として承認していたが，アメリカは中国での内戦に続いて，台湾海峡での戦闘に巻き込まれることを懸念していた。トルーマンは1950年1月5日，台湾について「軍隊を派遣して現状に干渉する考えはない」

2 国共内戦と中華人民共和国の成立

日本敗戦とともに中国国民党と中国共産党は抗日統一戦線のための国共合作の意義を失うが，内戦再発を最も危惧したのはアメリカであった。1945年10月10日，蔣介石（しょうかいせき）と毛沢東（もうたくとう）との間で内戦回避のための「双十協定」が交わされたが，これを仲介したのもアメリカであった。アメリカは中国大陸で内戦が再発すれば，蔣介石を支持するアメリカがそこに巻き込まれてしまうことを懸念していた。しかし，国共間の戦闘は止むことなく，アメリカは仲介のためマーシャル国務長官を派遣したが，マーシャルは仲介を試みる一方で，中国国民党を支援し続けた。中国共産党は軍事的に優位を誇る中国国民党に対して，農村部を中心とするゲリラ戦を挑んだ。停戦合意はあったものの内戦は止まず，1946年末，トルーマンは中国大陸からの米軍撤退を表明することになった。

その後，中国共産党は遼瀋（りょうしん）戦役をはじめ「三大戦役」で勝利し，中国国民党は台湾に敗走した。1949年10月，中国共産党が北京を首都とする中華人民共和国の樹立を宣言した。これをうけ，台湾海峡での武力衝突に巻き込まれることを恐れたトルーマンは，**「台湾不介入宣言」**発表した。中国人民解放軍は福建省に兵力を集結させ，中国共産党は台湾解放の機会を覗うことになる。

3 朝鮮戦争の展開と台湾

中国から台湾解放の機会を奪ったのは朝鮮戦争であった。金日成（キムイルソン）が**「民主基地論」**で北朝鮮主導の祖国統一を主張するなか，アメリカは台湾と朝鮮半島を外す**「不後退防衛線」**を発表した。金日成は民族解放戦争の好機と判断し，1950年6月25日に武力行使に踏み切った。トルーマン米政権はこれを「平和の破壊行為」として国連安保理に上程した。ソ連欠席のなか全常任理事国の賛成は得られなかったが，米軍に国連旗を用いた多国籍軍を構成する権限が与えられた。国連加盟国でない韓国を支援する国連軍が構成されたことになる。国連軍派遣は台湾問題にも波及した。アメリカは「台湾不介入宣言」を覆し，第七艦隊を台湾海峡に派遣したため，中国は台湾解放を先送りせざるを得なかった。

朝鮮戦争は当初，朝鮮人民軍が南下して韓国軍と国連軍は釜山まで追い詰められたが，国連軍が仁川上陸作戦を成功させると新たな展開をみせる。この作戦の成功後，1950年11月に国連軍が北緯38度線を「北進」すると，「抗美援朝」のスローガンのもとに中国人民志願軍が介入したからである。中国はまた，国連軍のさらなる進軍に備えて，解放軍部隊を福建省から山東省に移動させ，台湾解放をいったん断念せざるを得なかった。朝鮮戦争はトルーマンが核使用を進言したマッカーサー国連軍最高司令官を解任して以降膠着状態に陥り，1953年7月27日，国連軍，朝鮮人民軍，中国人民志願軍の三者による軍事停戦協定が交わされた。中国の分裂と朝鮮の分断は長期化していった。　（倉田秀也）

「アメリカが中国の国内紛争に巻き込まれるような道は歩まない」と宣言した。

▷**「民主基地論」**
ソ連軍政下，北朝鮮が「真に正しい民主主義的方向に向かっている」のに対し，米軍政下の南朝鮮は「反動的，反民主的，反人民的方向に向かっている」として，北朝鮮の役割を「朝鮮における民主主義の源泉地」とする認識が生まれた。さらに，金日成は1950年1月1日，北朝鮮を「強力な軍事，経済，政治，文化的基地」に築き上げることで祖国統一のための「新しい源泉地」とすることを訴えた。「民主基地論」は武力行使を否定しておらず，これを軍事力で実践したのが，朝鮮戦争に至る対南武力行使といえる。

▷**「不後退防衛線」**
1950年1月30日，アチソン国務長官がナショナル・プレス・クラブでの演説で発表した西太平洋におけるアメリカの防衛ラインを指す。アリューシャン列島，日本，琉球諸島，フィリピンを結ぶラインを指す。アメリカは共産主義の「封じ込め」について，ヨーロッパではその前年に成立した北大西洋条約機構（NATO）という軍事機構で対応しようしたのに対し，アジアでは米軍駐留でその防衛意思を示そうとした。

推薦図書

国分良成編『現代東アジア——朝鮮半島・中国・台湾・モンゴル』，慶應義塾大学出版会，2009年。
神谷不二『朝鮮戦争——米中対決の原型』，中央公論社，1990年。

Ⅲ　冷戦と現代

4 冷戦とアジア(2)　ベトナム戦争

1 アジアにおける再度の熱戦

朝鮮戦争の休戦から約10年後，冷戦は再びアジアで熱戦化した。1960年代初頭から1975年まで，インドシナ半島を舞台に続いたベトナム戦争がそれである。ベトナムは当時，共産主義の北ベトナム（ベトナム民主共和国）と，非共産主義の南ベトナム（ベトナム共和国）との**分断国家**の状態にあった。全土の統一を目指す北に対し，アメリカは南の維持を図って対抗していた。この対抗が次第にエスカレートして戦争となったのである。

北ベトナムはソ連と中国の支援を受けていたが，それらの指令によって「代理戦」を戦っていたわけではない。北にとってベトナム戦争は，第二次世界大戦直後からの独立戦争の延長上の戦いであった。しかし，アメリカは冷戦の激化とともに国際共産主義を一枚岩とみる傾向を強め，北の指導者**ホー・チ・ミン**をその「先兵」と決めつけていた。そして，アメリカが南の維持に失敗すれば，共産革命が東南アジア各地へ「ドミノ倒し」的に拡大すると懸念していた。これはアメリカにとっては「第二の朝鮮戦争」だったのである。

2 独立戦争の延長上の戦い

ホー・チ・ミンの**ベトナム独立同盟**は，1954年のディエン・ビエン・フーの戦闘に勝ち，**フランス領インドシナ**を解体へ追い込んだ。しかし，同年の**ジュネーブ協定**はベトナムを北緯17度線で分割し，ホー・チ・ミンに北のみを与えた。朝鮮休戦後の平和の持続を望んだ中国の周恩来（しゅうおんらい）は，この協定のために外交手腕を発揮した。その翌年，アメリカは**ゴ・ディン・ジェム**を南の指導者として擁立し，経済・軍事援助を与えて北に対抗させようとした。

北は国内建設を優先するかに見えたが，1959年に南における武装闘争開始を決議した。北の視点から見る限り，南が分断されたままでは独立が完成したとはいえなかった。北が目指したのは南に反乱を拡大し，新たな連合政府を設立し，それを南北の統一へ発展させることであった。1960年には**南ベトナム解放民族戦線**を結成し，さらには北ベトナム正規軍をも浸透させて，武装闘争を強化した。これに対してアメリカは，南へ送る「軍事顧問」を増員し，ついで北の空爆を開始するとともに，南へ地上軍を投入するに至った。

▷分断国家
一つの民族が複数の国家に分断され，互いに正統性を主張する。東西ドイツ，南北朝鮮，南北ベトナムなど，冷戦期の両陣営の境界上に成立した。

▷ホー・チ・ミン（Ho Chi Minh, 1890-1969）
ベトナムの革命家。青年期にパリへ渡り，フランス共産党の結成に参加したのち，モスクワで革命家としての訓練を受けた。ベトナム共産党の指導者となり，北ベトナムの初代国家主席となった。

▷ベトナム独立同盟
ベトナム独立をめざす統一戦線組織。ホー・チ・ミンら共産党幹部が指導。略称ベトミン（越盟）。

▷フランス領インドシナ
1887年から1954年まで東南アジアに存在したフランスの植民地。今日のベトナム，ラオス，カンボジア。

▷ジュネーブ協定
1954年のジュネーブ国際会議で採択されたインドシナの休戦協定。ベトナム，ラオス，カンボジアへの主権付与，ベトナムの南北分割などを規定した。ベトナムの全国選挙を1956年に実施するとの規定もあったが，実施されずに終わった。

▷ゴ・ディン・ジェム
（Ngo Dinh Diem, 1901-1963）

ベトナムの政治家。反仏かつ反共で知られた。アメリカの支援で南ベトナムの初代大統領となったが，軍のクーデタで暗殺された。

▷南ベトナム解放民族戦線
南ベトナム政府に反対する統一戦線組織として発足したが，実権は南の秘密党員が掌握し，北からの指令と援助を受けて活動した。

3 政治的に敗れたアメリカ

アメリカが南の維持に成功するには，北の介入を抑制しながら南の反乱を鎮圧し，そこに自立的な国家を育成することが必要だった。双方の国力差から見るならば，それは可能であったようにも感じられる。しかし，フランスとの戦いをつうじて正統性と組織力とを獲得していた北と比較し，南の政治基盤は脆弱だった。また，アメリカは局地戦争の枠内でこの戦争を戦っており，北は中ソから供給される武器でアメリカに屈することなく戦闘を継続できた。

長期化する戦争に戦意を喪失したのはアメリカであった。とりわけ1968年のテト攻勢は重大な転換点となった。50万を超える兵力を投入しても内乱が収束しない事実が，マスメディアをつうじて大々的に伝えられ，アメリカ社会に深刻な反応を呼び起こした。ベトナム戦争は「アメリカ史上初めて反戦運動家を英雄にする戦争」となった。1973年のパリ協定によってアメリカ軍が撤退すると，北は軍事行動を本格化させ，1975年に南を降伏させた。

4 戦乱の続いたインドシナ

アメリカは北による統一の阻止に失敗したが，共産革命が波及したのはカンボジアとラオスまでであった。当初の「ドミノ倒し」の懸念は誇張されていたかのようであった。もっともこの点に関しては，1960年代までの周辺諸国は活発な共産ゲリラの脅威に直面しており，ベトナム戦争はそれらの非共産主義的近代化に時間的猶予を与えたという見方も存在している。

その後の東南アジアにおいて目立ったのは共産主義の拡大よりも，共産勢力どうしの対立であった。アメリカ軍撤退後のインドシナの地域秩序をめぐってベトナム，中国，ソ連が骨肉の争いを開始した。1978年には**カンボジア紛争**◁が本格化し，1979年にはベトナムと中国が戦火を交えた。

▷カンボジア紛争
1978年にベトナム軍がカンボジアに侵攻し，インドシナ三国の統合を図ったが，カンボジアの抵抗勢力（クメール・ルージュ）を中国やタイなどが支援し泥沼化。ソ連衰退を背景に1989年にベトナム軍が撤退し，1991年に和平合意成立。対仏独立戦争を第一次インドシナ戦争，ベトナム戦争を第二次インドシナ戦争，カンボジア紛争を第三次インドシナ戦争と呼ぶこともある。

▷米中接近 ⇨Ⅲ-5「米中ソ関係の変転」

5 大国間関係の再編成

ベトナムにおける挫折によってアメリカは威信と国力を低下させ，遠隔地への軍事介入に慎重となった。ベトナム戦争はアメリカが世界において圧倒的に優越していた時代の「終わりの始まり」となったのである。なかでも大きな変化は1972年の**米中接近**◁であった。中国との関係改善によってアメリカは，軍事大国化するソ連，経済大国化する日本を牽制するとともに，ベトナム戦争を少しでも有利な形で収拾しようと図ったのである。

こうした大国間関係の再編成は，各国の国力，内政，戦略の変転のなかでいずれは進行したと考えられるが，ベトナム戦争によって加速されたことも否定できない。ベトナム戦争は国際政治の大きな影響を受けた戦争であったと同時に，国際政治に大きな影響を与えた戦争でもあったのである。（小笠原高雪）

推薦図書

松岡完『ベトナム戦争』中央公論新社，2001年。
遠藤聡『ベトナム戦争を考える』明石書店，2005年。
ナヤン・チャンダ『ブラザー・エネミー』めこん，1999年。

コラム－3

ベトナムの国名表記

日本語にはカタカナという便利なシステムがあり，たいていの外国語を無理なく発音できるように表記する。もとよりそれは近似値的な便法に過ぎず，表記の揺れをもしばしば伴う。なにしろスマートフォンをスマホと略して怪しまないのであるから，日本人の融通無碍も相当なものである。しばらく前に，「ベトナムをヴェトナムと書く人もあるが，正しいのはどちらなのか？」という質問を受けたときは，どうにも回答のしようがなくて困ってしまった。

新聞はほとんどすべてベトナムを用いているが，1950年代まではヴェトナムを用いる全国紙も存在していた。雑誌や書籍となれば，今日でもヴェトナムを用いる例は少なくない。Việt-Nam（越南）は "V" で始まることから，「ベトナム」よりも「ヴェトナム」のほうが現地音に近いはず，という考えに基づくものと思われる。外国名の表記について，現地音への近さを競うことにどれほどの意味があるか，筆者自身はいささか懐疑的だが，相手を尊ぶ姿勢を示すことにはなるのであろう。

もっともベトナム語では "V" と "B" の発音上の区別はほとんどないので，せっかく「下唇を軽く噛む」ようにしてヴェトナムを発音しても，現地音との距離はベトナムと変わらない。おそらく，現地音に最も近いカタカナ表記は，「ヴィエッナアム」であると思われる。"t" は相手の耳に達するほどの音を構成せず，"a" は長母音ゆえ伸ばし気味にするのがよい。ベトナム語の特性である音調は示されないが，そもそも日本語には音調の表記がないのであるから仕方ない。

じつは日本にも2003年までは，ヴィエッナアムではさすがにないが，それに近い国名表記を使用していた機関があった。ほかならぬ外務省がそれであり，省内の文書や電報などはもとより，外交青書のような対外的な公刊物でも，国名表記をヴィエトナムに統一していた。筆者が初めてヴィエトナムにお目にかかったのは学生のころ，外交史料館編纂の日本外交史辞典においてであったが，やがてそれが外務省の流儀に準じたものであったことに気がついた。

そうしたわけで，かつて日本にはベトナム，ヴェトナム，ヴィエトナムという三種類の国名表記が並存していたのであり，研究を始めた当時はどれを標準にするか，しばらく迷ったことを記憶している。ベトナムはなんとなく通俗的な感じがしたので，アメリカのインドシナ介入を主題とした修士論文においてはヴェトナムと表記した。国際問題研究所で委託研究の報告書を書いたときは殊更にヴィエトナムを用い，分析官の端くれになったような気分に浸っていたこともある。

しかし，それからほどなく，筆者は国名表記でベトナムを標準とするようになった。やはり世間でベトナムが一般的であったことが大きいが，直接のきっかけは別にあった。あるとき駐日ベトナム大使と名刺を交換したところ，カタカナで「ベトナム」と記されていた。また査証をもらうために代々木の大使館へ出かけてゆくと，その表札にも「ベトナム」と記されていた。当事者がベトナムと名乗っているのに，外国人がわざわざ違える必然性は大きくない，と割り切るようになったのである。

外務省はその後もヴィエトナム表記を続けていたが，2003年の在外公館名称位置給与法の改正とともに，ベトナムに改めた。このときの法改正ではカンボディアをカンボジアへ，マレイシアをマレーシアへそれぞれ改めるなど，ベトナム以外でも「大改革」が行なわれた。それを促したのは14年後に外相となる河野太郎氏であったようだ。河野氏自身がブログのなかで次のように書いている。

> とうとう外務省流の国名，地名表記を全面的に改定する。去年の今頃，総務省の大臣政務官として，国名，地名の表記を一般的なものに改めない限りは，稟議を通さないと突っ張って，当時の杉浦外務副大臣が，来年度に必ず改定すると約束してくださったもの。
>
> （「衆議院議員河野太郎公式サイト」2003年１月22日）

もっとも，在外公館名称位置給与法の示す国名表記が政府の公式表記とされているにもかかわらず，防衛省（防衛庁）の防衛白書や経産省（通産省）の通商白書は法改正のはるか前からベトナムと表記していた。その意味では，政府内でのベトナムの国名表記は，2003年に至ってようやく「一元化」したといえる。

＊21世紀アジア研究会 HP：フォーラム（2020年３月28日，筆者寄稿）

（小笠原高雪）

Ⅲ　冷戦と現代

冷戦とアジア(3)　米中ソ関係の変転

1　米ソ冷戦と米中対決

第二次世界大戦後の国際政治史の主旋律が米ソ冷戦であったとすれば，主にアジアで展開された米中ソ関係は副旋律の一つであった。1949年10月の**中国革命**の勝利は，アメリカにとって衝撃的な出来事であった。アメリカは対日戦で支援を与え，戦後もアジアで連携していくはずだった国民党・中国を「喪失」した。それに代わって出現した共産党・中国がソ連と同盟すれば，アメリカは二正面作戦を強いられ，冷戦を戦ううえで不利になると考えられた。

しかし当時のトルーマン政権は，共産党・中国はアメリカに敵対すると断定するのは時期尚早という立場であった。**ティトー**のユーゴスラビアがソ連に従属せずに自立したのと同様の道を，毛沢東の中国も選ぶかもしれない。そうであれば，アメリカのほうから中国を敵視し「ソ連側に追いやる」ことは得策でない，という考え方が示された。毛沢東は1949年６月に「**向ソ一辺倒**」を表明し，1950年１月に訪ソして**中ソ同盟**を締結したが，それでもトルーマン政権は「中ソ離間」の希望を直ちには捨てなかった。

米中関係に決定的な影響を及ぼしたのは，1950年６月に**朝鮮戦争**が勃発し，10月に中国が参戦したことであった。それから約20年間のアメリカと中国は，ほぼ全面的な対決の時期を迎えた。とりわけ1950年代は，冷戦が二極対立の構図を最も強めた時期となった。当時の中国は経済発展の遅れた農業国であったが，朝鮮半島やインドシナ半島に大量の兵力を送ることは可能であったし，革命的イデオロギーの影響力は今日よりも大きかった。

2　中ソ対立と米中接近

中ソ同盟は1950年代後半に入ると早くも揺らぎはじめた。フルシチョフがアメリカとの**平和共存路線**を重視し，台湾の「解放」に慎重姿勢を見せたことに，毛沢東は不満であった。中ソ対立は1960年に初めて表面化した。フルシチョフが中国の核開発に対する援助を1959年に打ち切ったことは，毛沢東(もうたくとう)にソ連からの離反を決意させた。アジア初のオリンピックが東京で開催中の1964年10月，アジア初の核実験が中国によって断行された。中ソ関係はその後も悪化の一途をたどり，1969年には中ソ国境で武力衝突が発生した。

アメリカと中国は，この武力衝突をきっかけとして接近を開始した。ソ連は

▷**中国革命**　⇨Ⅲ-3「中国革命と朝鮮戦争」

▷**ティトー**（Josip Broz Tito, 1892-1980）
ユーゴスラビア共産党の指導者。第二次世界大戦中にナチス・ドイツに対するパルチザン闘争を指導し，戦後にユーゴスラビア連邦をまとめあげて初代大統領に就任。「非同盟」を掲げ，ソ連にも従属しない独自路線をとった。

▷**向ソ一辺倒**
中国共産党は社会主義建設のモデルをソ連に求め，対外政策においてもソ連と同一歩調をとるというもの。

▷**中ソ同盟**
正式には中ソ友好同盟相互援助条約。「日本軍国主義とその同盟者」を仮想敵に掲げた。

▷**朝鮮戦争**　⇨Ⅲ-3「中国革命と朝鮮戦争」

▷**平和共存路線**
核戦争につながる世界戦争を回避しながら，アメリカとの闘争を展開するという考え方。

▷**制限主権論**
社会主義陣営の構成国に体制上の脅威が生じた際は，他の構成国による軍事介入が正当化されるという主張。主唱者の名をとりブレジネフ・ドクトリンとも呼ばれたが，1988年にゴルバチョ

武力衝突の前年にチェコスロバキアへ軍事介入し，それを**制限主権論**によって正当化していた。同様のことが中国でも起きることを米中は警戒し，ソ連の牽制に動き出した。1972年2月に**ニクソン**が訪中し，米中接近を世界へ印象づけた。もちろん，米中接近にはほかの要因も関係していた。米ソの軍拡競争，日本の経済大国化，**ベトナム戦争**の泥沼化などがそれである。

1972年5月，ブレジネフはニクソンを招請し，アメリカが求めていた軍備管理協定に応じた。ソ連が米中接近に危機感を抱いたことは明らかだった。こうして中ソを競わせ，アメリカの交渉力を強化するのが，ニクソン政権の狙いであった。しかし，その後の事態は米中がさらに緊密となり，ソ連のみが孤立を深める展開となった。毛沢東はソ連を中国の主敵とし，アメリカと連携する路線を打ち出し，それを**「三つの世界」論**で正当化した。カーター政権も「**チャイナ・カード**」を公然と用いることによって，ソ連に一層の圧力をかける道を選んだ。1979年1月に鄧小平（とうしょうへい）が訪米し，米中国交樹立となった。アメリカは中国に対し，限定的な軍事援助を行なうまでになった。

3 中ソ和解と冷戦終結

極限にまで振れた米中関係の振り子は，1980年代に入るとゆっくりと戻りはじめた。中ソ和解のはじまりであった。**鄧小平**は「**改革・開放**」を打ち出して，日本やアメリカなどの支援を得ながら経済発展を目指すようになっていた。ソ連も経済的に行き詰まり，**ゴルバチョフ**がペレストロイカと呼ばれる大変革に着手した。こうしてソ連と中国は，両国間の緊張を緩和させ，国内の懸案に専念しうる環境を整えることに，共通利益を見出した。1989年6月にゴルバチョフが訪中し，中ソ和解が実現された。

ゴルバチョフが去った直後の北京において，米中関係に重大な影響を与えかねない事件が発生した。民主化を求める学生・市民に人民解放軍が発砲し，多数の死傷者を出した天安門事件がそれである。しかし，この事件の実際の影響は，限定的なものにとどまった。アメリカは日本などとともに，中国の近代化への支援を続ける選択をした。中国が経済的に豊かになり，中間層が育ってくれば，やがて民主化が進むであろう，という期待に基づく選択であった。

1991年のソ連崩壊は，アジアの戦略環境に大きな変化をもたらした。第一に，中国は北方と西方から，長年にわたり受けてきた重圧から解放された。第二に，アメリカはフィリピンから，ロシアはベトナムから，それぞれの海空軍を撤収した。そうしたなかで中国は，共産党の独裁体制を維持したままで，経済規模を継続的に拡大するとともに，軍の近代化と増強とをすすめていった。ロシアと中国の国力は逆転し，中国とアメリカの国力差も縮まりはじめた。米中ソ関係に代る米中露関係は，こうして新段階を迎えることとなった。

（小笠原高雪）

フによって否定された。

▷**ニクソン**（Richard Milhous Nixon, 1913-1994）
アメリカの第37代大統領（1969-1974）。アメリカがベトナム戦争で行き詰まったときに登場し，ベトナムからのアメリカ軍の撤退，中国およびソ連との緊張緩和，ドルの切り下げなどの成果を挙げたが，1972年の大統領選挙に際してウォーターゲート事件を起こし，辞任に追い込まれた。

▷**ベトナム戦争** ⇨Ⅲ-4「ベトナム戦争」

▷**「三つの世界」論**
アメリカとソ連を第一世界，日本や西ヨーロッパなどの先進諸国を第二世界，アジア，アフリカ，ラテンアメリカ諸国を第三世界，とする世界認識。

▷**チャイナ・カード**
中国との関係を利用しながらソ連に圧力を加える戦略。最も典型的にはカーター政権（1977-1981）の時期にみられた。

▷**鄧小平**（1904-1997）
1978年から1989年まで中国の最高指導者。毛沢東に何度も失脚させられながら復活し，実権を握ってから「改革・開放」を推進した。

▷**改革・開放**
国内経済の自由化と外国資本の導入によって生産力を増大させ，経済成長の実績によって共産党の支配を継続するもの。

▷**ゴルバチョフ** ⇨Ⅲ-7「冷戦の終焉」

推薦図書

ジョン・ルイス・ギャディス『歴史としての冷戦』慶應義塾大学出版会，2004年。
下斗米伸夫『アジア冷戦史』中央公論新社，2004年。

Ⅲ　冷戦と現代

6 冷戦とデタント

1 デタントとは

冷戦期におけるデタントとは，東西対立を基調とする緊張関係が緩和に向かった状況を指す。たとえば1953年のスターリン死後の数年間の「雪どけ」期，核戦争の瀬戸際までいった1962年のキューバ危機後の数年間，そして1970年代のヨーロッパを舞台とした「ユーロデタント」などがあげられる。

冷戦期のデタントには，核テクノロジーの発達により東西の全面戦争が不可能となったため，危機が発生した際，現状維持を前提として安定を確保する危機管理上の工夫という側面があった。もっともそれは，あくまで冷戦期における政治的停戦のような意味合いであった。ただし冷戦期において最も長期間継続した1970年代のユーロデタントについては，単なる一時的な政治現象にとどまらず，冷戦の終焉に大きな影響を及ぼしたと考えられている。

2 ユーロデタントのはじまり

東西対立の手詰まり状況を打開する動きが，1960年代終わり頃から西ドイツではじまった。1969年，西ドイツで戦後初めて社会民主党を中心とする連立政権が誕生し，首相に任命された**ブラント**が，「東方政策」と呼ばれるソ連・東欧諸国との一連の和解政策を開始したのである。このブラントの「東方政策」に端を発した70年代のヨーロッパの緊張緩和をユーロデタントと呼ぶ。

▷ブラント（Willy Brandt 1913-1992）
ドイツ社会民主党（SPD）の政治家。西ベルリン市長，外務大臣を経て1969年に首相に就任。ソ連・東欧との関係改善を推進する「東方政策」を展開し，1971年にノーベル平和賞を受賞した。しかし1974年，個人秘書が東ドイツ国家保安省（シュタージ）のスパイであることが発覚し，首相を辞任した。

ブラントは，「接近による変化」と呼ばれたアプローチを採用して東ドイツとの関係改善につとめ，同時にソ連およびほかの東欧諸国との関係正常化を図った（1970年にソ連との武力不行使宣言，ポーランドとの国交樹立）。そのうえで1972年には東西ドイツ基本条約を締結し，相互に代表部を交換し，翌73年には東西両ドイツが国連に同時加盟を果たした。ヨーロッパ分断の中核である東西ドイツの関係改善は，やがてヨーロッパ全体に影響を及ぼした。このユーロデタントの頂点をなすのが，「欧州安全保障協力会議（CSCE）」であった。

3 CSCE ヘルシンキ最終議定書

1975年7月30日から8月1日にかけて，フィンランドの首都ヘルシンキで，アルバニアを除く全ヨーロッパ諸国とアメリカ，カナダを加えた35カ国首脳がCSCE 首脳会議を開催し，「ヘルシンキ最終議定書」を採択した。この議定書は「デタントのプロセスを拡げ，深め，永続させる」との決意を表明していた。内容は大別して，国境不可侵原則や紛争の平和的解決および信頼醸成措置に関する「ヨーロッパの安全保障に関する諸問題」，「経済，科学技術，環境の分野における協力」，人的交流と情報の自由および人権に関する「人道的およびその他の領域における協力」という三つの部分からなっていた。CSCE の重要な特徴は，これが１回だけの会議で終わるのではなく，合意事項の履行状況検証のための再検討会議や専門家会合などを含めた一連の協議プロセスが含まれているということであった。しかし東西和解を目指したヘルシンキ最終議定書について，当時ソ連と西側とは，それぞれ異なった意義を見いだしていた。

ソ連は，議定書を戦後ヨーロッパの東西間の平和共存を相互に認め合う国際的取り決めであり，これによって戦後東欧の領土と政権に国際的な正統性が賦与されたと評価していた。それに対してアメリカは，「ヨーロッパ分断の固定化」と「人権」との取引ともいわれた議定書について，東側の人権問題についての履行可能性に対する悲観論から，割のあわない取引とみなしていた。一方，西欧諸国は，もし CSCE の諸原則が忠実に履行され人権尊重に関わる条項が遵守されれば，社会主義体制は動揺をきたすとみていた。西欧諸国は，この人権にかかわる原則を，冷戦という現状を変革するための新たな国際行動規範と評価していたのである。

4 ユーロデタントの進展

1979年のソ連軍によるアフガニスタン侵攻からはじまった「**新冷戦**」と呼ばれる緊張関係の展開により，CSCE プロセスは著しく停滞した。ところがそうしたなかでも，ヨーロッパにおいてはユーロデタントの余波が続いていた。

まず東側諸国での人権をとりまく状況に変化が生じた。ヘルシンキ議定書の履行を促進するため，ソ連・東欧諸国において，共産党とは独立した市民団体が設立されはじめたのである。1976年，モスクワで「ヘルシンキ・ウォッチ」が設立され，ついでウクライナ，リトアニアなどで同様の団体が設立された。ポーランドでは労働者の権利を擁護する市民運動がはじまり，これがやがて自主労組「**連帯**」発足につながった。チェコスロバキアにおいてもロックバンドの不当逮捕に抗議する運動のなかから，人権を擁護する市民運動がはじまった。こうした動きは再三，弾圧されつつも，地下に潜って脈々と続いた。

また西欧では東側との経済関係に変化がみられた。1973年以降，ソ連から西欧への天然ガス・パイプライン建設がはじまり，西ドイツ，イタリア，フランスへと次々にソ連の天然ガスの輸出が行われた。さらに1970年代半ばから，西ドイツを中心として西欧と東欧の間の貿易も大幅に拡大した。

このようにユーロデタントは，米ソ関係の枠組みとは別の次元で，冷戦構造を掘り崩し，冷戦終結への地ならしをしていたのである。　（広瀬佳一）

▷新冷戦
1970年代後半から80年代前半にかけて生じた緊張関係のこと。ソ連のアフリカ進出，アフガニスタン侵攻，新型中距離ミサイル SS20 配備などの一連の攻勢に対して，ソ連を「悪の帝国」と呼んだレーガン政権が軍拡を含めた強硬な対ソ政策をとったことで知られる。ソ連にゴルバチョフ政権が樹立され，改革政策を打ち出すまで続いた。

▷連帯
統一労働者党（共産党）から独立したポーランドの自主管理労組。政府の食肉値上げへの反対運動をきっかけに1980年に結成された。冷戦後に大統領となったワレサが指導者であった。全国規模で急速に影響力をもったため，1981年にポーランド政府は戒厳令を出して弾圧したが，冷戦が終わると政党として甦り，1989年には自由選挙で第一党となった。

推薦図書
宮脇昇『CSCE 人権レジームの研究――「ヘルシンキ宣言」は冷戦を終わらせた』国際書院，2003年。

Ⅲ　冷戦と現代

7 冷戦の終焉

1 冷戦は，いつ，どのように終わったのか。

戦後に冷戦のはじまりが認識される契機になったのは，1945年から1948年のソ連による東欧支配の過程であった。その意味では，**「ベルリンの壁」**が崩壊し東欧の共産党政権が自由選挙により軒並み倒れた1989年に，冷戦終結の最初の局面があったといえよう。米ソ協調の最後の試みであったヤルタ会談で約束された東欧各国での自由選挙が，45年を経てようやく実施されたのである。

ただしここから，1989年をもって冷戦終結とみなすことは必ずしも正しくない。当時の欧米の政府関係者には，ソ連の**ゴルバチョフ**書記長が改革の仮面を被りつつも，共産主義の近代化をはかり，巻き返しをはかろうとしているのではないかとの疑いが根強く残っていた。またヨーロッパ分断の原点ともいうべきドイツ分断の解決も，翌1990年10月まで待たねばならなかった。冷戦期に主戦場となることが予想されたドイツの平和的統一こそが，冷戦終結のシンボルであった。さらにドイツの独り歩きを許さないためにも，統一ドイツは引き続きNATOに残留させる必要があった。

しかし，いかに東欧各国に非共産党政権が成立し，東独という人工国家が消滅してドイツが統一しようとも，ソ連が引き続き存在することは，東欧の民主化・自由化にとっては不気味な制約要因であった。ソ連では，いつ反動的な政治家が台頭してこないとも限らなかった。事実，1991年夏には，ソ連共産党・軍部の保守派によるゴルバチョフの監禁にはじまった「8月クーデタ」が発生した。これは**エリツィン**をはじめとするロシア共和国の反発により未遂に終わったとはいえ，ソ連共産党・軍部の保守派の存在をあらためて浮かび上がらせた。その意味では，1991年12月のソ連解体によって，ヨーロッパにようやく本当の冷戦終結が訪れたということができるだろう。

冷戦が1945年から49年にかけて姿を現したように，1989年から1991年にかけてヨーロッパ分断は徐々に解消され，冷戦は終結にいたったのである。

2 冷戦は，なぜ終わったのか。

冷戦がはじまってまもなく冷戦の起源をめぐる研究がはじまったように，冷戦はなぜ終わったかについての研究も，活発に行われている。

まず冷戦の終結はアメリカ外交の勝利だったととらえる見方がある。それに

▷**「ベルリンの壁」**
1961年に東西ベルリンを分断するために作られた全長155kmの壁。1950年代から60年代にかけて，西ドイツが急速な経済成長をとげる一方で東ドイツの経済状況が悪化し，200万人近くの東ドイツ市民が西ベルリンに流出した。これを阻むために東ドイツ政府が建設した。東欧の民主化・自由化運動が進むなか，1989年11月9日に壁が崩され，東西ドイツの国境が開かれた。

▷**ゴルバチョフ**（Mikhail Sergeevich Gorbachev 1931年-）
ソ連共産党書記長（1985～1991年），1990年には最初にして最後のソ連大統領に就任。「ペレストロイカ」とよばれる改革政策を推進し，西側との関係改善を果たした。1990年にノーベル平和賞受賞。

▷**エリツィン**（Boris Nikolayevich Yel'tsin 1931～2007）
ロシア共和国大統領（1991～99）。1990年のソ連の保守派によるクーデタでは民主勢力を結集してその鎮圧に成功し，12月にはソ連邦解体を宣言した。その後，西側と協調しつつ新生ロシア共和国の建設を推進し，1999年12月にプーチンを後継者指名して辞任した。

よればソ連の崩壊は，アメリカによる封じ込め政策の勝利であり，かつて**ケナン**が予測したように，アメリカが「辛抱強く，しかも断固とした封じ込め」を継続したことで，ソ連はその共産主義固有の本来的な弱さのために自壊したとみる。よりイデオロギー面に着目すると，冷戦は最終的には二つの異なる生産様式の競争だったのであり，そこで資本主義の生産力が共産主義を上回ったと考える見方もある。また個人の役割に注意を向け，**レーガン**大統領の軍拡を中心とした力の政策こそが，ソ連を限界にまで追い詰め，アメリカに最終的な勝利をもたらしたという見方もある。

こうした見方に真っ向から対立するのが，ゴルバチョフの役割を高く評価する考え方である。それによると，ゴルバチョフが着手した国内外での大胆な改革によりソ連が変化したことこそが，冷戦の恐怖と緊張の悪循環を終わらせたという。米ソ交渉においても，もっぱらソ連側の**「新思考外交」**とそれに基づく一連の譲歩が，冷戦的対立に終止符を打ったのであり，アメリカはよくてそれを傍観したに過ぎず，悪くするとその硬直化した冷戦思考により，冷戦終結を遅らせたとみる。こうした見方に立つと，ゴルバチョフがいなければ，冷戦は続いていたということになる。もっとも，冷戦終結にゴルバチョフがいかに貢献をしたにせよ，肝心のソ連の改革は失敗に終わったので，ゴルバチョフ評価は簡単ではない。結局，ソ連の経済的破綻はゴルバチョフ以前からの構造的問題に起因しているので，アメリカが冷戦に勝ったというよりはゴルバチョフが負けを潔く認める歴史的な勇気を発揮したことにより，冷戦が延々ともつれるのを救ったということも言えるだろう。

さらに米ソ以外のアクターとして，**CSCE**プロセスに注目する見方もある。それによると，70年代にはじまったユーロデタントが，80年代はじめの米ソ「新冷戦」にもかかわらず市民社会のなかで底流として脈々と続き，反体制運動を支え，市民運動の活性化を促したという。やがてゴルバチョフが登場すると，それと連動しつつ東西ヨーロッパの交流を一層深めることで，東側市民の自立を促し，それが1989年以降の動きを「下から」押し上げたというのである。実際に冷戦終焉後に登場した政治指導者達（ポーランドのワレサ，チェコのハベルなど）は，いずれも70年代の反体制運動を率いた人々であった。

これと反対に「上からの革命」であったという見方もでてきている。それによると，ソ連や東欧の若手・中堅の改革派共産党幹部は，共産主義の信奉者というよりは単なる出世主義者，機会主義者であったので，80年代後半の国際環境の変化のなかで，巧みに自分たちの利益を守るように行動し，結果的にある時点から，共産主義体制の崩壊に積極的に手を貸したとみる。

冷戦終結をめぐる研究は，今後，新たな史料が出てくるにつれて，論争を通して分裂や収斂を繰り返しながら，より実りある成果を生み出していくだろう。

（広瀬佳一）

▷ケナン ⇨Ⅲ-1「冷戦の起源」

▷レーガン（Ronald Wilson Reagan 1911～2004）
第40代アメリカ大統領（共和党）。元映画俳優。1980年に現職のカーター大統領を破って当選。「強いアメリカ」の復活を標榜して軍拡を行い，ソ連を「悪の帝国」と呼んで強硬な姿勢で臨んだ。しかし1984年に再選されると，対ソ政策をより協調的なものへと転換させ，冷戦終結への道筋をつくった。

▷新思考外交
1987年からゴルバチョフによって唱えられた外交理念で，共産主義イデオロギーに基づく階級闘争よりも，全人類の共通の利益を重視するというもの。より具体的には，西側との軍縮を推進し，経済協力を発展させ，環境問題などのグローバルな課題に取り組むという考え方。

▷CSCE ⇨Ⅲ-6「冷戦とデタント」

推薦図書

メアリー・エリス・サロッティ（奥田博子訳）『1989――ベルリンの壁崩壊後のヨーロッパをめぐる闘争』（上・下）慶應義塾大学出版会，2020年。

コッツ，デーヴィッド・M.ウィア，フレッド（角田安正訳）『上からの革命――ソ連体制の終焉』新評論，2000年。

Ⅲ　冷戦と現代

8 「歴史の終わり」かパワーポリティクスの復活か――冷戦後の世界

1 冷戦の終結と新たな国際秩序の模索

冷戦の終結という歴史の転換点を迎えたことで，新たな国際システム像をめぐり国際政治学者の間で論争が行われた。たとえば**フクヤマ**は，冷戦の終結によって人類の歴史的なイデオロギー対立は終焉し，普遍的な価値観としての自由民主主義への収斂がはじまると主張した。そして自由で一体となったヨーロッパにおいては，法と対話による国際協調が出現すると考えられていた。これに対して**ハンティントン**は，冷戦のイデオロギー対立の終焉は，キリスト教圏とイスラーム教圏，中華圏などの新たな文明間の衝突をもたらすと警鐘を鳴らした。2001年の「9.11」同時多発テロの発生は，こうした文明間の対立を思わせるものであった。一方，**ミアシャイマー**は，冷戦を規定していた米ソ二極構造，ナショナリズムの封じ込めといった諸条件が崩れたことで，ヨーロッパは再び多極化し，国際関係が不安定化して紛争の可能性が増大すると予測した。

2 冷戦直後の国際協調の動き

現実の国際関係において，冷戦後の国際システムの主役にまず名乗りをあげたのは国連であった。**ガリ**事務総長は「**平和への課題**」(1992年) という報告書を発表し，そのなかで，予防外交，平和創造，平和強制，平和維持，平和構築のあらゆる局面での国連の役割強化をめざした。ついで民主主義，法の支配，人権を重視する地域機構が活性化し，その構成国も増加した。たとえばEUはマーストリヒト条約（1993年）によって従来の市場統合，通貨統合などに加えて外交・安全保障政策面での協力を推進することを規定し，加盟国も27カ国に拡大した。同様にNATOも集団防衛だけでなく危機管理や協調的安全保障における役割を模索するようになり，加盟国も30カ国にまで拡大した。またCSCEは選挙監視，停戦監視と人権監視の機能を中心に，より制度化されて1995年に**OSCE**と改称された（加盟57カ国）。

3 薄氷の国際協調――冷戦後の紛争と平和

国際機構や地域機構を中心とした国際協調は，まずボスニア紛争において，その真価が問われることになった。1992年の独立を決めた国民投票を契機に内戦に突入したボスニア紛争は，最大勢力のムスリム系住民と，セルビア系住民，

▷**フクヤマ**（Francis Yoshihiro Fukuyama, 1952-）
アメリカの政治経済学者。スタンフォード大学教授。新保守主義の代表的な理論家。代表的著書に『歴史の終わり』（渡部昇一訳）三笠書房，2005年。

▷**ハンティントン**（Samuel Phillips Huntington, 1927-2008）
アメリカの国際政治学者。ハーバード大学教授。政軍関係論，比較政治の代表的な論者。代表的著書に『文明の衝突』（鈴木主税訳）集英社，1998年。

▷**ミアシャイマー**（John Joseph Mearsheimer, 1947-）
アメリカの国際政治学者。シカゴ大学教授。攻撃的現実主義の代表的論者。代表的著書に『大国政治の悲劇』（奥山真司訳），2007年。

▷**ガリ**（Boutros Boutros-Ghali, 1922-2016）
エジプトの国際法学者。カイロ大学教授，外相代行を経て第6代国連事務総長（1992-96）。

▷**平和への課題**
⇨Ⅷ-7「平和構築」

▷**OSCE**
⇨Ⅷ-5「協調的安全保障」

クロアチア系住民の三つ巴の内戦であった。国連はPKOを実施しEUも和平会議を主宰してそれぞれ調停に乗り出したが成功せず，この紛争は10万人以上の犠牲者を出す冷戦後のヨーロッパ最大の紛争となった。最終的に停戦をもたらしたのは，1995年にNATOが危機管理任務として実施した空爆であった。停戦後の治安・復興局面においては，国連が警察訓練や難民帰還調整，EUが経済援助と行政機関支援，NATOが武装解除と停戦監視を実施するなど，それぞれの機関が役割分担を行う協調的な取り組みが行われて成果をあげた。

こうした国際社会による協調的な取り組みは，その後のテロとの戦いでも行われた。2001年の「9.11」同時多発テロ直後に実施された米主導の有志連合による空爆で**タリバーン**政権が崩壊し，アフガニスタンは治安・復興局面に入った。その中心は国連安保理決議1386に基づいて創設された**ISAF**であった。NATO全加盟国の他にイスラーム教国のイラク，ヨルダン，アラブ首長国連邦を含め50カ国が参加をしたISAFの活動は，テロとの戦いが，ハンティントンが描いたような文明間の対立とは異なった，より広範な国際社会の協調的取り組みであることを示した。しかしタリバーンは勢力を挽回し，2021年８月には政権を奪還したが，情勢は混沌としており今後も混乱の続く可能性がある。

4 パワーポリティクスの復活か

テロとの戦いでかろうじて協調を維持してきた国際社会は，2014年に大きな衝撃を受けた。ロシアによるクリミア併合である。ロシアは**ハイブリッド戦術**を駆使して迅速にクリミア半島を掌握したうえで，住民投票に基づき自国領土に編入した。これは主権国家ウクライナに対する明白な国際法違反である。しかしロシアは東ウクライナのドンバス地域においても，親ロシア系勢力の分離主義を支援して紛争を長期化させている。

このような剥き出しのパワーポリティクスは，2011年の「**アラブの春**」以来，**アサド**政権，反政府勢力，イスラーム過激派組織などの対立が続いているシリア内戦においても展開されている。アサド政権の背後にはロシアやイラン，反政府勢力にはトルコやアメリカがそれぞれ直接・間接に介入しており，国際社会の協調的な和平の取り組みを困難にしている。

さらに，いまや経済的に世界第二位の大国となった中国の急速な軍事力拡大，とりわけ東シナ海から南シナ海におけるプレゼンスの拡大や，アフリカにおける援助を通した影響力拡大，「**一帯一路**」を通したアジアからヨーロッパへの経済的影響力の拡大は，それぞれの周辺地域から批判や反発を招いている。

冷戦終結から30年以上が経過し，フクヤマが描いた協調的な国際システム像とは明らかに異なる世界が出現している。国際政治は冷戦期の米ソ二極から，束の間のユーフォリア（熱狂）を経て，再び多極間のパワーポリティクスに回帰していくのだろうか。

（広瀬佳一）

▷タリバーン
イスラーム（スンニ派）過激派組織。1996年にアフガニスタンの権力掌握。「9.11」同時多発テロを引き起こしたテロ組織アルカイダと提携。2021年に再び権力掌握。

▷ISAF（国際治安支援部隊）
アフガニスタンにおいて治安維持を主たる任務とした国際平和活動。2003年からNATOが指揮権掌握。最大時には13万人に達したが約3500人の犠牲者を出した。2014年に任務が終了しアフガニスタン政府に治安権限を移譲。

▷ハイブリッド戦術
ロシア系住民を情報戦により扇動したうえで，ひそかに特殊部隊を潜入させ，サイバー戦などをも駆使して迅速に制圧するという戦略。

▷アラブの春 ⇨XI-11「中東――綻ぶ主権国家体系」

▷アサド（Bashar al-Assad, 1965-）
シリアの第五代大統領（2000-）。クーデタにより30年間政権についていたハーフィズ・アル＝アサドの次男。イスラーム教スンニ派が７割をしめるシリアでは少数派のアラウィー派に属する。

▷一帯一路 ⇨コラム13「一帯一路」

推薦図書

伊東孝之監修（広瀬佳一・湯浅剛編）『平和構築へのアプローチ』吉田書店，2013年。

第2部

国際政治の基礎

Ⅳ　国際政治の理論

1 リアリズム

▷アナーキー
⇨Ⅷ-1「勢力均衡」
▷トゥキディデス
⇨Ⅰ-1「国際社会の原型」
▷E・H・カー　⇨序-4「国際政治を動かす力」
▷ハンス・モーゲンソー
(Hans Joachim Morgenthau 1904-1980) ドイツの国際政治学者。主著に『国際政治』など。
▷勢力均衡論
勢力均衡を批判する理論としてアメリカの国際政治学者スティーヴン・ウォルトが提唱した「脅威の均衡論」がある。この理論は，国家は必ずしもパワーで勝る強者に対抗して同盟を組むわけではなく，脅威認識にしたがって同盟国を選ぶとするものである。脅威認識はパワーのみならず，地理的近接性，攻撃力，侵略的意図によって構成されるという。Ⅷ-1「勢力均衡」も参照。
▷ジョン・ハーツ
(John Herman Herz 1908-2005) ドイツの国際政治学者，法学者。主著に Political Realism and Political Idealism など。
▷安全保障のジレンマ
⇨Ⅷ-5「協調的安全保障」
▷ケネス・ウォルツ
(Kenneth Neal Waltz 1924-2013) アメリカの国際政治学者。主著に『人間・戦争・国家――国際政治の3つのイメージ』，『国際政治

1 リアリズムの誕生

リアリズムとは，国際社会が**アナーキー（無政府状態）**であることを前提として，主たるアクターである国家は自己保存のために国益の最大化を目指して行動すると考える理論である。

リアリズムの起源は**トゥキディデス**に求められるが，それが理論的に確立された背景には，第一次世界大戦後に実施された侵略戦争の違法化や国際連盟設立にもかかわらず第二次世界大戦の勃発を防げなかったことがある。**E・H・カー**は，大戦に至る危機は国家間関係のあるべき姿を追求した理想主義者が国家のパワー（軍事力や経済力）に基づく現実の行動を看過したことに由来すると喝破した。そのうえで，国家のパワーを重要視する学派としてのリアリズムが登場するのである。

その後，**モーゲンソー**は，リアリズムを以下のように体系化した。国際制度や国際法の効力が限定的であるとすれば，国家の行動次第で国際関係のあり方が決まる。利己的な本質を持つ人間からなる国家は国益に向かって行動するため，国際社会は必然的に権力闘争（パワー・ポリティックス）になる。それゆえに国家が国益を実現するためにはパワーを増強しなければならない。

モーゲンソーは国益を追求する政策が国家間の妥協を可能にし，思想や宗教などに基づく対立や戦争を回避すると考えた。そのうえで，パワーを持つ大国を「極」として，その極が吊り合う状態である**勢力均衡（バランス・オブ・パワー）**を形成することで，国家間関係を安定させることができると考えたのである。それゆえに，彼はアメリカが国益を超えて介入したベトナム戦争を批判した。他方，**ハーツ**は，各国が安全保障のためにパワーを求めることにより，かえって緊張が高まる危険性を指摘し，それを**安全保障のジレンマ**と呼んだ。

2 リアリズムの発展

モーゲンソーが体系化したリアリズムは規範的ではあったが，科学的な理論とは言えなかった。そこで，**ウォルツ**は戦争の原因を，人間（第一イメージ），国内条件（第二イメージ），国際システム（第三イメージ）から分析し，第一，第二イメージが変化したとしても戦争が発生していることに目を付け，最も説明力が高いのは第三イメージであるとした。ある国家のパワーが変化すると，国

家間の相対的なパワーの分布が変わり，各国が生き残りをかけて同盟の組み直しなど（バランシング）を行う。その結果，ビリヤードの球がぶつかり合うように国際システム全体に変化が現れ，自動的に勢力均衡になる。したがって，国家は能動的ではなく，むしろ国際システムの圧力を受けて受動的に行動するという。このように国家ではなく構造に注目した理論を構造的リアリズム，あるいはこれまでの（古典的）リアリズムと対比してネオリアリズムと呼ぶ。

また，ウォルツは，最も平和的な国際システムは，大国間の誤認が生じにくく，不確実性が低い二極構造であるという（二極安定論）。しかし一方で，**ギルピン**はパワーの不均衡が安定をもたらすとする覇権安定論を提唱した。これは，唯一の大国である覇権国が**国際公共財**を提供し，世界政府のような役割を担った方が国際秩序は安定するという考え方である。また，**モデルスキー**は，長期的な経済循環にも着目しつつ，100～120年周期で覇権国の盛衰と交代に伴う国際秩序の変化が歴史的に繰り返されているとする覇権循環論を唱えた。

3 実際の対外政策への影響

リアリズムは実際の対外政策にも影響を与えている。たとえば，アメリカの外交官である**ジョージ・ケナン**は，冷戦期において，ソ連の体制内に潜む脆弱性を見抜き，西側諸国の結束によってソ連を政治的・経済的に孤立させる封じ込め政策を提案した。その背景には，西側諸国が社会矛盾を解消することによって，共産党の侵入を防ぎつつ東側諸国を分裂させることがソ連の崩壊につながるという考えがあった。この考え方は，マーシャル・プランや対日・対西独政策にも影響を与えた。また，国際政治学者であり，アメリカのニクソン政権期の国家安全保障担当大統領補佐官と国務長官を務めたヘンリー・キッシンジャーは，スターリン批判以降の中ソ対立に目を付け，イデオロギーの違いよりも勢力均衡を重視し，ニクソン訪中（ニクソンショック）を実現させ，米中関係を改善させた。このことが**ベトナム戦争**終結と**デタント**の遠因ともなった。

4 ネオリアリズムの展開

その後，ネオリアリズムは国家の性質を巡る論争に直面した。それは勢力均衡下においても各国はパワーをできるだけ極大化し，安全を求めるとする攻撃的リアリズムと，アナーキー下でも均衡状態が保たれているならば，自国のパワーの追求はかえって安全を損なう危険性があるため，各国はその状態を保とうとするという**防御的リアリズム**によるものである。加えて，近年では，古典的リアリズムとネオリアリズムの統合を目指しつつ，一般化を重視する両理論の改良を意図して，国際システムを独立変数とし，国内要因を媒介変数として，その従属変数たる対外政策が形成されるとするネオクラシカルリアリズムと呼ばれる理論も誕生している。（大澤　傑）

の理論』など。⇨Ⅶ-2，3，4も参照。

▷ロバート・ギルピン
（Robert Gilpin 1930-2018）アメリカの国際政治学者。主著に『世界システムの政治経済学――国際関係の新段階』など。

▷国際公共財
⇨Ⅷ-2「覇権」

▷ジョージ・モデルスキー
（George Modelski 1926-2014）アメリカの国際政治学者。主著に『世界システムの動態――世界政治の長期サイクル』など。

▷ジョージ・ケナン
⇨Ⅲ-1「冷戦の起源」参照。

▷ベトナム戦争
⇨Ⅲ-4「冷戦とアジア(2)ベトナム戦争」

▷デタント ⇨Ⅲ-6「冷戦とデタント」

▷防御的リアリズム（防御的現実主義）
⇨Ⅶ-4「戦争の原因(3)国際システムレベル」

推薦図書

E・H・カー『危機の二十年――理想と現実』（原彬久訳）岩波書店，2011年。
ケネス・ウォルツ（河野勝・岡垣知子訳）『国際政治の理論』勁草書房，2010年。

Ⅳ　国際政治の理論

2 リベラリズム

1 リベラリズムの世界観

リアリズムが，戦争は人間の本性によるものであり，国家間協力は限定された範囲でしか成立しないという前提に立つのに対し，**リベラリズム**は，人間の理性を信頼し，戦争は制度の欠陥に由来するという前提に立つ。そのうえで，主に相互に関連する四つの世界観を柱とする。

第一は，社会学的リベラリズムである。国際交流の増大に伴い，国民や非国家アクターなどの間で相互理解が深まることで，主権国家の重要性が低下し，戦争の危険性が減少するという考え方である。第二は，相互依存的リベラリズムである。市場経済や自由貿易を促進させることで，国家や個人は利益を享受でき，相互に依存するために戦争が抑制されるとする考え方である。第三は，共和政リベラリズムである。自由で民主的な政治体制がそれ以外の体制と比べて平和であることに着目して，民主化を推進することで戦争を予防しようとする考え方である。第四は，制度的リベラリズムである。アナーキーたる国際社会においては，必ずしも各国の利益が調和するとは限らないため，国際機構や制度の確立によってそれを保障し，国家間の協調を促進しようとする考え方である。以下ではリベラリズムの代表的な理論を概観してみよう。

2 国際統合理論

国際統合理論は，特定の分野における機能的な協力が国家間の協調的な利益を生み，徐々に国家主権が統合に向かうとする**ミトラニー**の機能主義に源流を持つ。実際，この理論は国連専門機関の発足につながった。その後，**ハース**は，特定の分野の統合が他の分野にも波及していき，各セクター間の調整が求められることとなる結果，主権を移譲された超国家機構が生まれ，政治レベルでの国家主権の移譲が進むとする新機能主義を提唱した。他方，**ドイッチュ**は，国家主権の統合（合成型安全共同体）は必ずしも必要ではなく，集団的アイデンティティが共有されれば平和は実現されるとする国際交流主義を提唱した。実際，多くの地域では主権の統合がなされていなくても，経済圏の構築などによってヒト・モノ・カネの交流が増大し，平和が保たれてきた。このようにドイッチュは，国家ではなく人を基本単位とし，人々による社会的コミュニケーションや交流が文化的な共通性をつくり，多元的安全共同体が生まれると考えた。

▷リベラリズムの世界観
リベラリズムはさまざまな分類が可能であるが，本書では主にロバート・ジャクソンらによる分類を参考にしている。同書は国際政治の理論が体系的に収められている。Robert Jackson, Georg Sørensen and Jørgen Møller (2019) *Introduction to International Relations : Theories and Approaches,* Oxford University Press.

▷デイヴィッド・ミトラニー
（David Mitrany 1888-1975）ルーマニアの国際政治学者，歴史学者。主著に A Working Peace System など。

▷エルンスト・ハース
（Ernst Bernard Haas 1924-2003）ドイツ出身の国際政治学者。主著に Beyond the Nation-State など。

▷カール・ドイッチュ
（Karl Wolfgang Deutsch 1912-1992）ドイツの国際政治学者。主著に『サイバネティクスの政治理論』など。

▷ロバート・コヘイン
（Robert Owen Keohane 1941-）アメリカの国際政治学者。主著に『覇権後の国際政治経済学』，ジョセフ・ナイ・ジュニアと共著の『パワーと相互依存』など。

▷ジョセフ・ナイ・ジュニア

3 国際的相互依存論

国際的相互依存論とは，国家が他国に侵略すると経済的な利益を失うような相互依存関係の構築が重要であるとする**コヘイン**と**ナイ**によって体系化された考え方である。多国籍企業や国際機関の増大によって，軍事力の重要性が相対的に低下し，国家間関係に非国家アクターが関与し，安全保障だけに限らない「複合的相互依存」関係が成立するようになった。この関係において重視されるのが「敏感性」と「脆弱性」である。敏感性とは国家間の枠組みが変化しないとして，ある国の行動が他国に与える影響の度合いのことであり，脆弱性とは相互依存関係の枠組みの変化に伴うコストのことのである。たとえば，石油価格の変動は日本の敏感性の問題であり，石油の対日禁輸は脆弱性の問題である。石油資源を外国に依存する日本は産油国に対して敏感性と脆弱性がともに高いということになる。この理論は軍事力以外もパワーになることを示した。

4 国際レジーム論とグローバル・ガバナンス論

国際社会では環境や核不拡散などのイシューごとにルールや慣行（国際レジーム）が存在する。国家が国益に対して合理的に行動したとしてもレジームによって国際協調が可能であるという考え方を国際レジーム論という。この理論は**相対利得**よりも**絶対利得**を重視する。各国はレジームを維持するコストを支払うことによって利益を得る。レジームを破るとかえって多大なコストの負担を求められる。いわば，レジームは**繰り返し囚人のジレンマ**状態を創出して，国際秩序の維持に貢献するのである。各国にとって有益なレジームは，いったん構築されると**覇権安定論**が前提とするような覇権国がいなくなったとしても維持される。このようにネオリアリズムに対応して発展してきたリベラリズムの概念をネオリベラリズムという。また，非国家アクターを含む多様な主体による問題解決を志向する議論をグローバル・ガバナンス論という。

5 デモクラティック・ピース論

カントは，平和を確立するために各国内の制度を民主化していくことを説いた。このような民主主義国家同士の戦争の起こりにくさに注目する理論をデモクラティック・ピース論という。この理論は，民主主義における平和的な紛争解決の規範，権力の分立や開かれた国民からの監視などの抑制的な制度が戦争を予防するとする。**ラセット**らによって実証されてきたこの理論は，冷戦後のアメリカの外交政策の中心的な理論的基礎の一つとなっている。ただし，この理論は民主主義国が戦争をしないことを示しておらず，権威主義国に対して政治家や国民に主導された民主主義国が戦争をしかける事例もある。

（大澤　傑）

⇨序-4「国際政治を動かす力」

▷相対利得
自国と相手国と利得の差のこと。リアリズムに基づけば，国際政治はアナーキーであるため国家は絶対利得よりも相対利得を重視する。

▷絶対利得
他者との比較を前提としない絶対的な利得のこと。

▷繰り返し囚人のジレンマ
2者の間で，互いに協力する方が協力しないよりも良い結果になることがわかっていても，協力しない者が利益を得られる状況では協力ができないことを「囚人のジレンマ」という。この状況は国際政治の基本原理であるが，2者の関係に持続性(繰り返し)が見られるときは，一度の裏切りが相手との関係を損ねるため協力関係が築かれやすくなる。

▷覇権安定論
⇨Ⅳ-1「リアリズム」

▷イマニュエル・カント
(Immanuel Kant 1724-1804) プロイセンの哲学者。カントは主著『永遠平和のために』のなかで，デモクラティック・ピース論のほかに，国際レジーム論的な議論や国際的相互依存論的な議論も展開している。

▷ブルース・ラセット
(Bruce Martin Russett 1935-) アメリカの国際政治学者。主著に『パクス・デモクラティア』など。

推薦図書

ロバート・コヘイン，ジョセフ・ナイ（滝田賢治訳）『パワーと相互依存』ミネルヴァ書房，2012年。
カント（宇都宮芳明訳）『永遠平和のために』岩波書店，1985年。

IV　国際政治の理論

 マルクシズム

1 マルクシズムとはなにか

マルクシズムは，リアリズムやリベラリズムがあまり目を向けない小国や発展途上国が抱える問題の構造を，大国と小国，先進国と途上国といった強者と弱者の垂直的な関係に求める理論である。たとえば，マルクシズムはリベラリズムにおいて正当化される国際貿易が，途上国に対する先進国によるモノカルチャー経済の押し付けを容認することによって不平等な経済構造を固定化し，**南北問題**を生起させる点を指摘する。

マルクスは政治を階級闘争に位置づけ，資本主義を資本家による労働者への搾取構造であるとし，共産主義の実現を主張した。マルクシズムは，その名の通り，マルクスの世界観を源流とし，国際政治における支配と従属の関係に注目する。すなわち，国際政治においては大国が小国を搾取する構造が築かれており，そのような構造の改善が必要であると考えるのである。

マルクシズムを受けた**レーニン**は，資本主義は常に不均等な政治的・経済的発展を導くとし，その結果，資本主義国は発展の最高段階として帝国主義化して植民地獲得のための戦争に至ると主張した。そして，帝国主義を終わらせるためには搾取される労働者による革命が必要であると訴えた。

▷南北問題
⇨[IX-4]「経済支援・開発支援」

▷カール・マルクス
(Karl Marx 1818-1883)
ドイツ出身の思想家。主著に『共産党宣言』『資本論』など。

▷レーニン　⇨[II-1]「第一次世界大戦」

2 従属論

冷戦期，先進国の経済様式は途上国の手本となると考えられ，途上国は先進国と同様の経済発展モデルの導入を求められた。このような単線的な発展を前提とする近代化論に対し，先進国の発展は途上国に対する抑圧によって成り立っているとの批判が相次ぐこととなる。その背景に先進諸国による途上国における安価な資源，労働力，市場などに対する搾取構造があるとし，中心国に対する周辺国の従属を論じたのがラテンアメリカで登場した従属論である。近代化論が開発の遅れを個別の国家の問題としていたのに対し，従属論はそれを構造的な問題であると主張した。

ただし，従属論は途上国の中から経済成長を遂げたNIES（新興工業経済地域）が登場したことにより，理論的反証を受けることとなる。

また，**ガルトゥング**は，直接的な暴力がない状態（消極的平和）であっても，**貧困**，人種・**性差別**などの政治的抑圧・経済的搾取・文化的疎外によって同じ

▷ヨハン・ガルトゥング
(Johan Galtung 1930-）ノルウェー出身の平和学者。

▷貧困
⇨[XII-3]「貧困と格差」

▷性差別
⇨[XII-9]「国際政治とジェンダー」

ように人間に苦痛を与える社会構造に由来する暴力を構造的暴力と呼んで，元来，経済問題が注目されてきた南北問題と平和を結び付けて批判した。このような構造的暴力がない状態を積極的平和という。

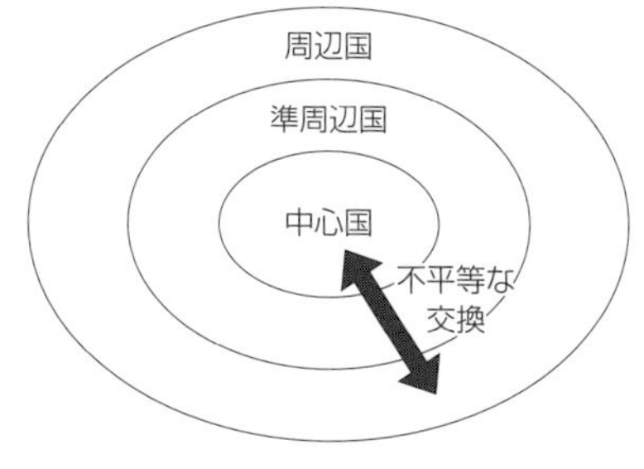

図Ⅳ-1 世界システム論のイメージ
出所：筆者作成。

3 世界システム論

従属論を発展させ，国家間における垂直的な関係の歴史的変化に関するダイナミズムを理論化したのが，**ウォーラーステイン**による世界システム論である。彼は，従属論において2項対立で説明されてきた中心国と周辺国に関する分類を，中心国＝準周辺国＝周辺国の3層構造に発展させた。そのうえで世界システムが3層に分かれる要因を垂直的分業下における資本蓄積のための商品取引の連鎖が不平等な交換をもたらすことに求め，従属的な構造は長期的な景気循環とそれに伴って変化するシステム内部の相互作用によって形づくられるとした。

ウォーラーステインによれば，大航海時代，ヨーロッパがアジア，アフリカ，ラテンアメリカを結び付け，資本主義を広め，世界の市場を一体化させた。その結果，ヨーロッパが各地を支配する3層からなる近代世界システムが構築された。中心が準周辺を，準周辺が周辺を搾取する構造そのものは不変であるが，ウォーラーステインの理論は，準周辺という概念を用いて，中心国が準周辺国に下降したり，周辺国が準周辺国に上昇したりするなど，個別の国家の周流を説明した点で画期的であった。

世界システム論は，**覇権循環論**と同様に覇権交代のサイクルを理論に組み込んでおり，システムの変化と覇権循環の要因を景気が約50年周期で循環するというコンドラチェフの波に求めている。

4 帝国主義論の再興？

資本主義を批判するマルクスの理論を起源とするマルクシズムは，**冷戦終結**後，社会主義勢力の衰退に伴って消滅するかに思われたが，形を変えて援用されている。皮肉にもそれは自由主義陣営のリーダーとして社会主義陣営と対峙したアメリカの冷戦後の行動を批判するために用いられることもしばしばである。

また，**ネグリ**と**ハート**はグローバル化に伴う国家主権の衰退によって形成された世界秩序を〈帝国〉と呼び，帝国の概念を国家から構造に発展させた。

しかし，マルクシズムの視点は経済力に偏りが見られ，軍事力などのパワーが持つ影響力がほとんど考慮されていないという問題を抱えている。

（大澤 傑）

▷イマニュエル・ウォーラーステイン
（Immanuel Wallerstein 1929-2019）アメリカの社会学者，歴史学者。主著は推薦図書を参照。

▷覇権循環論
⇨Ⅳ-1「リアリズム」

▷ニコライ・コンドラチェフ
（Nikolai Dmitrievich Kondrat'ev 1892-1938）ソビエト連邦出身の経済学者。

▷冷戦終結
⇨Ⅲ-7「冷戦の終焉」

▷アントニオ・ネグリ
（Antonio Negri, 1933-）イタリアの哲学者。

▷マイケル・ハート
（Michael Hardt, 1960-）アメリカの哲学者。主著に，『〈帝国〉』（ネグリと共著）など。

推薦図書

レーニン（宇高基輔訳）『帝国主義――資本主義の最高の段階としての』岩波書店，1956年。

I. ウォーラーステイン（川北稔訳）『近代世界システム』名古屋大学出版会，2013年。

Ⅳ　国際政治の理論

コンストラクティヴィズム

1　コンストラクティヴィズムとはなにか

リアリズムとリベラリズムはアクターを中心に捉え，アクターが利益に対して合理的に行動するラショナリズム（合理主義）を前提とする一方，コンストラクティヴィズムは，構造からアクターが影響を受ける点に注目し，アクターが，（社会）構造として位置づけられる社会的に構成された規範やアイデンティティ，アイデアなどに基づいて行動することに注目する理論である。同理論は，リアリズムやリベラリズムが軍事力や資源のみに注目する点を批判する。**ウェント**によれば，主観よりも国家間が互いをどうみているかという認識が国際政治において重要なのである。たとえば，近隣に位置する強大な軍事力を持つ国家を敵・味方のいずれと見なせるのかによって，国家の対外政策は異なるだろう。つまり，同理論は単一のアクターの主観ではなく，アクター間に共有される認識（間主観性）が相互関係を形成すると主張するのである。いわば，コンストラクティヴィズムはアクターの「内面」によって国際政治が形づくられていると考えるのである。

▷アレクサンダー・ウェント
（Alexander Wendt 1958-）アメリカの国際政治学者。主著に，Social Theory of International Politics など。

2　規範とアイデンティティ

規範とは，社会における共通理解であり，当たり前とされる行動原理である。冷戦後，**リベラルな国際秩序**が規範化した国際社会では，**民主主義**，**人権**，**自由貿易**といった価値が共有され，これらの遵守が国際コミュニティへの入会条件ともなっている。現代における「**持続可能な社会**」に対する各国の取り組みも，世界に広がった規範が国際社会で受け入れられていることによるものであるともいえよう。

他方，アイデンティティとは社会的に構成される自己認識である。人は国籍，性別，学校，職業などさまざまな帰属意識を持ち，それによって構成された自分らしさをもとに行動する。同様に国家の行動もアイデンティティの影響を受ける。たとえば，**核兵器の保有**が国家の生き残りのために合理的であったとしてもそれを選択しない国があることは，当該国家が規範や自国のアイデンティティに影響を受けていることを示している。つまり，コンストラクティヴィズムが前提とする国家は，規範とアイデンティティを認識したうえで，国際社会における役割と立場を意識し，まるで役者のように振る舞うのである。

▷リベラルな国際秩序
冷戦後にアメリカを中心とする西側諸国によって国際社会において主流化された，人権，法の支配，自由貿易などのリベラルな理念を，国際連合をはじめとする多国間主義によって維持しようとする国際秩序のこと。

▷民主主義
⇨[Ⅻ-7]「民主主義と人権」

▷人権
⇨[Ⅻ-7]「民主主義と人権」

▷自由貿易
⇨[Ⅸ-2]「自由貿易体制」

▷持続可能な社会
⇨[Ⅹ-3]「持続可能な開発」

▷核兵器の保有
⇨[Ⅻ-2]「大量破壊兵器の拡散とその身近な脅威」

▷ピーター・カッツェンス

3 コンストラクティヴィズムの分析対象

コンストラクティヴィズムに基づく研究は，規範やアイデンティティの効果，生成と普及，適用に関心を持つ。たとえば，国内の文化や規範が国家の対外政策にいかに影響を与えるかに関して，**カッツェンスタイン**は，リアリズムによれば，アナーキーたる国際社会では，国家は自助を求めるがゆえに，経済大国は軍事大国化すると考えられてきたにもかかわらず，日本が抑制的な防衛政策をとっているのはなぜかという問いに対して，規範と文化からの説明を行った。

規範の生成と普及に注目する研究では，たとえば，**ラギー**が，ブレトンウッズ体制による国際的な自由主義経済と国内的な福祉国家の組み合わせという一見矛盾する規範は，国際・国内経済の発展の両立を目指して「埋め込まれた」と主張した。兵器や人権，環境などに対する新たな規範は，規範起業家と呼ばれる**NGO**や国際機関などのアクターによって生成されることもある。2017年にノーベル平和賞を受賞した核兵器廃絶キャンペーン（ICAN）が推進して発効された核兵器禁止条約は，NGOが主導して規範を形成・強化した事例である。**フィネモア**と**シキンク**はこのように規範がつくられ，各国に広がり，内面化される規範のライフサイクルを提唱した。規範は発展して**国際レジーム**となることもある。コンストラクティヴィズムは，構造がアクターに影響を与える点のみならず，アクターが構造に影響を与える点にも注目するのである。

国際的な規範が国内においてどのように適用されるかに注目する研究もある。近年も，様々なマイノリティの国際的な権利拡大運動が広がり，各国でその法制化がすすんでいる。このような傾向は，NGOなどが国際的な規範を国内に持ち込み，現地に即して修正を加えたうえで運動を意味づけて**フレーミング**することによって政治に働きかけた結果であるともいえる。この過程を**アチャリア**は規範の現地化と呼ぶ。

4 コンストラクティヴィズムの課題

コンストラクティヴィズムは，構造とアクターの相互作用を指摘した点やNGOなどの国家以外のアクターの国際政治における影響力を提示した点に意義がある。しかし，同理論は，本来測定不可能な規範の効果を過大評価しているとの指摘もある。ただし，逆から見れば，コンストラクティヴィズムがこれまで注目されてこなかったアクターの行動を規定する「内面」を国際政治学に登場させたともいえ，ほかの理論に比して国家の行動原理に注目した視点を提示しているともいえる。また，一般理論というよりも中範囲の理論であるがゆえに，国際関係全体のシステムに関する分析は困難である。加えて，規範や文化自体もパワーによって構成される可能性があることも指摘すべき点であろう。

（大澤　傑）

タイン
（Peter Joachim Katzenstein 1945-）アメリカの国際政治学者。主著に『文化と国防』など。

▷ジョン・ラギー
（John Gerard Ruggie 1944-2021）アメリカの国際政治学者。主著に『平和を勝ち取る』など。

▷NGO
⇨Ⅵ-5「非政府組織」

▷マーサ・フィネモア
（Martha Finnemore 1944-）アメリカの国際政治学者。主著にNational Interests in International Society など。

▷キャスリン・シキンク
（Kathryn Sikkink 1955-）アメリカの国際政治学者。主著に The Justice Cascade など。

▷国際レジーム
⇨Ⅳ-4「コンストラクティヴィズム」

▷フレーミング
特定の出来事や状態を意味づけたり，解釈したりすることによって，人々が物事を解釈する際の認知の枠組みを変えたり，新たに作って社会運動などの動員を促す行為のこと。

▷アミタフ・アチャリア
（Amitav Acharya 1962-）インド出身の国際政治学者。主著に "How Ideas Spread" *International Organization*, 58(2)：239-275.

推薦図書

ピーター・カッツェンスタイン（有賀誠訳）『文化と国防——戦後日本の警察と軍隊』日本経済評論社，2007年。

大矢根聡（編）『コンストラクティヴィズムの国際関係論』有斐閣，2013年。

Ⅳ　国際政治の理論

5 「科学」としての国際政治学

1 反証可能性——科学としての要件

現在の日本や欧米において国際政治学（国際関係論）は社会科学の一分野として位置づけられている。知識の積み上げを可能にするという点で科学であることは非常に重要である。ではどうすれば科学たりうるか。科学の最低限の要件として理論や命題に**反証可能性**が必要だという。

命題がデータや事例によって否定される可能性がないことを反証可能性がないという。たとえば「民主主義国どうしは戦争をしない[1]」という命題を取り上げてみよう。そもそも，理論や命題に合致する事例をいくら集めたところで，その理論や命題に反する事例が出てくる可能性は常に存在する（明日は民主主義国どうしが戦うかもしれない）。よって事例による「証明」は不可能である。そこで，科学においては否定される可能性がありながら反証されていない理論や命題を暫定的に受け入れている。この時，扱っている理論や命題がそもそも事例やデータによって否定可能なのかどうかが重要になってくる。この事例では，民主主義国が戦ったらこの命題は反証されるので，反証可能性はありそうである。もっとも，仲良しの国のグループを民主主義国と定義してしまうと，これは反証可能性がないことになる。

国際政治でよく用いられる「国益」という言葉は，非常にあいまいである。国益の定義をあいまいなままにしておくと，「A国の行動は国益に従っている」という命題は，A国が自ら仕掛けた戦争で負けようが，市民が虐殺されようが，「結局はそれがその国家が選んだものだから国益に従っている」と主張できてしまう。A国が国益に従わないという状況は想定できないし，観察もできないのである。こうした時「A国の行動は国益に従っている」という命題は，反証可能性を持たない。このような反証可能性を持たない主張は科学的とはいえない。あらかじめ国家の行動や帰結とは独立した形で「国益」を定義しなければいけないのである。

▷反証可能性
科学哲学者カール・ポパーは反証可能性が科学と疑似科学を区別するものと主張した。実験や観察による証明が困難であることを受容し，理論や命題が反証可能であるかを重視する。こうした立場を反証主義という。

▷1 Ⅻ-7「民主主義と人権」

2 一般化とデータ分析

主張となる命題や理論が決まったとして，これを検証するためにどのようにデータを集め，観察をしたらよいか。実証研究は少数の事例比較でも可能ではあるし，単一事例を分析した優れた研究も多く存在する。しかし，より一般性

▷統計分析（計量分析）
比較的多くの観察からデータセットを作り，データから一般的な傾向を抽出する分析手法。確率論を導入して検定を行い，特定の仮定

を求めるものとしては**統計分析（計量分析）**が用いられる。欧米では1960年代から国際政治のデータセットの整備が進んでいる。1990年代後半からはコンピュータが発達し，統計分析が身近になったため，統計分析を用いた研究が飛躍的に増大してきた。

近年はデータ・サイエンスとの連携も多くみられるようになっている。膨大な外交資料を機械に読み取らせてテキストを分析させたり，SNS 上の発言などをビッグデータとして用いたりするなど，情報源は広がっている。

3 因果関係の探求

「民主主義国同士は戦争をしない」という傾向があったとしても，両国が民主主義国であること（原因）が両国間の戦争を減らしている（結果）と判断することは簡単ではない。病気やけがで亡くなる人の多くは病院で亡くなるという傾向があるが，病院に行く（原因）から亡くなる（結果）のではなく，重篤な人が病院に担ぎ込まれた末に亡くなるからである。このようにデータでみえる傾向（相関関係と呼ぶ）がみえたとしても，「原因→結果」（**因果関係**）としてみることは必ずしも適切ではない。因果関係を確認するためには「もし原因となる要素だけが違っていたら，結果が異なるものになるはずだ」という思考実験（これを反実仮想と呼ぶ）が必要である。

因果関係を最も明確に示すことができるのが「実験」である。国際政治においては実験を行うことは難しいが，比較対象をうまく選んだり，観察時期を工夫することで実験に似た分析を行うことも可能である（これを**準実験**と呼ぶ）。近年では，オンラインで被験者にさまざまな状況を提示することで人々の意見がどのように変化するかを実験するサーヴェイ実験も行われるようになっている。

4 オープンな研究――データと再現可能性

科学研究は，分析が終わって査読に通り論文として公表されれば科学的事実として確定する，といった単純なものではない。ほかの研究者らによって，データの恣意的な解釈がないかチェックされ，モデルの妥当性が検討され，別のデータによって一般性が確認されることで，事実や理論が固まっていく。

そのためにも，必要な知識と技能があれば誰もが分析結果を再現，確認できることが重要である（これを**再現可能性**という）。しかし，国際政治学では研究で使用されたデータやモデルが公開されないことも多く，問題視されてきた。

近年，政治学の主要学術誌では，**データ・アクセスと研究の透明性（DA-RT）**の標語のもと，使用したデータの公開を義務づけるようになっている。

（久保田徳仁）

のもとで命題の妥当性を判定することが多い。Large-n ともいわれる。

▷因果関係
原因が結果を引き起こす関係。一見「原因→結果」の関係があるようにみえても，見かけ上のものだったりすることがある。因果関係を推定する分析を「因果推論」と呼ぶ。

▷準実験
自然実験とも呼ばれる。介入の無作為（ランダム）割り当てが行われているとみなせる状況が偶然生じることがある。この状況を使った観察研究を準実験と呼ぶ。

▷再現可能性
厳密には，同じデータと同じ手法を用いて結果を再生できるかという「再生可能性」の問題と，新しいデータを同じ手法を用いて結果が再現できるかという「再現可能性」の問題などがある。

▷データ・アクセスと研究の透明性（DA-RT）
2016年の時点で27の政治学系の雑誌がこの声明に同意し，署名している。より包括的には2015年に「透明性と開放性の促進（TOP）ガイドライン」が制定され，自然科学系を主体とする5000以上の雑誌，学術団体が署名している。

推薦図書

河野勝「世界の進歩をめぐる方法論」天児慧ほか編『アクセス国際関係論』日本経済評論社，2000年。
加藤淳子・境家史郎・山本健太郎『政治学の方法』有斐閣，2014年。
多湖淳『戦争とは何か――国際政治学の挑戦』中央公論新社，2020年。

コラム－4

地政学

地政学の系譜は，アルフレッド・マハンの「海の時代」，ハルフォード・マッキンダーの「陸の時代」，ニコラス・スパイクマンの「沿岸の時代」へと移ってきた。19世紀末に米海軍大学で教鞭を執っていたマハンは，18世紀に大英帝国が世界最大の海洋帝国を築いた歴史を紐解き，「公道」である海を通じた通商こそが海洋国家に繁栄をもたらすと考え，シーパワーという概念を生み出した。また，海上交通を守るためには海軍が艦隊決戦によって敵を破壊し，制海権を打ち立てなければならないと説いた。そのうえで，マハンはアメリカが海外市場の拡大を目指して帝国主義的な政策を取ることを訴える一方，大陸国家であるロシアがユーラシア大陸を支配することに警鐘を鳴らし，また太平洋では日本を仮想敵国と見なした。

一方，イギリス人地理学者だったマッキンダーは，20世紀に入ってイギリスのシーパワーの衰退が明らかとなるなか，広大な土地と人民および資源を支配する大陸国家のランドパワーが有利になると考えた。とくに，海からはアクセスできないが，鉄道網の整備が急速に進んでいたユーラシア大陸の中心部をハートランドと呼び，ここを支配する大陸国家が「世界島」，つまりユーラシア大陸とアフリカ大陸も支配し，海洋国家より優位に立つ時代が来ることを予想した。マッキンダーは，第一次世界大戦をドイツのランドパワーがハートランドの支配を目指し，イギリスとアメリカのシーパワーがこれに対抗するという構図で説明した。

米イェール大学で国際関係論を研究していたスパイクマンは，マハンとマッキンダーの影響を受け，ランドパワーとシーパワーが交錯するユーラシア大陸の沿岸部をリムランドと呼び，これを支配する国家が世界の命運を決めると考えた。リムランドは，海上交通路にアクセスが可能なため，交易を通じた富が集中するからである。スパイクマンはまた，資源の分布とその輸送が国家のパワーに与える影響に着目し，マラッカ海峡や南シナ海など，アジア大陸とオーストラリアの間にある海域を「アジアの地中海」と呼び，その重要性を指摘している。スパイクマンは，第二次世界大戦中，ナチスドイツと大日本帝国がリムランドの支配を目指し，西半球を東西から挟み込もうとしているため，アメリカがシーパワーとエアパワーの統合によって日独によるリムランド支配を防ぐべきだと訴えた。

このように，地政学はユーラシア大陸をめぐるランドパワーとシーパワーの相互作用を分析し，それを実際の国家戦略に活かす形で発展してきた。マハンのシーパワー理論とマッキンダーのハートランド理論は，エアパワーの登場によって一定の限界がみられるようになったが，シーパワーとエアーパワーの統合を前提とするスパイクマンのリムランド理論は，冷戦期にアメリカが取った対ソ封じ込めの基盤となった。しかし，国境を容易に越える長距離核ミサイルの登場によって，リアリズムにおいて地理的な要素は重視されなくなり，抽象的な国際システムにおける力の分布を重視するネオリアリズムが主流となった。

そして，冷戦が終わると，地政学の代わりに地経学という概念が使われるようになった。冷戦が終わったことで，安全保障上の脅威の意味が変わってきたためである。アメリカでは，エドワード・ルトワックが1990年に地経学の概念を紹介した。今日，再び地政学や地経学が脚光を浴びることになったが，その背景には経済のグローバル化と中国の台頭がある。中国は力を背景に東シナ海や南シナ海での現状変更を試みる一方，一帯一路のもとで経済的手段を通じて地政学上の利益を追求するようになり，ゼロサムからプラスサムに向かいつつあった国際政治の基調を再びゼロサムに戻そうとしている。一方，日本やアメリカなど中国と領土問題や安全保障問題を抱える国々は，経済的には対中依存が深まっているため，中国の経済的手段による強制に脆弱となっている。

（小谷哲男）

V　対外政策分析

対外政策

1 対外政策とは

2018年，アメリカは中国の輸入品に関税を課し，対して中国も同様にアメリカの輸入品に関税をかけた。その後，アメリカと中国が相互に追加関税を発動し合う報復合戦へと発展した事象は，米中貿易戦争と呼ばれた。米中はなぜこうした行動を取ったのだろうか。このような，アメリカ，中国，日本などの国家がなぜ，どのように特定の**対外政策**を展開したのか，またそれはどのような影響を与えたのかを分析する国際関係学の一学問分野が，対外政策分析である。

国家は多様な目的を実現するために，あらゆる対外政策を展開する。その目的は国益の実現という抽象的な一言に置き換えられるが，それは**領土保全**や**経済的繁栄の追求**といった国家の存続に係るものから，**民主主義や人権保障**の増進，環境保護など多岐にわたる。国家が追求する目的は，政権維持，国内雇用・産業の確保など，必ずしも対外的ではない一方，国益を増進するための政策（手段）は対外的であることに留意を要する。

▷対外政策
国際関係において国家が対外的にとる行動全般を指す。より一般的には外交政策。

▷領土保全
⇨ XIII-6「近隣諸国との関係(2)領土問題」

▷経済的繁栄の追求
⇨ VIII-8「経済安全保障」

▷民主主義や人権保障
⇨ XII-7「民主主義と人権」

2 対外政策の種類

対外政策は，対立型（ムチ）と協調型（アメ）の二つに大別できよう。対立型は，自国に有利に働くよう相手に圧力を与える政策で，強制や威嚇がある。強制／強制外交とは，軍事力による威嚇や実力行使を通じて，相手の行動を変更させる政策である。たとえば，軍事力を背景に，自国にとって好ましくない行動を相手に自制させたり（抑止），威嚇で不十分な場合には実力行使に出て自国にとって好ましい行動を相手にとらせたりする（強要）。経済制裁は，資産凍結，武器禁輸，貿易規制，経済援助の停止など，経済力を用いた強制である。また政治的な強制として，国交断絶がある。

比較的新しい対立型対外政策として，**サイバー攻撃**がある。2016年の米大統領選挙の際，ロシア政府機関のハッカー集団が，ヒラリー・クリントン候補が不利になるような情報をSNSなどを通じて大量に流布させたとされる。その目的はドナルド・トランプ候補を勝利させることのみならず，アメリカの選挙制度や民主主義の信頼性を損ねることであった。

これとは対照的に，協調型は行動を変更すれば相手も利するよう，何らかの見返りを約束するものである。一例は経済援助である。南シナ海における活発

▷サイバー攻撃
対外政策上の目的を達成するために，インターネットなど情報通信網上の情報を利用ないし操作すること。
⇨ X-4「IT 革命」

▷第一次核危機
1990年代，北朝鮮による核開発の現実味が高まったことに端を発する危機。北朝鮮が国際原子力機関（IAEA）との保障措置協

な海洋活動への批判を慎むよう，中国は東南アジア諸国に潤沢な経済支援を行っている。対話による説得や，不安を払拭する安心供与も協調型に含まれる。朝鮮半島における核問題において，**第一次核危機**の際には北朝鮮が黒鉛減速炉を凍結・解体することを条件に，アメリカは軽水炉建設を約束した。**第二次核危機**の際には，北朝鮮の核放棄と引き換えに，アメリカは同国に対して核兵器および通常兵器による攻撃・侵略の意図を持たないことを約束した。

協調型の一つである関与政策は，相手の政策や行動を強引に変更させるのではなく，国際社会に取り込むことで相手の中長期的な変化の促進を狙う政策である。冷戦終結後，アメリカは政治体制や価値観が異なる中国を封じ込めることはせず，貿易や投資など経済関係の強化を通じて経済発展を後押しし，段階的に政治体制の変化（民主化）をもたらそうと試みた。国内人権状況への懸念がありながらも**世界貿易機関**への加盟が実現したのも，中国が国際貿易ルールを受け入れ，アメリカ主導の国際秩序に順応することを期待されたためである。

3 対外政策の形成要因

対立型と協調型のいずれかの対外政策を国家がとるにあたって，その形成にはあらゆる要因が影響を及ぼす。ここではケネス・ウォルツの三つの**分析レベル**を用いて説明しよう。国際レベルで重要な要因として，勢力構図が挙げられる。冷戦期のような二極構造下においては，二大国は相互に競争・対立型の対外政策をとる傾向にあるかもしれない。競争相手がいない単極構造においても，その勢力構図を変更しうる新興大国が台頭してきた場合，対立的になり得る。

国家（国内）レベルでは，民主主義や権威主義といった政治体制，経済発展段階，人口動態，民族構成，文化，国民性といった当該国家の特徴を重視する。たとえば国家（政府）と社会（民間）の関係を考えた場合，民主国家では世論，利益団体，マスメディアなどさまざまなアクターが対外政策決定過程に関与するが，一党支配体制の非民主国家ではそれらの影響は限定的である。**イギリスの EU 離脱**（BREXIT）に決定的な影響を与えたのは世論であった。2016年6月の国民投票では，約52％の投票者が離脱を求めた結果，同国は2020年1月末日に正式に EU を離脱した。

個人レベルは，大統領や首相など指導者に着目し，個人の資質や信念・倫理観，個人的動機を独立変数と捉える。指導者個人が相手をどのように認識しているか，個人の生い立ち・経験が対外政策を左右することは容易に想像できよう。大統領・首相の任期終了時期が近づくと，指導者は歴史に名を残そうと「レガシー（後世に残る功績）づくり」に走ることがある。

このような三つのレベルよる分析が示すように，対外政策は多くの要因により形成されるため，複眼的に分析することが肝要である。

（福田　保）

定に反して核開発を行っていた疑惑が浮上，同国はIAEA による特別査察を拒否し，1993年には核不拡散条約（NPT）からの脱退を宣言した。米クリントン政権は核施設への限定攻撃を検討したが，「米朝枠組み合意」によって事態は収まった。

▷第二次核危機
2002年，北朝鮮のウラン濃縮による秘密裡の核開発が発覚し，NPT を含む一連の国際条約違反として「米朝枠組み合意」で約束された北朝鮮への重油提供が停止された。これに反発した北朝鮮は，凍結した寧辺の核施設の再稼働を宣言し，2003年には NPT 脱退を再び表明。2005年2月には核兵器保有を宣言，2006年10月には核実験を実施した。

▷世界貿易機関
⇨IX-2「自由貿易体制」

▷分析レベル
英語では levels of analysis. ウォルツが戦争の原因を分析する際，個人（第一イメージ），国家／国内（第二イメージ），国際システム（第三イメージ）の三つのレベルからなる分析モデルを考案した。

▷イギリスの EU 離脱
⇨XI-3「主権国家を乗り越えられない EU」

推薦図書

ポール・ゴードン・ローレン，ゴードン・A. クレイグ，アレキサンダー・L. ジョージ『軍事力と現代外交——現代における外交的課題』［原書第4版］有斐閣，2009（1997）年。
須藤季夫『国家の対外行動』シリーズ国際関係論4，東京大学出版会，2007年。

V　対外政策分析

2 対外政策決定(1)　合理的選択，国際交渉，国内政治

1 合理的行為者モデル

対外政策決定分析を体系化した大著が，グレアム・アリソンの**『決定の本質』**である。同著で彼は，**キューバ危機**時における一連の対外政策・行動が「合理的行為者モデル」では説明できないものが少なくないとして，同モデルを補完する形で**「組織過程モデル」と「官僚政治モデル」**の二つを提唱した。同著刊行後に提示された多くの分析モデルは，アリソンがそうしたように，合理的行為者モデルの限界を踏まえて提起されたものが多い。本節はまず，対外政策決定分析の基本型といえる合理的行為者モデルを説明する。

「デジタル大辞泉」によれば，「合理的」とは「道理や論理にかなっているさま，むだなく能率的であるさま」とある。しかし，合理的行為者モデルにおける合理的はこれと同一ではない。同モデルは，対外政策は主に二段階を経て決定されるとする。第一段階は，目的と手段の検討，設定である。ある政策課題に対して国家は，具体的な目的（領土防衛，貿易自由化の推進，環境保護など）を定める。次に，その目的の実現にあたり，どのような政策（手段）があるのかを網羅的に洗い出す。目標と政策を俎上に載せたら，第二段階である費用便益分析を行う。つまり，リストアップされた政策が目的を最大限に実現する可能性（便益），それがもたらす影響や損失（費用）を個々に予測分析し，最大利益を生むと考えられる，いわば「ローリスク，ハイリターン」をもたらす最適の政策を選択する。以上の二段階の「合理的な」過程を経て，行為者たる国家は対外政策を決定する，これが合理的行為者モデルである。

古典的アプローチともいえる同モデルについて，これまで複数の問題点が指摘されてきた。第一はその実現性である。たとえ優秀な人物からなる政策チームであっても，人間の能力には限界があり，また決定を下す環境には時間や資源といった制約要因がつきまとう。とくに，即断が求められる危機的状況下では，最善の目標と手段のすべてを考え，個々の選択肢の費用便益分析を行う余裕などない。同モデルは，主として個人レベルで想定される上述の合理性を，組織集団である国家に適用している点に問題がある。

第二は国内社会のブラックボックス化である。「米中が真っ向から対立した」「日韓が対話の継続で合意した」という場合，国家を統一された単一のアクターと見なし，その政策・行動に至る過程における国内の折衝には注意を払って

▷『決定の本質』
原著は*Essence of Decision : Explaining the Cuban Missile Crisis*（1971）。和訳は『決定の本質——キューバ・ミサイル危機の分析』（宮里正玄訳）中央公論社，1977年。刊行後に明らかとなった事実を反映させ，また同著への批判に応えるため，1999年には第二版が出版された。

▷キューバ危機
1962年10月，ソ連がキューバにミサイル基地を建設・配備したことを端緒に，米ソ核戦争が危惧されるに至った米ソ対立。ケネディ米政権はソ連船の機材や兵器搬入を海上封鎖によって阻止したが，ソ連はこれを解くために艦隊を派遣，一触即発の事態となった。最終的にソ連がミサイルを撤去したことで，米ソ核戦争は回避された。

▷「組織過程モデル」と「官僚政治モデル」
⇨ V-3「対外政策決定(2)国内レベル」

いない。しかしそれでは，同様の条件下にある国家が異なる政策をとる理由や，それぞれの国が持つ制度的・文化的特徴などが対外政策に与える影響はわからない。合理的行為者モデルは，国家を単一の合理的行為者と扱う点，国内社会が及ぼす影響を軽視する点において，国際レベルの要因を重視して国際関係を**ビリヤードボール・モデル**として捉える**リアリズム**に通ずるところがある。

2 2レベルゲーム・モデル

対外政策決定に影響を及ぼす国際レベルの要因の一つに外圧がある。外圧に容易に屈すれば国内で批判されるため，政府は外国と交渉を進めると同時に，その合意内容が国内で受け入れられる範囲を探る。このような国際レベルの交渉と国内レベルの交渉の連関に焦点を当てる分析枠組みが，ロバート・パットナムの2レベル（二層）ゲーム・モデルである。

二国間交渉の場合，合意までのプロセスはどのようなものだろうか。国内レベルでは，政府が求める合意内容と国内関連勢力（与野党，官僚組織，利益団体，民間団体など）が求める内容とのすり合わせが行われる。その過程で国内社会の受入範囲が明らかになる。国内諸勢力は自らの要求を実現するために連合を組むこともあれば，相手国の国内勢力とトランスナショナルな連合を組むこともあろう。国際レベルにおいては，国内の受入範囲内で，本国にとって最善の内容で合意できるよう交渉に臨む。こうした国内交渉と国際交渉は，二国間交渉が妥結ないし頓挫するまで同時並行で行われる。交渉両国の国内受入範囲が小さければ小さいほど，妥協の余地が小さくなり合意は難しくなる。一方，受入範囲が小さい政府ほど，妥協の余地が小さいことを利用して，相手国から譲歩を引き出しやすくなる。二国間で合意に至ることはすなわち，それが両国にとって譲歩範囲内，かつ国内の受入範囲内であることを意味する。

環太平洋経済連携協定（TPP）交渉参加の際，安倍晋三政権は甘利明経済再生担当大臣を本部長に据え，約70名が国際交渉，約30名が国内調整に当たる計100人規模のTPP対策本部を設置した。国内調整では，農業協同組合中央会（JA全中）など，農産物貿易自由化に慎重姿勢をとる勢力との交渉を要した。最終的にはコメ，麦，牛肉・豚肉，乳製品，甘味資源作物の重要5品目を関税撤廃の例外とすることが，TPP参加の「レッドライン」（受入範囲）となった。

国際交渉の主要相手国であるアメリカとは，日本は相互に関税撤廃に例外を設けたい品目（アメリカは自動車および自動車部品）を有することに着目して交渉に着手し，牛肉の段階的関税削減を含む**日豪経済連携協定**を梃子に，アメリカから譲歩を引き出した。日本側もまた，重要5品目のうち輸入実績がないなど国内産業への打撃が小さい約3割の細目の関税撤廃を受け入れ，国内承認範囲内ぎりぎりでの国際合意にこぎつけた。

（福田　保）

▷ビリヤードボール・モデル
ビリヤードボールがほかの球に撞かれることでアクションを起こすことになぞらえ，国家は外的刺激によって対外政策・行動をとるとする見方。ビリヤードボールはすべて同じ材質で作られているため，その内部構造に違いはなく，球の動きを決定づけるのは外から加えられる力である。同様の原理で，国家の対外政策を規定するものは外的（国際）要因と捉える。

▷リアリズム
⇨IV-1「リアリズム」

▷日豪経済連携協定
7年の交渉を経て2014年7月署名，2015年1月発効。TPPとの関連では，豪輸入牛肉の段階的関税削減（冷凍牛肉は18年かけて関税率38.5%から19.5%，冷蔵牛肉は15年かけて関税率38.5%から23.5%）に日豪が合意したことで，競合する米輸入牛肉は日本市場で厳しい競争にさらされた。これにより米TPP交渉担当者らは日本との早期の合意を模索するに至った。

推薦図書

グレアム・アリソン，フィリップ・ゼリコウ『決定の本質――キューバ・ミサイル危機の分析第2版』I・II，日経BP社，2016年。
岩崎正洋「アリソンの『決定の本質』」および「パットナムのツーレベルゲーム」『政策過程の理論分析』三和書籍，2012年，pp. 195–225.

V　対外政策分析

対外政策決定(2)　国内レベル

1 国内（国家）レベルの集団意思決定

対外政策は多くの場合，日常的には外務省など官僚機構である巨大集団，国家にとって重要な問題は小集団によって決定が行われる。本節は集団が果たす役割に着目し，三つのモデル（図V-1）を取り上げる。

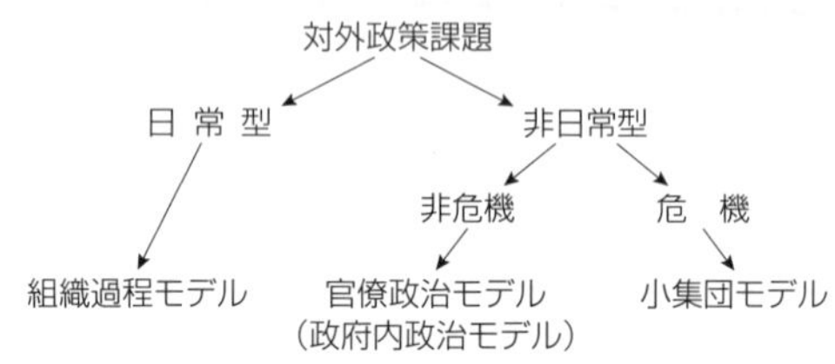

図V-1　集団による対外政策決定

出所：Valerie M. Hudson and Benjamin S. Day. (2020［2007］). *Foreign Policy Analysis*. 3rd edition. Lanham, MD: Rowman and Littlefield: 76をもとに筆者作成。

2 組織過程モデル

組織過程モデルは，国家（政府）を一枚岩の合理的アクターではなく，外務省や防衛省など巨大組織の集合体と理解し，それぞれの官僚組織を主要な政策決定者とする。多数の人員を抱える組織が効率的に仕事を行うには，作業手順などをまとめたマニュアル（標準作業手続き［SOP］という）が必要であり，職員はそれをもとにルーティン的に作業を行う。その作業の結果としての行動・政策は，考え抜かれた行動や合理的な選択ではなく，所定の行動様式に従って処理された「産物」に過ぎない，と同モデルは捉える。SOPに基づく機械的な組織的決定は柔軟性と創造性を欠くため，危機や非日常型の政策課題に直面した際には，よからぬ結果を招く可能性がある。

1962年，ソ連がキューバに極秘裡に核弾道ミサイルを配備した[1]際，ソ連から運び出された時にはアメリカに悟られないよう偽装工作されたが，キューバ到着後は偽装工作されずに運搬，配備された。それは，現地で作業したミサイル基地建設部隊のSOPには偽装工作に関する手続きは定められておらず，国外配備の経験もなかった。彼らはソ連国内での設置方法と同様のSOPに沿って，ミサイルを所定の間隔で，所定の台数を設置したのである。

▷組織過程モデル
英語ではorganizational process model。グレアム・アリソンが『決定の本質』(1971）で提示した三つの対外政策分析枠組みの第二モデル。1999年出版の第二版では「組織行動（organizational behavior)」モデルという。

▷1　III-2「米ソ軍拡競争と軍備管理」

3 官僚政治（政府内政治）モデル

非日常型ないし重要度の高い対外政策課題に対して，関係部署の代表者らで構成される小集団が政府内に作られることがある。その場合の政策決定過程の理解に有用な枠組みは**官僚政治（政府内政治）モデル**である。組織過程モデルが「政府組織内」の特性に注目するのに対し，同モデルは「政府組織間」の駆け引きに注目する。

小集団構成員の個人的な目的や信条も影響を及ぼすが，このモデルがとくに重視するのは構成員の組織的帰属である。外務官僚であれば諸外国との良好な関係，防衛官僚であれば国防，経済産業官僚であれば経済的利益など，構成員は所属の組織利益を追求する。その過程で政府組織間の押し合い，引き合いの折衝（政府内政治）が展開される。駆け引きの落とし所（結果としての対外政策）は，構成員間の取引，妥協，調整によって導かれた最大公約数的合意である。

1988年の南シナ海における**中国**とベトナムの軍事衝突に至る1980年代，中国が同問題でより強硬な対外政策をとるようになった背景には，中国人民解放軍海軍が外交部（外務省）との駆け引きに優ったことがある。海軍将校らは，外交部が主張する外交による平和的交渉がフィリピン・マレーシア・ベトナムの海洋活動を抑制していないとして，外交部を「売国奴」と批判し，「国益の守護者」である海軍の役割を強調した。のちに自らも共産党中央政治局（中国の最高意思決定機関）常務委員を務めた劉華清（りゅう かせい）・海軍司令官は，中央政治局との人脈を駆使して，領海防衛と海洋権益確保の重要性の説得という大役を果たした。

4 小集団モデル：グループシンクとポリシンク

小集団という閉鎖性が対外政策決定を左右することもある。集団内で議論を重ねていくと，メンバー間に一種の連帯感が生まれる。すると，集団の結束を保持するよう多数派意見に合わせるよう圧力が生まれやすい。そこでは自由闊達な議論を通して最善策を探るという本来の目的達成よりも，異論を唱えて集団の和を乱す者として除け者にされないように努める心理がより強く働く。こうした小集団が陥る病理を**グループシンク（集団思考）**という。

2003年のイラク攻撃は集団思考の典型とされる。**9.11アメリカ同時多発テロ**事件後，フセイン政権を実存的脅威と位置づけたジョージ・W・ブッシュ大統領と彼の対外政策チームは，政権交代を目的としたイラク攻撃を最善策とした。方針決定後は軍事攻撃以外の代替策が十分に検討されることはなく，パウエル国務長官やテネットCIA長官ら懐疑派メンバーには，同調圧力がかかった。

対照的に，多様な意見によって集団がまとまれず，機能不全に陥る現象を**ポリシンク（多元思考）**という。9.11アメリカ同時多発テロ発生前，複数の米当局がアルカイダの不穏な行動を把握していながらも**テロ**を未然に防げなかったのは，テロへの対応をめぐってブッシュ政権内で亀裂がすでに深まっていたことに加え，当局間での情報共有も不十分だったことが指摘されている。

（福田　保）

▷官僚政治（政府内政治）モデル
英語では bureaucratic politics (governmental politics) model. グレアム・アリソンが『決定の本質』(1971) で提示した三つの対外政策分析枠組みの第三モデル。

▷中国 ⇨ XI-5「中国」

▷グループシンク（集団思考）
心理学者のアーヴィン・ジャニス（Irving L. Janis）が1982年の著書『グループシンク（*Groupthink : Psychological Studies of Policy Decisions and Fiascoes*）』において，同概念を用いてピッグス湾事件，朝鮮戦争，真珠湾攻撃，ベトナム戦争などを事例に取り上げ，なぜ誤った政策決定に至ったのかを分析した。

▷ポリシンク（多元思考）
政治学・政治心理学者のアレックス・ミンツ（Alex Mintz）とカーリー・ウェイン（Carly Wayne）が2016年に著した『ポリシンク症候群（*The Polythink Syndrome*）』で提示した概念。9.11，アフガニスタン・イラク戦争，イラン核問題，シリア内戦，イスラーム国に対するアメリカの対外政策決定を検証することで，同概念の有用性を論じた。

▷9.11アメリカ同時多発テロ
⇨ XI-1「アメリカの動向」

▷テロ ⇨ XII-1「国際テロリズム」

推薦図書

グレアム・アリソン，フィリップ・ゼリコウ『決定の本質――キューバ・ミサイル危機の分析第2版』Ⅰ・Ⅱ，日経BP社，2016年。

V　対外政策分析

4 対外政策決定(3)　個人レベル

1 指導者の資質は重要か？

対外政策決定において，大統領や首相など指導者個人が果たす役割は重要であろうか。そうだとすれば，それはどのような場合であろうか。第一に国家の統治形態，つまり政治体制である。日米などの民主主義国よりも，非民主主義体制，とりわけ金正恩体制下の**北朝鮮**のような独裁的な支配体制では，指導者個人が絶大な権限を持つ。独裁制でなくとも，**習近平国家主席**，**ウラジーミル・プーチン大統領**など強権的な指導者が率いる国においても個人の役割は大きい。一方，民主主義においても個人の影響力は軽視できない。ドナルド・トランプ前米大統領が発信するツイートをマスメディアや研究者など多くの者がつぶさにフォローし，同政権の政策の分析や予測に勤しんだことは記憶に新しい。

第二に，国家の危機的状況や，先の展開を読めない不確実性の高い状況である。情報が少ないときや，相反する情報が錯綜する場合には政策決定が困難となり，指導者個人の判断によって対外政策が決定され得る。外交における経験を持たない指導者は，経験を持つ指導者よりも，より個人的主観に頼って政策決定を行う傾向がある。

第三に，指導者の個性が強い場合である。ジミー・カーター元米大統領やケビン・ラッド元豪首相は，細部にまで口を出すマイクロマネジャーとして知られており，このことは平時においても指導者個人が対外政策に影響を及ぼすことを示唆する。

▷**北朝鮮**　⇨ XI-8 「朝鮮半島」

▷**習近平国家主席**
⇨ XI-5 「中国」

▷**ウラジミール・プーチン大統領**
⇨ XI-4 「ロシア」

2 認知モデル

対外政策決定において，情報の正確性以上に重要なことは，政策決定者（特に指導者）が情報をどのように認識するかである。心理学の成果を対外政策分析に応用し，政策決定者の認知・心理に焦点を当てた分析枠組みを，**認知モデル**という。

認知モデルを端的にいえば，対外政策は政策決定者の認識によって左右される，というものである。認識を形成する要素には，固定観念，先入観・偏見，経験則が含まれる。たとえば，ほとんどの日本人が**核兵器**を6000発以上も保有するアメリカよりも，20〜30発程度しか保有しないと目される北朝鮮を脅威と見なすのは，教育やメディアなどを通じてつくられた認識（前者は同盟国，後者

▷**認知モデル**
ロバート・ジャービス（Robert Jervis）（コロンビア大学政治学部教授）が1976年の著書『国際政治における認識と誤認（*Perception and Misperception in International Politics*)』で提示した枠組み。45年以上経た現在でも有用なモデルであり，その後の心理学を基にした対外政策分析の発展を促した。

▷**核兵器**
⇨ XII-2 「大量破壊兵器の拡散とその脅威」

はならず者国家というイメージ）に基づいている。また同じ脅威であっても，その捉え方は国・指導者によって異なる。北朝鮮の核ミサイルは日本では国の存亡に係る脅威と認識されるが，とくに9.11後のアメリカでは，核弾頭や核関連技術のテロリストへの拡散という観点から同国を脅威と捉える向きが強かった。

個人の認識はまた，どの情報が重要か，また重要ではないか，情報の優先順位づけや取捨選択に影響を及ぼす。情報過多でそれらの処理が難しい状況下，情報を十分に検討する時間のない危機的状況下，不確実性が高い状況下においては，政策決定者は情報をよく考慮せずに，いわば直観的な判断を下す（認知的倹約家という）。情報を処理する際においても，政策決定者は自身の考えや経験に基づいて情報を分析するため，当人の認識に符合する情報は優先的に受け入れ，そうではない情報の優先度は低く扱う。好都合な情報は瑣末であっても重視する一方，想定外の情報は重要であっても見逃してしまう。有名な**「ゴリラ実験」**では，映像を見ながら課題を行うよう指示された被験者の約半数は，画面の中央を横切る着ぐるみゴリラに気が付かなかったという！

3 誤認（misperception）

相手の真意を正確に把握できないため，国際関係において誤認は日常茶飯事といっても過言ではない。誤認とは，誤った推測／誤算，他者（国）の意図や能力の誤解，他国の行動／反応の不正確な予測などを含む。たとえば，国防力向上を目的としたA国の軍備増強を，B国は攻撃の準備と警戒し，万が一の事態に備えて軍備を強化するかもしれない。するとA国は，B国の行動を同様に攻撃の前段階と捉え，さらに軍備を増強する。このように，相手の真意を測りかねることから，自国の安全性を高める行動が負のスパイラルを生み，軍拡競争ひいては戦争にまで発展することもある。これを**安全保障のジレンマ**という。

2003年のイラク戦争の一要因に誤認を指摘できる。イラク，イラン，北朝鮮を「悪の枢軸」と名指しして非難した5カ月後の2002年6月の演説で，ジョージ・W・ブッシュ大統領は先制攻撃を示唆した。国際社会ではイラク開戦の可能性が取り沙汰されるなか，当のサダム・フセイン大統領は，ブッシュ大統領が言及した「核不拡散条約に加盟しながらも**大量破壊兵器**を製造し続ける暴君」とはイランと北朝鮮の指導者のことであって，自身ではないと認識していたという。さらに，ブッシュ大統領がレーガン大統領の政策を賞賛したことは，フセイン大統領に誤ったシグナルを送ったようだ。レーガン政権期の米イラク関係は良好であったために，フセイン大統領はアメリカとの関係が改善されるものと期待していたという。にわかには信じ難いこのエピソードは，一方が意図を明確に表明したと確信していても，相手に真意が伝わっているとは限らないこと，すなわち誤認が**合理的選択**の障害となることを示している。

（福田　保）

▷**「ゴリラ実験」**
ハーバード大学の2名の研究者が1999年に行った「錯覚の科学」と称する実験（http://www.theinvisiblegorilla.com/gorilla_experiment.html）。英語サイトだが1分20秒程度の動画は日本語字幕が出てくる。

▷**安全保障のジレンマ**
自国の安全を高めるための行動が，他国の対抗行動を生じさせ，結果的に自国の安全を低下させてしまう現象。VIII-5「協調的安全保障」参照。

▷**大量破壊兵器** ⇨XII-2「大量破壊兵器の拡散とその身近な脅威」

▷**合理的選択**
⇨V-2「対外政策決定(1) 合理的選択，国際交渉，国内政治」

推薦図書

ロバート・ジャービス「政治心理学と国際政治」河田潤一・荒木義修編著『ハンドブック　政治心理学』北樹出版，2003年，pp. 146-160。

コラム－5

米中戦争は不可避か

21世紀に入り，アメリカと中国の間での対立が深まっている。中国は急激な経済成長に伴い，一帯一路構想をはじめ覇権国たるアメリカが主導してきたリベラルな国際秩序を変更するような行動をとっており，それに対応するために米中間では部分的な「デカップリング（分離）」が進んでいる。アメリカでは中国に対する留学生の制限や，関税の引き上げ，技術規制が行われ，両国の関係悪化はもはや不可逆的な状態にあるともいわれている。

このような状況を「米中戦争前夜」としてグレアム・アリソンが「トゥキディデスの罠」を提唱した。古代ギリシアの歴史家トゥキディデスは『戦史』のなかで，スパルタとアテネが戦ったペロポネソス戦争を観察し，覇権国が衰退し，新興国がその地位に入れ替わろうとする過程を描いた。覇権争いが戦争に至る過程は台頭する新興国の野心と覇権国の不安の衝突によって構造的にもたらされるというのである。アリソンによれば，過去500年の間に起きた16件の覇権争いのうち，実に12件（75%）が戦争に至っており，これが現代の米中対立が戦争に至る可能性の高さの根拠であるという。

では，米中対立が戦争に至る過程は国際政治の理論からどのように説明できるだろうか。まず，中国の軍備拡張とそれに対応するアメリカの動向は「安全保障のジレンマ」によって説明され得る。これはリアリズムに基づいて自国の安全を高めようと軍事力を増大させる行為が，軍拡競争を招くことを指す。相手国の意図を正確に読むことが難しい国際政治ではしばしばこのような現象が起きる。また，米中対立は民主主義国家と権威主義国家による政治体制間の対立ともみられ，これはイマニュエル・カントを下地とした「民主主義国家同士は戦争しない」とされる共和政リベラリズムの観点からも危険性を感じさせるものである。事実，現代の米中と同様に，ペロポネソス戦争前夜のスパルタとアテネは全く異なる政治システムと文化を有していた。ほかにも，米中間の意識調査を見ると，アメリカ国民の多くが中国の発展を脅威とみなす一方で，当時のアテネが自分たちの台頭を無害なものであると考えていたのと同様に，中国国民の多くは自国が平和的な発展を遂げていると主張している。このような両国間の認識ギャップに注目すれば，「間主観性」を通じて国家の行動が現れるとするコンストラクティヴィズムからの説明も可能である。さらに,「トゥキディデスの罠」が前提とする覇権循環に関するシナリオは,マルクシズムに基づく世界システム論とも親和性が高い。

それでは,いかにして米中戦争を回避することができるのだろうか。アリソンは戦争が回避された4例として①15世紀末のポルトガルとスペイン,②20世紀初めのイギリスとアメリカ,③冷戦期のアメリカとソ連,④1990年代以降の英仏とドイツを挙げ,その要因を考察する。それらに基づけば,米中間は互いに核兵器を保持しているという点で③冷戦期のアメリカとソ連に類似し,リアリズムに基づいた「核による平和」の可能性が示唆される。ほかにもアリソンは,米中戦争回避のために,①新旧逆転への適応,②中国の弱体化,③長期的な平和交渉,④米中関係再定義という四つのオプションを提示しているが,現状のアメリカは主に「②中国の弱体化」を重視していると考えられる。このことから,アメリカは実際の政策でリアリズムに基づいた選択を行っていると解される。

しかし,米中対立は過去の覇権争いとは異なるとの指摘もある。これは米中対立が米ソ対立などと比べて経済的に相互依存関係が深いためである。両国は互いに最大の貿易相手国でもあるため,もし戦争を仕掛けてしまうと自国の経済に大打撃を受けることとなる。それゆえに戦争は回避されるのではないかという見立てもあり,これはリベラリズムの「国際的相互依存論」に基づく。とすれば,デカップリングというオプションはかえって開戦のリスクを高めるとリベラリストは主張するかもしれない。

2030年頃に中国はアメリカのGDPを追い抜くが,インドに人口を追い抜かれ,人口も徐々に減少し,将来的には経済力でも再びアメリカに追い抜かれる見込みである。一方,社会の分断に揺れるアメリカでも2050年頃には白人の割合が人口の半分を切るとされる。このような国内情勢の変化が米中対立に影響を及ぼす可能性もある。さらにここには成長を続けるインドも絡んでくるだろう。これからの時代,強くて弱い米中間の覇権争いをめぐって国際政治がどのように展開されるのだろうか。世界は新たな激動の時代に入っている。　（大澤　傑）

VI　国際制度・機構

国際連合

1 国際連合の設立と加盟国の拡大

第一次世界大戦の反省を受けて設立された国際連盟は，第二次世界大戦の勃発を防げなかった。戦後秩序のありかたは第二次世界大戦中から模索された。アメリカ，イギリス，ソビエト連邦，中国，フランスなどを中心に会議が開催され，1945年6月に**国際連合憲章**が署名された。第二次世界大戦終結後の同年10月24日，各国の批准が過半数を超え，国際連合（国連：The United Nations）が発足した。

国連は憲章上四つの目的を持つ。①国際の平和と安全の維持，②諸国間の友好関係の発展，③経済的，社会的，文化的または人道的な国際問題の解決と人権・自由の尊重，そして，④諸国の行動を調和するための中心となること，である（国連憲章第1条）。

国連への加盟は，憲章に掲げる義務を受諾し，かつ，国連によってこの義務を履行する意思と能力があると認められるすべての平和愛好国に開放されている（憲章第4条）。発足時の原加盟国は51カ国であった。1950年代，60年代にアジア，アフリカの旧植民地が独立を果たし，国連に加盟していった。2021年5月1日現在，国連加盟国は193カ国となっている（最新の加盟国は2011年の南スーダン）。

2 国際連合の仕組み

国際連合は，**総会**，**安全保障理事会**，経済社会理事会，事務局，国際司法裁判所，そして信託統治理事会（休止中）の六つの主要機関を擁し，その下に，補助機関とよばれるプログラム，基金，および下部組織などを抱えている。また世界保健機関（WHO）などさまざまな分野の専門機関と連携関係を持っている。

国連は国際連盟の失敗の反省をふまえ，いくつかの重要な点で国際連盟とは異なる。国際連盟はアメリカ，ソ連などの主要国が加盟せず，普遍的な国際機構としての役割に制約が生じた。国連は大国に特権的な地位を与え，主要国が国連の中心となるようにしている。国際連盟は全会一致方式であったため一カ国の反対によって一切の行動がとれなくなり機能不全に陥った。国連は，総会では過半数（重要事項は2／3以上）の賛成で決議を採択することができる。国際連盟は違反者に対し経済制裁しか用意していなかったが，国連は安全保障理

▷国際連合憲章
国連の基本文書で，加盟国の権利や義務を規定するほか，国連の各機関の役割や手続きを規定している。主権の平等，内政不干渉，武力行使の禁止など，国際法の基本原則を明記している。全19章111条からなる。

▷総会
国連総会は全加盟国が参加する会議である。毎年9月に召集され，各国に一票ずつ平等に投票権が与えられる。安全保障理事会と異なり，国連総会の決議には拘束力がない（予算に関しては拘束力を持つ）。

▷安全保障理事会
⇨VI-2「安全保障理事会」

▷集団安全保障　⇨VIII-4「集団安全保障」

▷国連軍
朝鮮戦争に際し，ソ連が安保理の討議を欠席した隙に設立された国連軍はアメリカ軍主導の多国籍軍であり，憲章上の国連軍とは異なる。湾岸戦争における国連軍もアメリカ主導の多国籍軍に安保理が授権したものであり，憲章上のものとは異なる。

▷平和維持活動（PKO）

事会のもとで軍事的措置も含む強制措置をとることもできるようになっている。

3 国際の平和と安全

国連憲章は，国際の平和と安全の維持を達成するために，**集団安全保障**の考え方に基づいた制度を用意している。国連安全保障理事会のもとで国連軍を組織し，平和を乱す国家に関して制裁を科すという仕組みである。しかし，国連創設間もなく勃発した冷戦の影響もあり，憲章に規定されたとおりの**国連軍**は実現しなかった。

憲章上の国連軍に代わって行われてきたのが国連**平和維持活動（PKO）**である。平和維持活動に関する憲章上の規定は存在しないが，各国から集められた要員によって構成される部隊が世界各地の武力紛争に派遣され，監視などを通じて紛争の鎮静化に貢献してきた。国連は1948年以降現在までに71のミッションを派遣している（2021年5月1日現在)。冷戦後，平和維持活動は内戦や国内武力紛争に派遣されることが多くなり，平和維持活動の活動範囲は広がった。より持続可能な平和の実現のため，国連のさまざまな機関やNGOなどとも共同で**平和構築**が行われるようになった。

4 人権・社会経済開発

第二次世界大戦中の大規模な人権侵害や大量虐殺の反省から，国連は**人権**の保障を主要目的の一つとして重視してきた。1948年に国連総会は世界人権宣言を採択，その後1966年には二つの主要な国際人権規約を採択した。2006年には国連総会の下部機関として人権理事会が設置されている。

国連加盟国の数が増加し，途上国の割合が増えていくにつれて，国連では**南北問題**に焦点が集まるようになった。国連貿易開発会議（UNCTAD）は先進国と途上国が南北問題について討議する主要な場となり，途上国グループである77カ国グループ（G77）が結成された。

経済開発の問題は，環境，**ジェンダー**，人権，安全保障などさまざまな分野と関連する。1990年代には，環境，人権，人口問題，女性の問題などに関して国連主導で大規模な国際会議が開催された。補助機関である国連開発計画（UNDP）は，人間開発指標，**人間の安全保障**，といった重要な概念を提示した。

2000年，国連は各国首脳を招きサミットを開催し，ミレニアム開発目標（MDGs）がまとめられた。MDGsは15年間で大きな進捗をもたらしたが，さらなる努力が要請された。2015年のフォローアップサミットにおいて，MDGsの後継として宣言に盛り込まれたものが**持続可能な開発目標**（SDGs）である。SDGsには，**貧困**，飢餓の撲滅など17のゴール169のターゲットが盛り込まれている。

（久保田徳仁）

伝統的には受け入れ国の同意，中立，自衛以外の武力の不行使を原則として展開される多国籍軍事活動であり，停戦監視を主たる任務とした。冷戦後，武力紛争に対する国連の関与が変化し，PKOの諸原則は修正され，活動内容は複雑化している。近年は文民の保護の任務が行われるようになっている。

▷平和構築 ⇨Ⅷ-7「平和構築」

▷人権 ⇨Ⅻ-7「民主主義と人権」

▷南北問題 ⇨Ⅸ-4「経済支援・開発支援」

▷ジェンダー ⇨Ⅻ-9「国際政治とジェンダー」

▷人間の安全保障

「人間の安全保障」という概念は1994年のUNDP『人間開発報告書』で提示された。テロや災害，感染症などの現在人類が直面する脅威は従来の国家中心の安全保障のアプローチでは十分ではない場合があり，人間一人一人に着目して対処する必要があると考えられている。2000年コフィー・アナン事務総長は「恐怖からの自由，欠乏からの自由」というスローガンを提示した。

▷持続可能な開発目標

⇨Ⅹ-3「持続可能な開発」

▷貧困 ⇨Ⅻ-3「貧困と格差」

推薦図書

北岡伸一『国連の政治力学――日本はどこにいるのか』中央公論新社，2007年。
山田哲也『国際機構論入門』東京大学出版会，2018年。
最上敏樹『国際機構論講義』岩波書店，2016年。

VI　国際制度・機構

安全保障理事会

1　安全保障理事会の役割と権限

国際連合の安全保障機能の中枢となる機関が，安全保障理事会（安保理）である。国連憲章は，安保理に国際の平和および安全の維持に関する主要な責任を負わせている（第24条１）。憲章は，加盟国に安保理の決定を受諾し履行することに同意させ，安保理の決定に拘束力を持たせている（第25条）。

安保理の取りうる手段として，とくに第６章（紛争の平和的解決）と第７章（平和に対する脅威，平和の破壊及び侵略行為に関する行動）が重要である。憲章第６章では，安保理はさまざまな紛争について当事者に対して交渉や調停，仲裁裁判などの方法で平和的に解決するよう要請する，と定めている（第33条）。そのうえで，第７章で安保理は平和に対する脅威，平和の破壊，又は侵略行為の存在を決定し，どういった措置をとるかを決定する，と規定している（第39条）。この「措置」のなかには経済制裁だけでなく陸，海，空軍による軍事行動も含まれている（第42条）。条件つきではあるが，**武力行使が禁止**された現代において安保理は自衛以外の武力行使を可能にする例外的な機関である。

2　安全保障理事会の構成と拒否権

安保理は，中国，フランス，ロシア，イギリス，アメリカの五つの**常任理事国**と，選挙で選ばれる10カ国の非常任理事国の計15カ国で構成される。「中国」は国連創設当初は中華民国（台湾）が議席を占めていたが，1971年に**中華人民共和国が議席**を占めることとなった。1991年のソ連崩壊に伴いソ連の議席はロシアに継承されている。憲章の改正がないため現在も憲章上安保理の常任理事国は「中華民国」と「ソヴィエト社会主義共和国連邦」となっている。

非常任理事国は地理的に衡平な配分のため，各地域ブロック（アフリカから３カ国，アジア太平洋から２カ国，東ヨーロッパから１カ国，ラテンアメリカから２カ国，西ヨーロッパその他から２カ国）から任期２年で選出される。いったん２年の任期を終えた非常任理事国は継続して選ばれることはできない。

安保理の議決は，手続き的な事項を除き15カ国中９カ国の同意が必要とされるが，すべての常任理事国の同意が必要とされる。したがって五常任理事国一カ国の反対でも否決することになり，これは**拒否権**と呼ばれている。

安保理において創設から2020年末までに行使された拒否権の国ごとの回数は

▷国際連合　⇨ VI-1「国際連合」

▷武力行使の禁止
戦争は戦間期に国際連盟規約や不戦条約によって違法化されたが，「事実上の戦争」が行われる余地があった。国連憲章では武力による威嚇，武力の行使を共に禁止しており（第２条４項），武力行使禁止原則が成立したとされる。

▷常任理事国
P5（ピーファイブ）と呼ばれることもある。安保理の常任理事国は任期を持たず常に議席を有する。拒否権を与えられているだけでなく，常に情報を得られるなど外交上の利点も大きいとされる。

▷中華人民共和国が議席
1971年，国連総会において「中華人民共和国政府代表が国連における中国の代表権を『回復』し，台湾政府を国連から追放する」という決議案（アルバニア決議案と呼ばれる）が出された。アメリカや日本は安保理常任理事国の議席を中華人民共和国政府に与えつつ，台湾政府にも国連における議席を保持させる二重代表制決議案を提出したものの，アルバニア決議案が採択された。台湾は安保理の議席を失っただけでなく国連の代表権も失った。

▷非常任理事国

図のようになっている。

とくに冷戦期には常任理事国が拒否権をちらつかせたり実際に行使することによって安保理が重要な局面において機能しないことがあった。朝鮮戦争の際に安保理の機能マヒが予想された際，国連総会で決議が採択され，一定の条件のもとで国連総会が安保理の機能を代替することが定められた。この決議は「**平和のための結集決議**」と呼ばれる。2021年4月時点でこれまでに，10回の緊急特別総会が開催されている。

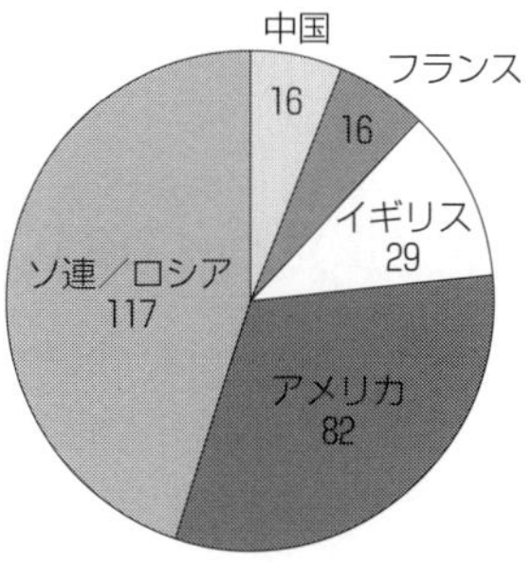

図Ⅵ-1 拒否権の行使回数（国別1946～2020）

出所：Dag Hammarkjöld Library "Veto List（https://research.un.org/en/docs/sc/quick 2021年5月4日アクセス）より筆者作成。

3 安全保障理事会の活動

安保理ではこれまでに2500余りの決議が採択された（2021年5月1日現在）。憲章上の規定では，安保理は国連の**集団安全保障**機能の中枢となり，必要に応じて武力行使を行う権限を持つ。しかし，これまでに正規の国連軍が編成されたことはない。これに代わって行われてきたのが**平和維持活動**の派遣や，**多国籍軍**に対する授権などである（朝鮮戦争時の朝鮮国連軍は安保理の勧告によって設立されている）。なお，1999年のNATOによるコソボ空爆や2003年のイラク戦争では安保理による授権決議が採択されず，安保理は迂回された。

安保理では特定の国家や地域の状況とそれに対する対処だけでなく，「児童と武力紛争」「武力紛争下における文民の保護」などのように一般的なテーマや制度設計に関する討議も行われている。

4 安全保障理事会の議席と改革

安保理の議席，特に常任理事国の議席は，国際政治を左右する重要なものと考えられてきた。しかし，現在の安保理常任理事国は70年以上も前の大戦終結時の国際政治状況を反映しており，現在の国際政治のパワーバランスを十分反映していないという批判は強い。

過去において一度だけ安保理の議席が改正されたことがある。1963年に国連総会決議で勧告され，1965年8月31日に発効した改革では，安保理の非常任理事国の議席が旧来の6から10に増加（安保理の議席総数は11から15に増加）し，これに伴って採択に必要な賛成票が7から9に変更された。

その後安保理改革の議論は，日本などに常任理事国を拡大するか，新規常任理事国には拒否権が与えられるか，といった点が注目されている。しかし，既得権益を持つ現常任理事国は改革には必ずしも積極的ではなく，改革は難航している。

（久保田徳仁）

国連総会で選出される。本文に記したように，地理的衡平性を確保するため，地域ブロックからそれぞれ割り当てられた数だけ選ばれる（例外あり）。

▷拒否権

提案や決議を拒否する権利。他者の多数が賛成したとしても拒否権が行使されれば採択されない。もし拒否権がなければ，大国の反対を押し切って決議が採択され，国連と大国が対立し，組織の崩壊につながる恐れがある。

▷平和のための結集決議

朝鮮戦争の期間中の1950年，ソ連による拒否権の行使を回避するためアメリカ主導で国連総会に提出された決議。賛成多数で採択された（総会決議377A）。

▷集団安全保障 ⇨Ⅷ-4「集団安全保障」

▷平和維持活動 ⇨Ⅵ-1「国際連合」

▷多国籍軍

多国籍で構成される軍。軍の寄せ集めになるため調整の労力はかかるが，資源の負担分担や正統性の確保が期待される。湾岸戦争やアフガニスタン戦争などのように，正規の国連軍ではないものの国連から武力行使を授権された活動がある一方，覇権国や地域大国の影響力行使の隠れ蓑となっているものもある。

推薦図書

北岡伸一『国連の政治力学――日本はどこにいるのか』中央公論新社，2007年。
川端清隆・持田繁『PKO新時代――国連安保理からの証言』岩波書店，1997年。
日本国際連合学会編『国連と大国政治』国際書院，2020年。

Ⅵ　国際制度・機構

その他の政府間機関・制度

1 経済社会理事会

国際連合憲章は，「われら連合国（United Nations）の人民」が，国際機構を作り，力を結集して国際的な課題の解決に取り組むことに合意したものとして記されている。国連には，国連の設立を決意した世界中の人々自身の人権を保障し，よりよい生活を送ることを可能にするために努力することが求められているのである。

憲章前文には，「すべての人民の経済的及び社会的発達を促進するために国際機構を用いることを決意して」との記述がある。第9章「経済的および社会的国際協力」は，「人民の同権及び自決の原則の尊重に基礎をおく諸国間の平和的且つ友好的関係に必要な安定及び福祉の条件を創造するため」と規定する。言い換えれば国際の平和と安全を守る国連の目標において，必要となる国際協調の基礎には加盟国間の友好関係があり，それを維持するには加盟国間の経済格差や社会サービスの格差の是正・解消が必要なのである。

この，国連が取り組むべき経済および社会分野での取り組みに主にあたるのが，国連の主要機関の一つ，**経済社会理事会**であり，本節で扱う多くの政府間機関や民間団体（**NGO**など）と連携して取り組みにあたっている。

2 専門機関

人々の生活を向上させるには，雇用の確保や賃金の向上といったもののみならず，教育，医療，福祉といったさまざまな社会サービス，さらに文化的な生活を可能とする措置も必要となる。それは私たちの日常生活全般を向上させる広範な取り組みを要求するものとなる。したがって経済社会理事会には，多岐にわたる分野について世界中の状況を調査し，対策を検討し，また各国に勧告をするなどの役割が求められる。このため，各専門分野で取り組みを担うために**専門機関**が設立され，国連と**連携協定**を結んで活動を行っている。

たとえば2020年にパンデミックとなったCOVID-19（新型コロナ）の対応で一躍注目を集めた世界保健機関（WHO）は，この専門機関にあたる。専門機関は独自に資金を集め，職員を採用して，また一般に機関の長も独自に選出している。各機関によって規模や方法，運営方法，加盟国等に相違はあるが，加盟国で構成される総会などで承認された事業・予算計画に基づく運営が行われる。

▷国際連合憲章　⇨Ⅵ-1「国際連合」

▷経済社会理事会
地理的配分に基づき割り当てられる54カ国の理事国（任期3年）による単純多数決方式で議決が進められる。地理的内訳は，アフリカ14カ国，アジア11カ国，東欧6カ国，ラテンアメリカ・カリブ海域10カ国，西ヨーロッパとその他13カ国である。

▷NGO
⇨Ⅵ-5「非政府組織」

▷専門機関
経済，社会，文化，教育及び保健分野等で国際的責任を果たすために，個別の政府間協定によって設置される。国連憲章第57条に規定される。

▷連携協定
国連憲章第63条の規定に従って経済社会理事会と専門機関とが結ぶものであり，これにもとづき経済社会理事会は専門機関と活動を調整し，また活動を勧告する。

▷機能主義・機能的統合論
国際関係において，諸国家

専門機関が設立された背景には，それらが本来的に各国間で協調しやすい分野にあたることがある。たとえば国際的に通信や郵便のシステムを整えることは，どの国にとっても利益があり，各国の賛同は得られやすい。逆に国益が対立しがちな安全保障課題については関係国の間で紛争が生じやすく，国際協調は行われにくい。そこで，国際協調を図りやすい分野で各国が協力可能な分野で協調した活動を図ることをつうじて信頼関係を築いて国際平和を確実にしていく，**機能主義，あるいは機能的統合論**と呼ばれるアプローチがとられたのである。

もっとも現実には加盟国は，専門機関の必要性を認めたうえでも，自らの意に適う専門機関の運営を実現すべく，専門機関の主要ポストや事業運営をめぐって日々駆け引きを行い，ときに専門機関に圧力をかけることにもなる。

3 補助機関

国際機構の主要機関のなかには，任務の遂行に必要である場合に，補助機関を設けることができるものもある。補助機関は，各国政府代表によって構成されるもののほか，個人の資格で選出された委員によって構成されるものもある。補助機関として設立されてはいるが，機関独自の方法で資金を集めて活動を行い，職員の採用も独自に行う補助機関は，自立的補助機関とも称される。また，国際機構の文書などでは，自立的補助機関のことを総称して，基金およびプログラムと記述することもある。

2020年にノーベル平和賞を受賞した**世界食糧計画（WFP）**は，この補助機関にあたる。WFPは，世界の飢餓と闘い，世界の国々が栄養状態を改善し，危機を乗り越える力を築けるように取り組む人道援助機関である。独自に船舶や航空機を運用し，また世界各地で巨大な人道援助物資の備蓄倉庫を運営しており，NGOや国連難民高等弁務官事務所（UNHCR）その他の国際機関とも連携して，とくに紛争地での人道支援の基盤の提供を担っている。

4 常設化されていない政府間制度

今日では，**アジア太平洋経済協力（APEC）**のように，法的拘束力のない宣言に基づいて複数の国家や地域が定期的に協議し，共通の取り組みを行うといった，ゆるやかな形の国際協力の枠組みも存在する。このような協力体制や枠組みは，たとえば会議体のような形をとり，狭い意味での国際機構の定義には完全には当てはまらない。しかし，国際機構に準ずる活動を行っていたり，実態として大きな影響力を持っているものもある。たとえば現在，年に1回，主要国の首脳らが集まる主要国首脳会議（サミット）がある。国際的な影響の大きい主要7カ国（かつてはロシアが参加し8カ国）の首脳らが一堂に会して話し合うことから，非公式な世界政府と呼ばれるほどに，時々の国際課題に対する対処方針について実質的な意思決定の場となっている。（本多倫彬）

（機能主義，あるいは機能的統合論）は国益の確保をめぐって対立する構図にある。しかし電気通信分野など特に技術分野は国際協力によって各国に利益が見込まれる。そこで，そうした分野を扱う国際機関を設置するなど各国間協力を進めることで国際平和を強固にすることができるとする国際関係論の考え方。代表的論者にデイヴィッド・ミトラニー（1888-1975）が知られる。

▷世界食糧計画（WFP）
世界の飢餓と闘い，世界の国々が栄養状態を改善し，危機を乗り越える力を築けるように取り組む国連の人道援助機関。船舶や航空機（国連人道支援航空サービス）や，世界各地に巨大な人道援助物資の備蓄倉庫（国連人道支援物資備蓄庫）を運営して，NGOや国連難民高等弁務官事務所（UNHCR）その他の国際機関と連携して活動に当たっている。

▷APEC
全世界の貿易量の約半数を占める巨大なアジア太平洋地域において，貿易・投資の自由化，地域経済統合の推進などに取り組む多国間経済協力枠組み。構成する21の国と地域が，自主的，非拘束的，かつコンセンサスに基づいて経済・技術協力を進めている。Ⅸ-3「地域統合・市場統合の展開」参照。

推薦図書

田仁揆『国連を読む』ジャパンタイムズ，2015年8月。
忍足謙朗『国連で学んだ修羅場のリーダーシップ』文藝春秋，2017年8月。
詫摩佳代『人類と病』中央公論新社，2020年4月。

VI　国際制度・機構

地域機構・制度

1 「地域機構」とは何か

地理的な条件や特定の基準を満たした国にのみ加盟を認める国際機構を地域的国際機構（地域機構）という。地域機構が形成される要因としては，一定の利害が共有されている，地理的に近い国々の方がその地域の事情をよく知っている，利害の共通する諸国がまとまって地域機構を形成した方が国際社会でプレゼンスを発揮できる，普遍的国際機構ができる前に同じ分野で地域機構が存在していた，などのさまざまな理由がある。地域機構の代表例に，後述する**欧州連合（EU）**や，**東南アジア諸国連合（ASEAN）**などがある。

また地域機構のなかには，必ずしも地理的に近接していないものもある。たとえば**北大西洋条約機構（NATO）**は，国際政治上の理由で設立され，大西洋を挟んで北アメリカとヨーロッパの国々で形成されている。今日，国際社会における「地域」とは何かという点について一致した考え方はなく，さまざまな形態の地域機構が存在するのが実際である。

2 国際機構と地域機構

普遍的国際機構の代表である国連は，その憲章第6章で「紛争の平和的解決」を規定している。そこでは紛争の平和的解決に当事者自身が取り組むことが求められ，その具体的な取り組みの一つとして，地域的な国際機構の利用が定められている。その地域的取極を規定するのが同憲章第8章である。憲章第8章では「地域機関又は地域的取極が地方的紛争の平和的解決のためにあらゆる努力」を行うこと，さらに**国連安保理**には「地域機構の取り組みの発達を奨励」することが求められている。国連と地域機構の協力を前提に，地域機構が先に立って紛争の平和的解決に取り組むことが規定されているのである。なお，そうした努力が成功せず，武力行使のような強制行動が行われる際には，安保理の決議が必要になる。

国連憲章上に規定が存在しない取り組みでも，両者の協力はしばしばみられる。代表例が**国連平和（維持）活動**である。地域機構と国連が共同で活動にあたる場合（2007年から2020年まで，国連と**アフリカ連合（AU）**は，スーダン・ダルフール地域で合同平和活動を展開）もあれば，域内各国の取り組みを国連が引き継ぐこと（2000年代初頭の東ティモール紛争では多国籍部隊の活動を国連が引き継ぎ），

▷ヨーロッパ連合（EU）
⇨XI-3「主権国家を乗り越えられないEU」

▷東南アジア諸国連合（ASEAN）
⇨XI-10「東南アジア」

▷北大西洋条約機構(NATO)
⇨XI-2「漂流の危機にあるNATO」

▷国連安保理
⇨VI-1「国際連合」

▷国連平和（維持）活動
⇨VI-1「国際連合」

▷アフリカ連合（AU）
⇨XI-12「アフリカと地域主義」

▷多国籍軍・監視団〔MFO〕
四次にわたる中東戦争を経て，1979年に「エジプト・イスラエル平和条約」が締結された。これを受けてシナイ半島に，両国軍の停戦監視を任務に多国籍の平和維持・監視ミッションとして展開した。日本は1988年以降，財政支援を続け，2019年からは司令部に自衛官2名が派遣している。

▷共通通貨ユーロ
1999年に導入され，2002年から紙幣・貨幣の発行・流通が行われたEU共通通貨。ユーロ採用国では欧州中央銀行が共通の金融政策を実施しており，各国が独自に金融政策を行うことはでき

逆に国連の平和活動を地域機構が受け継ぐ（第四次中東戦争後のシナイ半島では国連 PKO が展開，その撤収後の1981年から**多国籍軍・監視団（MFO）**が展開）場合もある。国際機構と地域機構は，紛争の現場で役割分担など直接的協力を行ったり，単に併存していたり，活動を引き継いだりとパターンはあるが，協力して平和活動に当たっている。平和活動に限らず，地域機構が類似の活動を行う国際機構と連携関係を持つことは今日，一般的に行われている。

3 総合的な活動を行う地域機構・制度

地域機構には，特定の分野に限らず，文字どおり地域のことを総合的に扱うものがある。代表例が，最も統合が深化した地域機構とされる欧州連合（EU）である。欧州連合条約は，人権の尊重，民主主義，平等および法の支配の尊重といった「諸価値を尊重し，これらを促進することを約束する欧州の国家は，連合への加盟を申請することができる。」（第49条）と規定している。EU は「欧州の国家」に限り加盟が可能であり，アジアやアフリカの国家に門戸は開かれていない。EU に加盟する欧州諸国は，**共通通貨ユーロ**と共通の経済政策，外交・安全保障政策，警察・刑事司法協力などを行い，**シェンゲン協定**に基づいて加盟国間の国境も検査なしで通行が可能となっている。EU として統一的な通商政策や外交政策を実施することで，対外的プレゼンスを高めてきた。EU は経済・政治の統合深化，加盟国拡大を続け，共通の憲法（EU 憲法）の採択を目指した。しかし域内格差や**民主主義の赤字**に対する批判等を受けて，21世紀以降，加盟国間で軋みが生じ，2020年にイギリスが離脱する **BREXIT** に至っている。

4 特定の分野で活動を行う地域機構・制度

EU，ASEAN，AU など，政治・経済・文化など分野横断的に加盟国間の協力をすすめて地域統合を目指す地域機構もあれば，特定分野での協力を進めるものもある。たとえば2020年に発効した**アメリカ・メキシコ・カナダ協定（USMCA）**は，隣接する３カ国間で関税を撤廃するなど，貿易と投資を行う際の障壁を無くして一つの貿易圏を形成することを目標としている。

中国・ロシア・中央アジア諸国は，テロリズム，分離主義，過激主義といった各国共通の安全保障課題への対応を掲げて上海協力機構を2001年に設立した。2021年現在では世界最大の領域，人口を有する地域機構となっている。

また各地域で，**国連の専門機関**のように特定分野で活動を行う組織もある。一例が，日本政府が主導したアジア開発銀行（ADB）である。ADB はアジア・太平洋地域の貧困撲滅を目的に開発金融事業を実施している。

（本多倫彬）

ない。2021年現在，アメリカのドルに次いで，世界第二位の基軸通貨である。

▷シェンゲン協定
1985年に調印されたヨーロッパ諸国間での国境管理協定。参加国間では出入国審査なしに国境を越えることができる。シェンゲン領域外から入国する場合は，最初の入国地で審査を受けたのち，同領域内は自由に移動することが可能となる。EU 加盟国の大半に加えてノルウェーなども参加。

▷民主主義の赤字
EU 市民の民意が必ずしも反映されていない EU の制度を批判した概念。EU では欧州議会が存在したが，実質的な EU の立法は，欧州委員会・理事会で進められ，EU 市民の声が直接反映されない仕組みとなっていることを批判した。

▷BREXIT
⇨Ⅺ-3「主権国家を乗り越えられない EU」

▷アメリカ・メキシコ・カナダ協定（USMCA）
⇨Ⅸ-3「地域統合・市場統合の展開」

▷国連の専門機関
⇨Ⅵ-3「その他の政府間機関・制度」

推薦図書

池本大輔，板橋拓己，川嶋周一，佐藤俊輔編著『EU 政治論――国境を越えた統治のゆくえ』有斐閣，2020年。
金子芳樹，山田満，吉野文雄編著『「一帯一路」時代の ASEAN――中国傾斜のなかで分裂・分断に向かうのか』明石書店，2020年。
エマニュエル・トッド『問題は英国ではない，EU なのだ――21世紀の新・国家論』文芸春秋，2016年。

VI　国際制度・機構

5 非政府組織

1 非政府組織（NGO/NPO）とは何か

非政府組織ということばは国連憲章第71条「経済社会理事会は，その権限内にある事項について関係のある民間団体と協議するために適当な取極を行うことができる……」が起源といわれる。日本語公定訳では「民間団体」となっているところは，英語原文で non-governmental organizations である。NGO ということばは，今日では幅広く国際的な問題に取り組む非政府・非営利目的の組織を総称するものとして使われる。一方で国内問題（まちづくり・環境・子ども・福祉など）に取り組む市民の団体は NPO（非営利組織）であると自称することが多い。実際には国際的な活動を行う団体も日本では NPO 法人として法人格を得ている団体が多く，両者を厳密に定義することも，区別することもできない。

2 近年の用語として市民社会組織（CSO）

21世紀に入るころから NGO 自身のみならず国連など国際機関の文書でも**市民社会**◁組織（CSO）ということばがよく使われるようになった。背景としては第一に，非（non）から始まるネガティブな印象でないことばが模索されてきたこと，第二に世界の一部の言語（たとえばインドネシア語）では non- と anti-（反）が同じ語になってしまい，NGO＝反政府組織という意味を持ちうるため政府との衝突や社会の誤解につながってきたこと，第三に NGO の中に高度に組織化・専門化された団体が増えるなかで，NGO 以外の組織（労働組合・学術団体・専門家団体など）の国際的取り組みや非公式な社会運動なども含む用語が必要とされるようになったことがあった。

CSO は非政府・非営利目的で，公共領域において市民の自発性にもとづく共通の利益を追求する組織といえよう。

▷**市民社会**
ヨーロッパ近代史ではブルジョア社会という意味を持ってきたが，現代の市民社会は非政府・非営利目的で，公共領域において市民の自発性にもとづく共通の利益を追求する空間を意味し，具体的な組織を CSO という。ただし，CSO の集合名詞として市民社会を考える研究者もいる。

3 NGO/NPO の取り組む問題領域

国際的に活動する NGO の重要な問題領域は，軍縮・平和，開発，環境，人権，**ジェンダー**◁などのグローバルイシューズである。軍縮・平和では対人地雷禁止条約を推進した地雷禁止国際キャンペーン（ICBL）や核兵器禁止条約を推進した核兵器廃絶国際キャンペーン（ICAN）がいずれもノーベル平和賞も受賞した国際ネットワークとして知られる。開発の分野では NGO は貧困層や災

▷**ジェンダー**
⇨ XII-9 「国際政治とジェンダー」

害・紛争の被災者を直接対象とした活動から注目されてきた。オックスファム，ワールド・ビジョン，プラン・インターナショナル，国境なき医師団などの国際 NGO，中小規模の団体と多様な NGO がある。またここ30〜40年は途上国の市民が結成した NGO の役割が重要となっている。環境ではグリーンピースのような直接行動を重視するグループもあれば，植林など現場での活動を中心とする団体もある。気候行動ネットワーク（CAN）のようなイシューごとのネットワークも盛んである。人権では代表的な団体としてアムネスティ・インターナショナルがあげられる。

近年は，持続可能な開発は開発と環境の両立を求め，**持続可能な開発目標（SDGs）**が人権やジェンダー平等を基盤となる原則にしていることから，どの問題領域を主に取り組む NGO も実際にはあらゆるグローバルイシューズを視野に入れる活動を求められる時代になっている。

4 NGO/NPO の活動形態

NGO の活動としては第一に現場での活動があげられる。開発 NGO の緊急人道援助や教育・保健・農村開発・**マイクロファイナンス**などの長期的な開発支援の活動，環境 NGO の植林・砂漠化防止の活動などである。第二にはアドボカシーといわれる政策提言・働きかけの諸活動である。とくに1990年代以降は国際的な政策決定の場での NGO やそのネットワーク団体の役割は重要になっている。第三に社会への啓発活動である。問題についての知識の普及のみならず，構造的な背景の理解や解決に向けた行動の促進も含むものとなっている。

5 今後の課題

NGO の課題として第一にはパートナーシップがあげられる。NGO 同士のパートナーシップとしては，問題領域を超えたパートナーシップが求められる。また先進国と途上国の NGO 間で見られる資金，経験などが豊富な先進国優位の非対称なパートナーシップに対する途上国の NGO からの批判は大きく，克服が必要である。現在 OECD 開発援助委員会（**DAC**）諸国の **ODA（政府開発援助）**資金の15.1%（日本はとても低く1.6%）が NGO を経由して開発現場に行くなど政府機関とのパートナーシップが深まるなかで，NGO の独立性や独自性をいかに確保するのかも課題である。CRS（企業の社会的責任）への関心を高めている民間企業とのパートナーシップについても今後議論が深まろう。

第二に，効果・透明性・**アカウンタビリティ**である。NGO は20世紀の珍しく新しい存在から，21世紀には当たり前の存在になった。本当に効果をあげているのか，また近年不正経理や開発現場での NGO 職員の児童売買や性的搾取への関与といった不祥事が明るみに出るなかで，組織や活動が透明性やアカウンタビリティを伴っているのかはますます問われよう。　（高柳彰夫）

▷持続可能な開発目標（SDGs）
⇨X-3「持続可能な開発」

▷マイクロファイナンス
既存の金融機関のサービスを受けられない貧困層を主な対象とした小口融資，小口保険などを総称したもの。

▷DAC
⇨IX-4「経済支援・開発支援」

▷ODA（政府開発援助）
⇨IX-4「経済支援・開発支援」

▷アカウンタビリティ
一般的には説明責任と訳されるが，説明責任だけでなく，成果に関する責任や組織の公正な運営に関する責任なども含んでいる。

推薦図書

毛利聡子『NGO から見る国際関係——グローバル市民社会への視座』法律文化社，2011年。

高柳彰夫『グローバル市民社会と援助効果——CSO/NGO のアドボカシーと規範づくり』法律文化社，2014年。

第3部
国際安全保障

Ⅶ　戦争・内戦

戦争の類型

▷国連憲章
⇨Ⅵ-1「国際連合」

1 「戦争」の法的位置づけ

国際政治における「戦争」の言説は，国家間の武力対立から感染症やテロへの対処まで含む幅広い概念である。国際社会でみられる対立関係を「戦争」という言葉で表現するなど，その用途は幅広い。

しかし，戦争に関する国際法における解釈は比較的に明確である。**国連憲章**のもとでは，第2章で国際紛争の平和的解決が規定され，「武力による威嚇又は武力の行使を，いかなる国の領土保全又は政治的独立に対するものも，また，国際連合の目的と両立しない他のいかなる方法によるものも慎まなければならない」としている。これは，1929年の戦争抛棄（ほうき）ニ関スル条約（パリ不戦条約・ケロッグ＝ブリアン協定）で規定された，戦争の違法化の系譜を引く。

国連憲章は第7章で，「安全保障理事会は，平和に対する脅威，平和の破壊又は侵略行為の存在を決定」とし，第41及び42条では「国際の平和及び安全の維持又は回復に必要な空軍，海軍または陸軍の行動をとることができる」とする。そして，第51条において，国連の取り組みが成立するまでの暫定措置として，個別的および集団的自衛権の行使を認めている。

国連憲章の法的規定を政策的に解釈すると，国家による侵略目的の武力行使のみが，違法化された戦争に該当し，それ以外の武力行使は法的に正当化される余地が存在する。武力行使自体は，条約化された国際人道法（戦時国際法）のもとで規定され，1948年のジュネーブ諸条約，1977年のジュネーブ諸条約の追加議定書，その他児童や文化財保護，中立，さらには特定の武器の禁止・制限の制約を受ける。陸戦では77年の条約の第一追加議定書（陸戦法規），海戦では慣習国際法および海上武力紛争法サンレモ・マニュアルなどが，戦闘手段を法的に規定する。

2 国際的武力紛争について

国際人道法のもとで武力行使は，国際武力紛争，非国際武力紛争，人道法が適用されないその他の暴力を伴う事態，の三つに分類される。国際人道法は，武力紛争の存在を前提とし，国家による自衛権の行使，さらには国連の授権もしくは要請のもとで，加盟国個別の判断で実施される武力の行使に適用される。日本が国連の集団的安全保障措置に参加しない理由は，国内手続きが優先されるためである。

国際人道法が「国際武力紛争」に適用されるのは，「二以上の締約国の間に生ずるすべての宣言された戦争又はその他の武力紛争の場合」，または「一締約国の領域の一部又は全部が占領されたすべての場合」である。そして，武力紛争の開始は，当事国による開戦の布告ではなく，武力行使の事実状況により判断される。これは，国連創設以前の状況とは大きく異なる。

これに対し，「非国際武力紛争」は，国家と非国家団体の内戦，もしくは非国家団体同士の武力衝突を指す。ただし，国連安保理が国家内での武力衝突を「非国家武力紛争」と認定するには，烈度（紛争の持続期，武力行為の頻度，使用される武器の種類など）と，当事者の組織化の度合いが指標になる。その他の「暴力を伴う事態」は，暴動，騒乱など事態であり，国際人道法ではなく国際人権法が適用される。

3 「第四世代戦争」

戦争をめぐる法的な議論では，紛争の合法性や，国際人道法の適用などが議論の対象となる。冷戦後，法的な意味で国家間の武力紛争で戦争と定義できる事例は，スーダンと南スーダン，エリトリアとエチオピアの紛争の二例が知られる。これら二例は分離独立から生じた紛争である。冷戦後の世界は，国家間戦争が前世紀に比べて減少したという意味では，平和な時代といえる。

しかし，冷戦後，国家による戦争以外の武力紛争は頻繁に発生している。この現象は，戦争の世代論から見ると理解しやすい。世代論では，まず古代から近世までを第一世代と呼ぶ。この世代の戦争は，マンパワーに依存して展開した。第二世代は，火薬を使用した戦争，第三世代は近代の技術を活用し，相手を速度や情報で上回る戦術を採用した戦争となる。そして，第四世代の「ポストモダン」な戦争は，分散した戦闘，また文民（非戦闘員）と戦闘員の境界の曖昧さが特徴となる。

第四世代の戦争が過去の戦争と本質的に違うのは，紛争の当事者が国家とは限らない，ということである。2014年の**クリミア危機**◁に乗じて，ロシアがウクライナのクリミア地方を併合した際，軍事的な侵略ではなく，武装を解いた要員の派遣による地域の不安定化と，いわゆる民主主義的手法を組み合わせて達成した。この手法は，中国で提起された**超限戦**◁と重なる。

もちろん，戦争の類型としては，アメリカのオバマ政権のもとで導入された第三のオフセット戦略にも留意する必要がある。この戦略は，アメリカの軍事的優位性を維持するうえで，人工知能やロボットなどの新興技術の重要性を強調するものである。これら技術は，戦争の目的を，破壊から無力化へと変化させる可能性がある。

（佐藤丙午）

▷クリミア危機
⇨ Ⅺ-4 「ロシア」

▷超限戦
1999年に発表された，中国人民解放軍将校による戦略研究の共著のタイトル。

コラム-6

戦場としての宇宙

なぜ，いま宇宙なのか

人類の活動が宇宙に到達してから久しい。1957年にソ連が世界初の人工衛星であるスプートニク1号を打ち上げたことを端緒として，冷戦期には米ソが軍事衛星を数多く打ち上げてきた。ただし，冷戦期には宇宙は破壊・殺傷を行うという意味での戦場とはならなかった。宇宙空間は他国を上方から偵察するための「聖域」と見なされ，ここを戦場としないことについて米ソのあいだで暗黙の了解があったのである。歴史家のジョン・ルイス・ギャディスによれば，1963年に米ソが相互に宇宙偵察を許容する偵察衛星レジームが成立した。

1991年の湾岸戦争を機にこうした状況は変化した。米軍が軍事衛星を大々的に活用したことから，湾岸戦争は「最初の宇宙戦争」と呼ばれた。たとえば，攻撃戦果や敵部隊の確認のために画像偵察衛星が活用された。通信衛星は戦域における通信の約80％を担った。さらにはGPSが多用され，目標物の乏しい砂漠において航空機や地上部隊の移動に寄与した。海上では巡航ミサイルの発射座標の取得にGPSが利用された。湾岸戦争を機に，宇宙システムの軍事的価値が広く認識されるとともに，宇宙システムが魅力的な攻撃対象となった。米軍による宇宙利用が本格化したことは，ほかの大国による模倣・対抗を引き起こすようになったのである。

宇宙という戦場

空と宇宙は一続きの空間である。しかし，軍事利用という点からは両者は峻別される。空は地表から約50 km上空のジェットエンジンが使用できる最高高度までであり，宇宙は地表から約150 kmの人工衛星が円周軌道を維持できる最低高度より上の空間である。いわば，「空の天井」と「宇宙の底」との間に100 kmほどの断絶が存在し，そのことが宇宙を独自の領域としている。

宇宙利用の中心となる人工衛星は，地球との位置関係によって用途が変わってくる。低軌道（地表から150～800 km）は，地表をみやすいため観測衛星に有用である。中軌道（地表から800～3万5000 km）は，GPSのような航法用に使われる。高軌道（地表から3万5000 km以上）では地球を周回する頻度が下がり，3万6000 km弱の「静止軌道」では衛星の軌道と地球の自転が同一となり，地表に対して衛星が1点で静止しているようにみえる。ここは軍の通信衛星や弾道ミサイル発射を感知する衛星にとって好ましい位置となる。

他国の宇宙利用を妨害する手段に，対衛星（anti-satellite: ASAT）兵器がある。2007年に中国がASAT兵器の実験をした際，大量の宇宙デブリ（破片）が発生した。宇宙デブリは高速で周回する人工衛星にとってきわめて危険である。低軌道の場合，10 cm以上の物体に衝突すれば衛星は完全に破壊され，1～10 cmの場合でも致命的損傷を受ける。宇宙デブリは一度発生すると長期にわたり残存し，自国の衛星利用さえも妨げることになる。そのため，逆説的ではあるが米露中などよりも宇宙利用への依存度の低い北朝鮮などのほうが，烈度の高い攻撃を躊躇なく実施しうる。また，衛星利用を妨げるのは物理的破壊だけではない。サイバー攻撃によりGPSが機能喪失する可能性に備えて，2015年に米海軍兵学校は約20年のあいだ中断していた天測航法の授業を再開した。衛星に依存しないローテクが再評価されつつある。

自衛隊の宇宙政策

日本では，長らく軍事目的の宇宙利用は限定的であった。民間で利用可能なものと同等の機能に限るという「一般化原則」のもと，自衛隊は情報収集，警戒監視，通信，測位，気象のために防衛庁外の衛星を利用してきた。

2008年の宇宙基本法により一般化原則を超える利用が自衛隊に許されると，2017年には防衛省が初めて衛星（通信衛星）を保有した。2018年の「防衛計画の大綱」は，宇宙空間を常時継続的に監視する体制を構築するほか，平時から有事までのあらゆる段階において「宇宙利用の優位」を確保する方針を打ち出した。同時に発表された「中期防衛力整備計画」は，電磁波領域と連携して「相手方の指揮統制・情報通信を妨げる能力を構築」することにまで言及した。

こうした政策を受けて，2020年5月には自衛隊初の宇宙領域専門部隊として宇宙作戦隊が発足した。宇宙作戦隊の主な任務は宇宙デブリや不審衛星などを監視する宇宙状況監視であり，2023年からの本格運用を目指している。

（篠﨑正郎）

Ⅶ　戦争・内戦

戦争の原因(1)　個人レベル

1「戦争」の原因について

1959年に発表した *Man, the State, and War* において，**ケネス・ウォルツ**は戦争の原因として三つのイメージ（政策決定者，国内政治，システム）を紹介している。ウォルツは戦争の原因を探り，国際協力の困難さを科学的に探究することを目的に，それまでの国際政治学に，科学的な分析指標を導入したのである。三つのイメージは，いずれも哲学的背景を持つ言説であるが，相互排他的な性格は持たない。このイメージの分析枠組は，国際関係論の基本的な思考枠組となり，とくに国際政治のシステム分析は，79年にウォルツが発表した *Theory of International Politics* へと引き継がれている。

▷ウォルツ
⇨Ⅳ-1「リアリズム」

戦争がなぜ発生するかという問題は，人間の歴史を通じて解明されていない謎であり，これまでも多くの仮説が提示されている。たとえば，中世以降のヨーロッパでは，宗教的統治秩序の構成原理の変容から，国家間のパワーをめぐる対立が注目された。カトリックとプロテスタント勢力の間で戦われた30年戦争を終結させたウェストファリア条約後，主権国家が政治の主役となり，秩序の維持原理として，国家理性から**勢力均衡**へと価値転換が発生した。そして，そのなかで勢力均衡の崩壊が不安定の原因とされたのである。

▷勢力均衡
⇨Ⅷ-1「勢力均衡」

ナポレオン戦争とその後の欧州の秩序を規定したウィーン体制は，ヨーロッパに約1世紀に及ぶ「大国間の平和」をもたらした。この体制のもとで，自由主義や民主主義が台頭し，各地に国民国家の成立が促された。そして，19世紀末の勢力均衡の変動と各国の国内政治の動揺のなかで多様な誘因が作用し，**第一次世界大戦**へと至る。第一次世界大戦後にアメリカが国際社会における影響を高めたが，実際には**第二次世界大戦**を経て戦争の違法化と，アメリカが中核を担う国際機関を通じた国際協調体制が，ともに秩序維持を可能にした。**冷戦**を経たのちも，アメリカの**覇権**と国際機関を通じた秩序の維持は，秩序原理の基本となっている。

▷第一次世界大戦
⇨Ⅱ-1「第一次世界大戦」
▷第二次世界大戦
⇨Ⅱ-3「第二次世界大戦」
▷冷戦
⇨Ⅲ-1～8「冷戦と現代」
▷覇権
⇨Ⅷ-2「覇権」

2「第一イメージ」

戦争の原因を個人レベルで説明する際には，特定の政策決定者と国家との同一視化（同化）と，国家の擬人観（国家が性格を持つと想定）の存在が前提となる。

政治指導者が国家の意思を代弁すると考えるのは，**古典的リアリズム**では一般的な方法であった。戦争の原因が人間の本質にあるとの考えは，トゥキディデス，マキャベリ，またホッブスなどの政治思想にみられる。無政府状態における人間の心情（疑念，嫉妬，不安）を戦争の原因とするルソーを含め，国家を擬人化し，政治指導者の思考や感情が国家を代弁するという考えは，一般的に受け入れられてきた。ナポレオン戦争以降に一般的となった国民国家成立以前は，戦争の主体が傭兵のように専門化されていたことも，戦争が君主個人の行為とみなされる理由の一つである。

人間の感情と戦争の関係は，20世紀を代表する国際政治学者の**モーゲンソー**も注目している。さらに，人間の無意識の行動や心理が，紛争や国際協力にどのように影響するかを分析する研究も多い。国際関係論において，政治指導者個人もしくは国家の集合的な意思決定を考察する際，認知バイアスや交信（コミュニケーション）の欠如が戦争に及ぼす影響，さらには戦争後の国家間の和解における心理面の影響などは，政策面で重要なテーマであった。

3 「個人レベル」の戦争の抑制

国際関係が人間の心理の影響を受けるとする考えは，戦争の抑制に対する楽観論を生む。すなわち，人間の本性以外の要因で戦争が発生するのであれば，政治指導者の教育や集合的な意識改革など，人為的な手法により，戦争のリスクを下げることが可能になる。

たとえば，核軍縮に関する軍縮教育には，**核兵器**の人道的影響に対する危機感を醸成する効果が指摘される。この効果が国内社会で共有され，各国の核保有のインセンティブを下げる結果につながることが期待される。また，「**人間の安全保障**」や**DDR（武装解除・動員解除・社会復帰）**などが平和と繁栄の可能性を示し，紛争解決や**戦争予防**を実現することも，個人の覚醒の効果に期待が集まる理由である。

個人レベルにおける戦争の抑制に関する議論には，文化とアイデンティティ論も加わる。冷戦後のアジアやアフリカにおける地域紛争では，武器や戦闘を「カッコいい」ものとみなす，いわゆる「銃の文化」の存在が指摘された。戦闘や暴力を肯定的に評価する文化は，いわゆるポストモダンなどの挑戦を受け，大幅に後退したとされる。文化要因が戦争の抑制に及ぼす影響は，**社会構成主義者**らも研究している。古典になるが，**ハンティントン**が記した『文明の衝突』も，社会アイデンティティの重要性を説くものである。

ただし，文化とアイデンティティ論は，戦争の抑制の可能性だけでなく，対立の原因も生み出すとされる。イスラーム国がキリスト教世界やアメリカに対して示す敵対意識は，文化とアイデンティティが紛争の原因になる可能性も示すものとなっている。

（佐藤丙午）

▷**古典的リアリズム**
⇨Ⅳ-1「リアリズム」

▷**モーゲンソー**
⇨Ⅳ-1「リアリズム」

▷**核兵器**
⇨Ⅻ-2「大量破壊兵器の拡散とその脅威」

▷**人間の安全保障**
⇨Ⅵ-1「国際連合」

▷**DDR（武装解除・動員解除・社会復帰）**
⇨Ⅷ-7「平和構築」

▷**戦争予防**
⇨Ⅷ-6「紛争予防」

▷**社会構成主義者**
⇨Ⅳ-4「コンストラクティヴィズム」

▷**ハンティントン**
⇨Ⅲ-8「『歴史の終わり』かパワーポリティクスの復活か」

Ⅶ　戦争・内戦

3 戦争の原因(2)　国家レベル

1 「第二イメージ」の戦争

ウォルツの規定する「第二イメージ」である国家レベルでは，国家内部に戦争の原因が存在する。国家レベルの戦争は，国内政治の決定メカニズム，国家の経済社会体制などの属性，そしてナショナリズムを含む国家の自己イメージなど，国内政治の論理が原因となる。

国家レベルの特徴が戦争の原因となる代表的な例は，レーニンが主張した帝国主義戦争であるとされる。これは，資本主義国が海外に市場と資源を求めて植民地主義政策を推進するなかで，同じ理由で植民地主義を採用するほかの資本主義国との対立が不可避になる，という説である。レーニンは生産能力と市場のバランスの問題から，資本主義国は必然的に帝国主義化すると予想した。

これに対し，社会主義国は国家のイデオロギーの特徴から対外侵略を行う衝動に駆られる。ソ連共産党は**制限主権論**◁のもとで，チェコスロバキアやハンガリーの民主化運動に軍事的に介入し，これらを抑圧している。20世紀において，日本に併合される屈辱を味わった韓国が，日本固有の領土である**竹島**◁の領有権を主張して軍事的に占領状態に置くのも，国内政治の論理を国際社会の法的秩序より優先させるためである。

▷**制限主権論**
⇨[Ⅲ-5]「冷戦後のアジア(3)米中ソ関係の変転」
▷**竹島**
⇨[ⅩⅢ-6]「近隣諸国との関係(2)領土問題」

2 戦争のコストと利益

国家レベルの戦争の原因論は，政治過程論や外交政策として議論されるため，事実上，すべての戦争の原因を国内要因で説明することが可能となる。国家が戦争の主体である以上，そこには政策決定が存在し，同時に各国の国内政治上の作為が存在する。個人レベルの戦争の原因論では，政策決定者や国家の感情的な要素を考慮する余地が存在したが，国家レベルでは合理主義や物質主義に基づく考慮が優先される。

この理由は，たとえ独裁的な政治指導者であったとしても，国家システムを動員する戦争の場合，国内各所への影響を考慮したうえで，政治決定プロセスを経る必要があるためである。戦争と平和（もしくは妥協や協調）との利得計算を行うと，多くの場合は戦争回避を選択したほうが合理的となる。戦争に伴う物質的な損害のほうが，実施した場合に期待できる経済的利益よりも，多くの場合に大きいからである。

それでも，第二次世界大戦後にソ連がドイツに対して行ったような，工業設備などの剝奪，19世紀の帝国主義勢力がアヘン戦争以降中国に対してすすめた，事実上の植民地化による市場や資源の獲得など，戦争により経済的利益を獲得できた事例も存在した。しかし20世紀後半以降，戦争が利益を生んだ事例は稀であり，むしろ2003年のイラク戦争のアメリカのように，たとえ軍事的には一方的に勝利を収めた場合であっても，政治指導者の交代や，地域の**地政学**に対する影響以上の利得は期待できない場合が多い。イラク戦争では，戦争を開始したG・W・ブッシュ大統領は国内での人気低落に直面した。

▷地政学
⇨コラム4「地政学」

3 国家レベルの戦争の可能性

戦争の違法化が進む世界において，国家レベルの戦争の可能性は完全になくなったわけではない。第一に，戦争のコスト以上に国家や政治指導者の「名誉(prestige)」が重要である場合がある。国家によっては，敵対国の要求や影響に屈するよりも，もし軍事的な勝利の可能性は低く，敗北の可能性があったとしても，戦争に訴える方が国内の支持を動員できる場合がある。

第二に，敵対国による主権の侵害が，国家としての「生存（survival)」に直結する場合には，軍事的手段で侵略を排除することが試みられる。現代の国際社会の下では，個別的もしくは集団的自衛権に基づく武力行使によって行われる。また，条件次第では，イスラエルが近隣諸国の核施設を攻撃したように，予防的な先制攻撃も許容される余地はある。

第三に，機会主義的な考慮による軍事力行使も否定できない。**国連**加盟国の多くにとって，武力行使は厳しい制約のもとに置かれている。国連加盟国には，軍備管理や軍縮による国際合意や，**地域機構**による紛争予防措置など，重層的に安全措置が設けられている。しかし，民族紛争や領土紛争など，小規模な地域紛争に対して，これら安全措置が有効に機能しない可能性がある。

▷国連
⇨Ⅵ-1「国際連合」

▷地域機構
⇨Ⅵ-4「地域機構・制度」

第四に，価値や規範を維持・推進するための軍事力行使も存在する。価値や規範の重要性は国家ごとに異なる。宗教がその代表的な事例であるが，核兵器の不拡散などの規範の実現を，軍事的に達成する場合もある。

4 戦争抑制について

国家レベルの戦争に対しては，多くの抑制措置があるのも事実である。最も著名な例は，カントの永遠平和論に見られるように，市民による功利的な計算と**民主主義**による政策決定過程の公開性が，戦争を抑制する効果を生むというものである。民主主義による戦争抑制効果は，デモクラティック・ピース論でも論じられている。また，経済的相互依存論，国際社会論，統合論など，国家の選考性の変化が，国家の行動を変容させると主張する説は多い。

▷民主主義
⇨Ⅻ-7「民主主義と人権」

（佐藤丙午）

Ⅶ　戦争・内戦

4 戦争の原因(3)　国際システムレベル

1 「第三イメージ」

「第三イメージ」では，戦争の原因を国際システムの状態に求める。国際関係論の**現実主義**は，国際システムの無政府状態が，各国にパワーに基づく自助の体系のもとでの生存の追求を仕向けるとする。国連を含めた国際社会において，完全に公平な調停者や法的秩序の執行者が不存在の場合，国家は自らパワーを増強し，危機の事態に備える必要がある。各国がパワーの増大を図るなかで，相手との関係では，国家は**勢力均衡**や**バンドワゴン**で自身の安全保障を確保しようとする。戦争は，均衡が崩壊する場合や，各国が新たな均衡を模索する際に生じる。

▷現実主義
⇨Ⅳ-1「リアリズム」

▷勢力均衡（balance of power）⇨Ⅷ-1「勢力均衡」，Ⅷ-3「同盟」
▷バンドワゴン（bandwagon）⇨Ⅷ-3「同盟」

国際システムをパワーの状態と見なし，極構造の構築と，その安定性を論じたのがウォルツである。ウォルツは，極構造の国際システムを単極，双極，多極の三つと指摘し，国際政治のダイナミズムを，一つの極構造から別の構造への移行と規定した。この三つの極構造で最もシステムが安定するのは多極構造であるが，ウォルツは冷戦期の二極構造では，核兵器による恐怖の均衡が安定をもたらしたとした。この理論的見解が，1990年代初頭に核兵器の拡散の肯定論を生むことになる。

パワーの状態に地理的概念を加味したのが**地政学**である。地政学にはいくつもの学説が存在するが，大陸国家と海洋国家の関係では，それぞれがシステムの状況を反映した戦略や戦術を採用する必然性を指摘している。

▷地政学
⇨コラム4「地政学」

2 国際システムの不安定要素

国際システムレベルでは，パワーの状態や，脅威の方向性で示される国家の選好性に対応して，システムのダイナミズムが発生するとする。そこでの戦争の原因は，ダイナミズムの管理に失敗した場合，それぞれの国家が国際システムの現状を誤解して行動した場合，あるいはシステムの変動期に機会主義的に行動した場合となる。一般的に国際システムを構成する国家は，戦争の回避のメリットを理解しており，システム変動期には慎重に行動する傾向がある。しかし，「**トゥキディデスの罠**」のように，大国間の戦争の不可避論を主張する研究者も存在する。

▷トゥキディデスの罠
⇨コラム5「米中戦争は不可避か」

国際システムレベルでは，システム変動期の政策判断の誤りが戦争に発展する場合が多いため，個人レベルおよび国家レベルとの組み合わせで戦争の原因が語られるケースが多い。国際関係論の現実主義では，ユニットの行動に際して合理主義とともに最適主義を想定するが，戦争の原因論においても，個人および国家レベルの説明として，最適主義が組み込まれている。

これに対して，パワーの変化に対する国家の合理主義を前提とする**覇権安定論**が存在する。覇権安定論では，覇権国による国際秩序の管理の方法，そして覇権交代に伴う国際秩序の動揺などを説明する。覇権国は秩序維持のために国際公共財を負担するが，秩序に対する挑戦国はそれに「ただ乗り」して利用し，パワーの増大に努める。覇権国と挑戦国のパワーがどこかの時点で逆転すると，覇権交代が発生するのである。この一連のプロセスにおいて，覇権国と挑戦国の大戦争が発生したあとに，覇権の交代が起こるとの説と，交代の瞬間の前後の時期に戦争が生じる，などの説が存在する。

▷覇権安定論
⇨Ⅷ-2「覇権」

3 攻撃と防御

覇権安定論はマクロな秩序の変動を説明するが，国家によるパワーへの反応をミクロな観点から説明することも可能である。すなわち，国家が自助体系のもとで安全保障を追求する際に，勢力均衡が安定確保の方法となる。そして，その手段として，自国のパワーを最大化する方法（攻撃的現実主義）と，自国の相対的立場を保護する方法（防御的現実主義）が存在する。

自国のパワーの増大は，相手国による対抗的なパワーの増大や反対同盟の形成を招き，場合によっては相手国より自国のパワーを減少させるための攻撃を招く可能性がある。攻撃的現実主義は，反対同盟の形成の蓋然性を慎重に評価しており，同盟を構成しようとする国の間での脅威認識等の相違により，同盟自体が非効果的である場合や，対応の先送りする可能性を指摘する。

防御的現実主義は，安全保障のジレンマの問題が不安定の主要な原因であると指摘する。国家はパワーではなく，脅威認識に反応することを基本とするが，脅威の本質である軍事力の特徴や，軍事力の質の差が不明であるために安全保障のジレンマが生じる。脅威対象国は，合理的な存在ではなく「貪欲な国家」であるかもしれず，相手の軍事力は防衛目的ではなく攻撃目的な動機に基づいたものかもしれない。このため，このジレンマに直面した国は，新兵器の獲得競争，拡張主義的政策，あるいは競争的な政策などを選択する可能性がある。

4 不安定性と戦争

国際システムレベルでは，国際関係における不安定性が戦争の可能性につながることを説明するが，具体的に戦争がどのように勃発するか，という点を説明できない。これは，戦争が抑制されるメカニズムにおいても同様であり，しばしば抑止の実効的な意味が問われる原因の一つにもなっている。　（佐藤丙午）

Ⅶ　戦争・内戦

5 内　戦

1 内戦の類型と傾向

内戦とは，政府とそれに対抗する非政府勢力が国家の領土的，政治的な主権を巡って争う国内武力紛争であり，第一義的に国内のアクターによる争いである。**図Ⅶ-1**は1946年以降の国内及び国家間紛争の件数の推移を示している。第二次世界大戦直後は10件前後であった国内紛争の件数は，1960～70年代にかけて大きく増加する。その後，1990年代前半をピークに減少するものの，2010年代半ばに至って再び増加している。ここでの件数は小規模な武力衝突から多くの死者を伴う大規模な紛争までを含んでいるが，いずれも反政府武装組織が政府の転覆や政権の奪取を目論んでいたり（政府・政権），特定地域の自治や国家からの分離独立を求めていたりするなど（自治・分離独立），国家の内的主権に挑戦しようとしている点に特徴がある。こうした内戦は，現在でもアジア，アフリカ，中東を中心に世界各地で数多く起きている。

一方で，国家間における武力紛争の件数は5件以内で推移しており，内戦と比べるとその頻度は低い。このことから，現代における武力紛争は内戦が中心となっていることがわかる。

2 内戦の発生要因

内戦の発生要因は国家の政治，経済，社会の各側面から捉えることができる。例えば，民主体制下では，市民は選挙などの合法的な手続きによって意見を表出することができ，あえて危険な紛争行動に打って出る必要性が低い。一方で，非民主主義的な体制下では，そうした手段が利用可能でなく，人々は武力に訴える以外の選択肢を持っていないことも多い。ただし，そうした状況下では，反政府活動は厳しい弾圧に晒されることも往々にしてあり，行動のリスクが高い。このことから，内戦発生の可能性が高まるのは両者の中間に位置づけられる政治体制下であるとの指摘がある。また，国家の統治能力は地方部を含む国土での行政執行や治安維持を可能にするが，この能力が低い国家は反政府武装組織の活動を効果的に取り締まることができない。このような国家の地方部に対する影響力は，険しい地形が役人や兵員の配置を難し

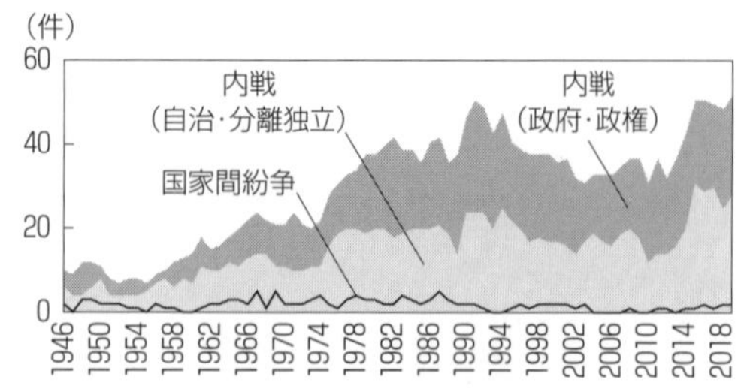

図Ⅶ-1　内戦・国家間紛争の件数

出所：UCDP/PRIO 武力紛争データセットをもとに筆者作成。

くすることから制限されることもある。

経済的な不平等も現状を変えたいという動機を市民にもたらしうる。とくに自らが望む状況と現実の間の差が大きければ大きいほど，人々の不満は増大する。一方で，現在の生活から得られる利益が少なければ，反政府武装組織に参加することで失われるものも少なくなり，人々が武力闘争に参加する障壁も低くなる。石油，ダイヤモンド，麻薬などの換金性の高い天然資源は反政府武装組織の大きな資金源となるため，これに起因する金銭的な動機も見逃せない。

こうした要因は，民族や宗教などの社会的多様性が存在した場合に内戦発生のリスクを左右する。多様な民族や宗教はそれ自体が内戦の直接的な原因になることは多くないが，政治経済的な格差や不平等を存続させるような制度のもとでは，待遇の是正や体制の変革を求めて人々が武力に訴える可能性が高まる。

3 内戦と国際社会

内戦は一国内のアクター間における武力紛争であるが，しばしば外国勢力による介入を受ける。UCDP/PRIO 武力紛争データセットによれば，第二次世界大戦以降のこうした内戦の事例は10件以内で推移してきたが，2010年代半ばから増加しはじめ，2019年には20件を超えている。

コンゴ民主共和国では，武力闘争によって権力を得たローラン・カビラが一部勢力を政権から排除したことがきっかけで，1998年に内戦が勃発した。政府側にはアンゴラ，ジンバブエ，スーダン，チャド，ナミビアが軍事支援を行い，反政府諸勢力にはウガンダ，ブルンジ，ルワンダが支援を行った。国境をまたいで居住する民族の対立や鉱物資源の利権をめぐる争いも背景にあり，周辺8カ国がこの内戦に関わることとなった。また，**アラブの春**に端を発するシリアの民主化運動は，アサド政権による弾圧を受け，武装化を進めることとなった。2011年には政府と反政府武装勢力との間の戦闘が激化の一途をたどり，内戦状態に陥った。これには，アサド政権の打倒を目論むアメリカやフランスなどの勢力や，逆に政権を支援するロシアやイランなどが介入を行い，対立の構図が極めて複雑となっている。シリア内戦は多くの難民や国内避難民を生み出すだけでなく，**ISIL** のような武装集団の温床ともなった。

市民に甚大な被害をもたらす内戦は国際社会が解決すべき大きな課題である。国連は1990年代初めより，**平和維持活動（PKO）**の制度を整え，多くのミッションを世界各地に展開してきた。それに加えて，文民スタッフが和平調停や仲介活動を担う特別政治ミッションや特使の派遣も多く実施されており，2021年4月段階で12の PKO ミッションと25の特別政治ミッション・特使オフィスの設置がみられる。また**欧州連合（EU）**，**北大西洋条約機構（NATO）**，**アフリカ連合（AU）**などの地域機構も域内の内戦に対処すべく，PKO ミッションや紛争当事者間の調停・仲介活動を展開している。 （窪田悠一）

▷アラブの春
⇨ XI-11「中東——綻ぶ主権国家体系」

▷ ISIL
ISIL は，イラク・シリアの国境地域を中心に活動するイスラーム過激派組織である。イスラーム共同体の指導者のもとで運営される国家の樹立を目指すとされ，2015年にはイラク北部，シリア東部・北部などの地域を支配した。

▷平和維持活動（PKO）
⇨ VI-1「国際連合」

▷欧州連合（EU）
⇨ XI-3「主権国家を乗り越えられない EU」

▷ 北大西洋条約機構（NATO）
⇨ XI-2「漂流の危機にある NATO」

▷アフリカ連合（AU）
⇨ XI-12「アフリカと地域主義」

推薦図書
東大作『内戦と和平——現代戦争をどう終わらせるか』中央公論新社，2020年。

Ⅶ　戦争・内戦

 紛争研究における計量的アプローチ

▷**戦争**
⇨Ⅶ-１「戦争の類型」
▷**内戦**
⇨Ⅶ-５「内戦」

1 紛争の統計データと計量分析

戦争や**内戦**を含む武力紛争の研究では，計量的な分析手法がしばしば用いられる。紛争研究における計量的アプローチの利点は，紛争の発生原因や動態について，特定の文脈を超えるような一般的な知見を導き出すことができるという点にある。こうした分析の土台にあるのは，一定のルールに基づいてリストアップされた紛争事例の特徴を盛り込んだ観察データや，個人の価値観や意見に関する個票データの存在である。

これらのデータには，ケース（紛争事例，個人）ごとに紛争発生・関与の有無やその要因と考えられるさまざまな条件の情報（変数）が含まれており，これらは数値によって表現されることで，統計学的手法による分析が可能になる。分析の最大の目的は，相関関係や因果関係といった変数間の関係を明らかにすることであり，**回帰分析**などの方法がよく用いられる。ここでは特定の紛争事例や個人に関する個別の事情というよりは，より一般的な紛争メカニズムの傾向の解明に重きが置かれる。

▷**回帰分析**
回帰分析とは，特定の関数をデータの分布に当てはめることなどによって，応答変数の変動を説明変数の変動により説明する手法である。

▷**コーディング・ルール**
コーディング・ルールとは，分析に用いるデータにどのようなケースを含めるかを定めた方針である。

そのため，計量分析に用いるデータには多くのケースが含まれている。ただし，分析の直接の対象となるのは，すべての紛争事例や調査対象者のうち，特定の**コーディング・ルール**や抽出方法によって選ばれた標本であることに注意が必要である。つまり，計量的アプローチでは，入手可能な標本の分析を通じて，通常は知り得ない母集団の特徴を推定することになる。このプロセスには常に不確実性が存在するため，母集団における変数間の関係性は確率論的に理解される。たとえば，一定の期間に戦争や内戦が発生する確率がどの程度あり，ある条件が変化するとそれがどのように増減するかという点が分析上の関心となる。

2 戦争の計量分析

定量的に戦争を把握する試みは第二次世界大戦終了前からはじまっており，それに続く研究の基礎を築いた。たとえば，国土面積，人口，経済力，軍事力といった国家の属性は戦争発生のリスクに影響を及ぼす有力な変数である。こうした属性は国力の基礎となり，国家の対外的な強制力の強弱を決定づける。そのため，国力の急速な増減は国家間のパワー・バランスを崩すことで戦争の

リスクが高まることが指摘された。

戦争発生のリスクを下げる有力な要因として考えられているのが，**民主的な政治体制**である。民主体制下では，国家の政治的な意思決定が議会などの場を通じた合議でなされる。そのような制度のもとでは，他国に対する武力行使というような重要な決定には，**執政府**や**立法府**内の多くのアクターが関与することになる。民主主義国では，このような交渉の過程は自由な報道によって公にされていることも多く，当該国の意図や能力についてもある程度見極めることが可能である。また，政策決定者は自身の外交姿勢について国民の評価に常にさらされており，このことが彼らに虚勢的な脅しを他国にかけることを思いとどまらせ，交渉による妥協の余地が生まれる。ただし，これらの議論に関する計量分析からは，民主主義国自体が戦争に関わらないということではなく，民主主義国間では武力紛争の可能性が低くなるということが示唆されている。

▷民主的な政治体制
⇨ Ⅻ-7「民主主義と人権」

▷執政府
執政府とは，行政を行う権利を有する組織である。議院内閣制のもとでは内閣，大統領制のもとでは大統領府がこれにあたる。

▷立法府
立法府とは，法律を定立させる権利を有する組織である。近代国家では，国民による投票などによって選ばれた代議士によって構成される議会がこれにあたる。

3 内戦の計量分析

前節で紹介された内戦研究の知見には計量的アプローチによって得られたものが多くある（Ⅶ-5「内戦」）。たとえば，貧困下にある人々が紛争への参加によって失うものが少なく，逆に（反乱軍）兵士として不法な経済活動から得られる利益が多い状況において内戦のリスクが高まるという仮説は，経済構造・発展の度合いや天然資源の有無に加えて，政治体制，社会的多様性，地形などの国家の構造的背景を数値的に測定し，それらと内戦発生との関係を分析することで検証された。

国家を分析単位とした計量分析は，内戦のマクロ要因を特定するために有用である。しかしながら，国内の暴力の強度や頻度の偏在性を考慮すると，これらを国レベルの変数で説明するアプローチは必ずしも適切とはいえない。そのため，より狭い地理的範囲で内戦の要因を探る試みが進められている。たとえばそれらは，四方の格子上の地域を設定し，そこにおける地形，民族集団の分布，反政府武装組織にとって収奪しやすい天然資源の有無などを変数化したり，村落レベルでの社会経済状況や軍事組織による統治の存在を調べたりすることによって，内戦の動態を詳しく検証している。

内戦という暴力形態が観察されるのは，個々の市民が武器を取り紛争行動に加わるからである。個人の紛争参加の動機に関する実証データは質問票調査などによって収集されている。こうした個票レベルのデータは，いかなる属性を持った個人や社会集団が紛争行動に参加し，実際に暴力に巻き込まれるのか（あるいは引き起こすのか），といった重要な問いに答えることを可能にしている。また，暴力被害が市民の行動や意識にどのような影響を及ぼすのかについて直接的に観察することができるという点で，これらは定量的な内戦研究における重要なデータとなっている。

（窪田悠一）

推薦図書

多湖淳『戦争とは何か——国際政治学の挑戦』中央公論新社，2020年。

コラム-7

人工知能は戦争を変えるか――人間不在の戦場

近年，技術の急速な進化に伴い，軍事用技術と市民生活を向上する技術（民生技術）の境界が，ますます曖昧なものになっている。そもそも，インターネット，GPS，光ファイバーケーブルなどの革新的な技術は，当初軍事用として開発，実用化され，その後，民生技術へと転用される（スピンオフ）ことによって，市民生活の利便性を高めるという流れが一般的であった。しかし，昨今の技術革新の急激な波は，さまざまなニーズと結びつき，開発された民生技術が軍事的に利用されるという逆転現象が多くみられている。たとえば，自律航行可能なドローン技術，自動運転に不可欠な画像認識技術，高度な圧縮技術に裏打ちされたビッグデータ技術，これらは実用化の段階にある民生技術であるが，いずれも軍事技術への転用（スピンオン）が進められている。とりわけ中国は，この両用技術の流れに着目して，国家戦略として民生技術の軍事技術への効率的転用を図る「軍民融合」政策を推進しており，国内で重点的な開発をすすめるスーパーコンピュータ，人工知能（AI），ロボット，3D プリンタなどの先進技術の数々は，中国人民解放軍の将来の戦い方にも直接的に大きな影響を与えるであろう。

これら先進技術の中核を占めるのは，AI（頭脳）とそれを搭載する自律化システム（身体）である。AI は，アルゴリズムとデータ入力によって進化を続けるデジタルエコシステム（生態系）であり，その能力と用途によって，個別の領域に特化して人間に等しい能力を発揮する「特化型 AI」（ANI）と，異なる領域で多様かつ複雑な問題を解決することが可能で，人間の知能を超えるような「汎用 AI」（AGI）に大別される。当面実現する可能性が低い AGI に対して，機能特化した ANI については，家電製品やマーケティング部門への導入を通じて，われわれの生活に溶け込んでおり，安全保障や軍事の面でも，ANI 実用化へ向けての動きがはじまっている。

2003年のイラク戦争以降，兵器の無人化や自律性の向上は，戦闘における兵士の犠牲を抑えることや，誤爆・誤射などのヒューマンエラーを回避することに役立っており，軍事作戦自体も迅速化，効率化することから軍事的利点は高く，今後，ANI を搭載する自律システムの開発，実用化はより一般化するであろう。たとえば，実証的な使用と新たなデータの入力によって進化を続けるANIは，蓄積されたビッグデータと予測分析の技術を活用して，多様な事態対処に係る行動オプションを捻出し，戦場という特殊なストレス環境下で実施される軍事作戦の迅速性と効率性を増大することが期待される。今後，世界規模で開発競争が過熱する高速処理の半導体技術に加え，量子特性に基づく量子計算機，高精度センサー，超高速ネットワークなどの開発によって，ANI能力の飛躍的拡充とともに，そのANIを搭載する自律化システムの汎用性は飛躍的に高まるものとみられる。

しかし，それは，将来，人間の介入なしに，目標を自ら選別して攻撃することがプログラムされた，完全な自律性を備えた兵器が開発，配備されることへの懸念にも結びつくことになる。それは，人間が関与しないまま，自動的に戦闘のタイミングと場所を選択し，攻撃目標に照準を定めて破壊，殺害する兵器に等しく，自律型致死兵器システム（LAWS）と呼ばれる。現在，非人道的な効果を有する特定の通常兵器の使用を禁止または制限する特定通常兵器使用禁止制限条約（CCW）の政府専門家会合（GGE）において，LAWSに関する人道や国際法の観点からさまざまな議論や調整が続けられている。しかしながら，この国際的な枠組みにおける議論は，LAWSは実際に現存する装備品ではないこともあって，その定義自体について合意するまでにも至っていない状況である。

このような新たな課題に対して，国際的な法的整備や規制づくりにはプロセスの慎重さと丁寧さが必要であることはいうまでもないが，LAWSに関して，人間の予想を超える急激な技術の進化と国際的なコンセンサスへ向けた努力との時間不整合性が増すことで，何ら国際的規制などがないまま，事実上，国際社会がAIの軍事利用を黙認せざる得ない事態が起きることが懸念される。日本として，国際法的な規制枠組みが準備されないなかで，人間と同じ価値判断を持たないLAWSによって人間の関わることのない戦闘が生起しないよう，問題意識を共有し得る国家間で合意や規制枠組みの整備などを急ぐ努力を優先すべきであろう。

（長島　純）

VIII　平和・秩序

1 勢力均衡

1 無政府状態と勢力均衡

国内社会では，その秩序と安寧を乱す者が現れた場合，これを政府が警察力，場合によっては軍事力を用いて平和と安定を回復する。しかし，一国が他の国により侵略される，もしくは攻撃を受けた場合に，攻撃された国を助けてくれる，国内社会の警察や軍のような役割を果たす，実力組織を伴った中央権力機構にあたる組織は，基本的に国際社会には存在しない。このように，国家が自らの力で平和と安定を確保し，国益を求めて行動せざるを得ない状況を**無政府状態（アナーキー）**と呼んだ。そして，この無政府状態という国内社会とは異なる国際社会構造が，戦争や紛争の主たる原因とする考え方もある。

▷無政府状態（アナーキー）
国家など社会集団において，支配や統制がなく，政府が存在しない，もしくは，政治的に無秩序な状態のこと。ホッブス（Thomas Hobbes, 1588-1679）はこうした状況を「万人の万人に対する闘争」と表現した。

それでは，このように無政府状態である国際社会で平和や安定が実現するのはどのような場合であるか。それは各国家が資源の獲得や領土の拡張といった自らの国益を追求するなかで，結果として各国家の国力，特に軍事力が均衡し，紛争や戦争が起こらない安定した状況が生じることがあり，これを勢力均衡と呼ぶ。この場合は，結果として生じる勢力均衡，または勢力均衡状態ということができる。

しかし，勢力均衡は，各国が自国の国益を追求するなかで半ば偶発的に生じるだけでなく，勢力均衡の実現を意図して各国が外交政策や軍事的措置をとることもある。具体的には，強国が出現した場合に，自国の生存や安全を確保する手段として，自国の軍事力や経済力を増強する，また，他国と**同盟**を組むことで，強国が秩序を乱す行動をあらかじめ抑制しようとするものである。この場合の勢力均衡は，各国が自らの平和と安全を確保する政策としてとりうる手段であり，勢力均衡策ということができる。

▷同盟
⇨ VIII-3 「同盟」

2 ヨーロッパにおける勢力均衡

歴史的にも勢力均衡策は，外交・防衛政策として頻繁に用いられてきた。とくにヨーロッパでは，ナポレオン戦争後の1815年に開かれたウィーン会議で，当時の五大国（イギリス，フランス，オーストリア，ロシア，プロイセン）が，絶対王政の維持とフランスを抑えることを目的として，神聖同盟や四国同盟を結成し，勢力均衡策を実施した。これ以後，ヨーロッパは比較的戦争や紛争の少ない安定した期間を迎え，**「ウィーン体制」**もしくは「ヨーロッパ協調」といわ

▷「ウィーン体制」
⇨ I-3 「国民国家の発展と帝国主義」

れた。その後，プロイセンの宰相であった**ビスマルク**は，フランス，イギリス，ロシア，オーストリアといった大国を相互に牽制させつつも，ヨーロッパの大国間の協調を基本的には維持するなかで，ドイツの統一，発展と拡大を意図し，実現した。ビスマルクの富国強兵政策と外交政策は，**リアルポリティーク**と呼ばれるが，勢力均衡策の一例である。さらには，ナポレオン戦争以後のイギリスも，ヨーロッパ大陸での勢力均衡を重視し，やがて「光栄ある孤立」という，大陸での大国間の均衡が崩れた場合にのみ，イギリスは大陸に介入するという政策を実践した。これも勢力均衡策であるが，イギリスにはヨーロッパ大陸の安定が，自国の海外植民地の拡大と海上覇権の維持に資するという，したたかな国益の計算があったことにも注意する必要がある。

しかし，国際関係論として勢力均衡を考える場合，国力（パワー）を測定することは決して容易ではなく，また，勢力が均衡しているのか，それとも不均衡の状態にあるのかは，実際の指導者や政策当局者の認識によるところも大きく，ある一国が勢力均衡を回復することを意図して軍備拡大政策をとったとしても，それを脅威と感じて軍備を拡大する国が出現すれば軍拡競争へと発展し，**安全保障のジレンマ**に陥ってしまうことも往々にしてある。

3 第一次世界大戦とその後の勢力均衡

政策論としての勢力均衡は，第一次世界大戦が未曾有の規模の被害を出したとの反省を踏まえ，アメリカの**ウィルソン**大統領により不道徳なものとして忌避された。なぜなら，ヨーロッパでの勢力均衡策は，三国同盟と三国協商の硬直的な対立へと導き，同盟という名の勢力均衡策は戦争を防ぐどころか，むしろ戦争を拡大させたと考えられたからである。つまり，第一次世界大戦は勢力均衡政策の破綻を如実に示すものとされたのである。

しかし，**ウィルソン主義**を反映した理想主義的な**ヴェルサイユ体制**は，20年足らずで破綻し，第一次大戦以上の被害を出す第二次世界大戦へと至った。ヴェルサイユ体制が破綻した主な原因の一つとしては，戦争を違法化すれば平和を実現できるとし，現実的な各国の力の均衡を考慮しなかったことが挙げられる。

以上のような反省を踏まえ，勢力均衡の実現だけでは，大国間の安定的な平和や安全保障を実現するためには，十分ではないことも事実であるが，安定的な平和や安全保障の実現のためには勢力均衡が必要である。つまり，持続的な平和や安全保障を実現するためには，勢力均衡に加え，どのような要因，たとえば，経済的な相互依存や共通の価値観の共有といった要因が必要であるか，これら要因が相互にどのように影響を及ぼしているかを検討することが国際関係論の課題であるといってもよい。

（西田竜也）

▷ビスマルク
⇨Ⅰ-3「国民国家の発展と帝国主義」

▷リアルポリティーク
一般に現実主義の政治といわれ，政治は，道徳や理想によってではなく，現実の利害や国益のために行い，そして，そのためには権力を行使してでも行われるべきであるという考え方。

▷安全保障のジレンマ
⇨Ⅷ-5「協調的安全保障」

▷ウィルソン
⇨Ⅱ-2「ヴェルサイユ体制と集団安全保障」

▷ウィルソン主義
秘密外交の禁止，軍縮，民族自決，国際連盟の設立など，これまでの外交や国際関係のあり方とは異なる考え方で，第28代アメリカ大統領ウィルソンにより提唱された。

▷ヴェルサイユ体制
⇨Ⅱ-2「ヴェルサイユ体制と集団安全保障」

VIII　平和・秩序

覇　権

1 グローバル覇権と地域覇権

国際関係における覇権は，一般に一国が軍事的，政治的そして経済的にも他国より優越する国力を有し，支配することを意味するが，否定的な意味だけを持つわけではない。覇権国家を他の国家より圧倒的な軍事力と経済力を持ち，自国の利益に沿って国際システムを構築し維持できる国家とし，覇権を持つ国，つまり覇権国家が発揮するリーダーシップを積極的に評価する意味もある。

具体的には，覇権をすべての地域や国で軍事的，政治的そして経済的にも他国より優越する国力を有し，支配することと考え，力とくに軍事力による世界制覇，もしくはグローバルな覇権を実現することは現実的ではない。歴史的にも，ローマ帝国やナポレオンはヨーロッパ大陸を超えて広域の支配を実現したが，支配が世界全体に及んでいたわけではない。

ミアシャイマーは，覇権を地域覇権とグローバル覇権に分けて考える。具体的に，地域覇権とは世界の主要な大陸の一つでの覇権の確立を意味し，アメリカはアメリカ大陸での地域覇権を達成しているとする。そして，アメリカにとっての最適戦略は，アメリカ大陸以外の大陸，とくにユーラシア大陸でのほかの国による覇権獲得を阻止することにあるとする。歴史的にもロシア，中国，フランス，ドイツなど覇権を目指す国が出現してきたユーラシア大陸で，覇権国の出現を阻止することが重要であるという。つまり，アメリカが世界で唯一の地域覇権国家となることで，結局のところグローバル覇権を実現できるというものであり，実際20世紀以降アメリカはこの戦略を実践してきたという。

▷ミアシャイマー
⇨ III-8 「「歴史の終わり」かパワーポリティクスの復活か——冷戦後の世界」

2 覇権安定論

覇権国家は，従う国家を単に力により支配するだけではなく，普遍的なルールや自由貿易といった国際的な**公共財**の提供を通じて，ほかの国家からの積極的な同意や参加を得ることで，国際システムの安定を実現することも可能であるとされる。これを「覇権安定論」という。覇権安定論は，各国間の国力が均衡せずに，むしろ覇権国のように突出した国力を有する国家が存在することで国際システムは安定するとしており，**勢力均衡**とは異なる考え方である。しかし，覇権国家がみな安定的な国際システムの構築を目指すかというとそういうわけではない。安定的な国際システムを実現した例としては，古くはローマ帝

▷公共財と国際公共財
誰かが消費しても，ほかの誰かが消費することができなくなることもなく（非排除性），また，得られる効用や便益が低下するわけでもない（非競合性）財のことを指す。国際公共財とは国際関係における公共財のことで，航行の自由や自由貿易体制などがその例である。

▷勢力均衡
⇨ VIII-1 「勢力均衡」

国，**パックス・ブリタニカ**，そして**パックス・アメリカーナ**が挙げられる。

それでは，なぜ覇権国により国際システムは安定するのか。覇権国は自国の利益を獲得し最大化するために国際システムを構築する。しかし，その国際システムが，覇権国以外の国家も排除されず利用できる公共財としての性格を持ち，ほかの国の利益にもなるのであれば，そのような覇権国が構築する国際システムに参加する国は増えると予想される。覇権国は国際システムを構築し維持するために大きなコストを負う一方，覇権国以外の国は国際システムの構築と維持のためのコストは支払わずにただ乗りするか，もしくは，低いコストで，国際システムからの利益を受けられることとなる。このように，覇権国が提供する国際システムが，それ以外の国にも利益になる限り，利益を享受する国は，覇権国が構築した国際システムを受け入れ，覇権国に対して挑戦しようとはしないだろう。その結果として，国際システムは安定すると考えられるのである。また，覇権国にしても，自らが構築したシステムをほかの国が受け入れ，構築のために負担したコスト以上の利益を得られるのであれば，こうした負担を負うことに異存はないと考えられるのである。

3 覇権の循環と覇権戦争

しかし，覇権国が自国の利益に適った国際システムを構築したとしても，国際システムを維持するためのコストが，そのシステムから得られる利益より高くなると，覇権国の衰退がはじまる。具体的には，覇権国は貿易や通商ルートの安全を確保するために，海外に軍事力を展開し維持するなど，対外関与の行き過ぎた拡大により，費用が利益を大きく上回るようになる。その一方で，覇権国以外の国は，国際システムの維持にコストを十分負担することはないだろう。加えて，覇権国の軍事力ないし経済力の支えとなっていた科学技術が，覇権国以外の国に拡散し，もしくは，覇権国以外の国が後発国の利点を活かしてより急速に競争力を高め，高い経済成長を実現することで，覇権国を支えていた経済的もしくは技術的な優位も崩れてしまうかもしれない。

さらに，覇権国以外の国が国力を高め，既存の国際システムから得られる利益より，国際システムを修正もしくは変更することで得られる利益が高い場合，覇権国が構築した国際システムの変更に挑む「挑戦国」が現れるかもしれない。こうして，衰退する覇権国と台頭する挑戦国との間で，国際システムのあり方を巡って対立が起こる。その対立は「覇権戦争」に至ることもある。**アリソン**の研究によれば，15世紀以降の16の覇権争いのうち戦争に至ったのは12ケースという。

このように，覇権を獲得し，自らの利益に沿った国際システムを構築し，一定の期間優位を保つことができたとしても，いずれほかの国の挑戦を受け，衰退するというのが，歴史の教えるところなのかもしれない。　　（西田竜也）

▶パックス・ブリタニカ (Pax Britannica)
イギリスによる平和。19世紀から20世紀にかけて七つの海を支配し，海上覇権を実現した大英帝国が，航行の自由，通商と自由貿易体制を維持することで実現した国際政治経済秩序の安定のこと。

▶パックス・アメリカーナ (Pax Americana)
アメリカによる平和。第二次世界大戦後，アメリカが中心となって構築した比較的安定した国際政治経済秩序のこと。経済的には国際通貨基金（IMF），関税と貿易に関する一般協定（GATT），世界銀行からなるブレトンウッズ体制，軍事的には世界各地に張り巡らされた米軍基地と同盟ネットワークを基盤とする。

▶アリソン（Graham Allison, 1940–）アメリカの政治学者。

VIII　平和・秩序

3 同　盟

1 多様な同盟

同盟とは，一般には複数国家が安全保障上の協力を約束する関係をいう。主な目的は第三国からの武力攻撃に対する共同防衛であることが多く，共通の脅威に直面した国家が共同で対処するために同盟を形成する。ただし，具体的な同盟の内容は多様であり，危機に陥った場合に共同行動をとる旨の宣言に留めるものから，同盟国の領域内に軍隊を駐留させる，同盟国に施設を提供する，共同演習や軍事援助を行う，共通戦略や共同作戦計画を策定する，さらには，加盟国の軍隊を単一の指揮命令系統に統合するものなど多様である。**NATO**は，平時から加盟国の軍隊を統合し，巨大な軍事同盟機構を構築しているという意味で，特殊な例である。また，こうした同盟に関わる約束は，条約や協定として明文化されることが多いが，アメリカとイスラエルの関係のように条約に基づかない「事実上の同盟」もある。

▷ NATO
⇨XI-2「漂流の危機にあるNATO」

2 同盟の形成要因

勢力均衡論に従えば，国家は生存と安全を確保するために，自らの生存を脅かす強大国の出現を防ぐために，「力の均衡」を維持する傾向があるということになり，同盟も勢力均衡を維持するために形成される一つの手段である。しかし，国家の生存に対する脅威となるのは，国力が大きい国家に限られるわけではない。「脅威の均衡理論」によれば，脅威を構成するのは，軍事力や経済力だけでなく，国家の意図や認識，そして地理的な距離といった国家の置かれた地政学的状況なども含まれるとする。

▷勢力均衡
⇨VIII-1「勢力均衡」

実際，国家は対外脅威に直面した場合には，さまざまな戦略をとりうる。たとえば，国家は脅威に対抗するために，自国の防衛能力を強化して自国のみで脅威に対抗する（自主防衛），もしくは，同じように脅威にさらされた国家と協力して脅威に対抗する（同盟），さらには，自国は直接に関与せず他の国家をうまく利用して域外脅威に対抗させる（バックパッシング）かもしれない。また，国家は対外脅威に直面しても脅威に対抗しない戦略を採ることも可能である。具体的には，中立を宣言したり，脅威となる国と融和を試みたり，さらには，脅威となる国におもねり同盟を結んだり（バンドワゴニング）するかもしれない。しかし，バンドワゴニング戦略をとった場合，最終的には強大になった脅威となる国に征服される，もしくは支配されてしまうかもしれない。

このように，国家はさまざまな戦略をとりうるが，個々の戦略には，一長一短がある。たとえば，バックパッシング戦略を選択した場合，成功すれば自らはコストを負担せずに，もしくは低いコストで，他国を対外脅威に対抗させ，自国の安全保障を実現できるが，思惑通りに他国が脅威に対抗する役割を引き受けてくれる保証はない。反対に，自主防衛の場合，他国の動向を心配する必要はなくなる半面，国家は脅威に対抗するコストを自国ですべて負担しなければならない。同盟を形成する場合，対外脅威に対抗するコストを分担できる長所がある一方，同盟を組むパートナーが自国の期待通りに，有事の際に支援に駆けつけてくれるかという信憑性の問題が生じる。

3 非対称性の同盟

同盟のなかには同盟国間の国力の格差が大きい場合があり，非対称性の同盟と呼ばれる。対外脅威に対抗することが同盟の主な役割と考えるならば，国家は国力の大きい国と同盟を結ぶ方がよいはずであるが，実際には小国との間の同盟もみられる。それでは，国家はなぜ国力が小さい国とも同盟を結ぶことを望むのか。国力の小さい国はたしかに国力，とくに軍事力による貢献という意味では，大きな貢献はできないかもしれないが，たとえば基地，港湾，飛行場の提供，または政策協調を通じて，同盟国の活動範囲や行動の自由を拡大することができる。そして，こうした便宜を提供する見返りとして，大国から自国の安全を保障してもらうのである。具体的には，NATO 加盟国である**アイスランド**◁や**日米同盟**◁がよい例である。

4 同盟のジレンマと同盟の信頼性

既述の通り，国家は同盟形成により，抑止力や防衛力を強化し，また，防衛コストを他国と分担できるという長所がある半面，同盟関係に特有の問題もある。具体的には，同盟関係にある国家は自国が危機に陥った際に同盟国が確実に自国の支援に駆けつけるよう同盟関係を強めたいと考えるかもしれないが，関係を強化しすぎると却って，自らは望まなくても同盟のパートナーが関与する戦争に巻き込まれる可能性がある（「巻き込まれ」の不安）。そして「巻き込まれ」の不安を解消するべく，今度は同盟国との関係を弱めすぎると反対に，危機の際にパートナーが自国を見捨てるのではないかという不安が生じる（「見捨てられ」の不安）。これは**「同盟のジレンマ」**◁と呼ばれる。こうした問題は，結局のところ同盟の信頼性の問題に行きつくのであり，安全保障に関する約束の成否が国家の生存を左右することを鑑みた場合，同盟国の双方が完全に納得できる同盟関係を築くことは容易ではないのである。

（西田竜也）

▷アイスランドとNATO
アイスランドは軍事力を保有しないが，大西洋の要衝にある地理的条件を活かして基地や施設の提供し，またNATO 軍の駐留を認めることで同盟国として重要な役割を果たしてきた。その一方でNATOの加盟国として集団防衛の恩恵を受け，自国の安全保障を確保している。

▷日米同盟
1951年に旧日米安全保障条約が締結された時には，戦後間もない日本の国力が低く，非対称性が強かった。その後，高度経済成長を経て日本の国力は大きくなったものの，日米間の相互防衛が完全に実現されているとはいいがたい。また，米軍にとって在日米軍基地の重要性を考えると，日米同盟はいまだ非対称性の強い同盟といえよう。

▷同盟のジレンマ
日米同盟も同盟のジレンマと無縁ではない。冷戦期にアメリカがベトナム戦争への関与を深めていく過程では，アメリカとの同盟関係ゆえに日本も戦争に巻き込まれるのではないかという不安があった。一方，1990年の湾岸戦争時には，日本による軍事的な貢献は憲法上の制約もあり困難とされていた時に，アメリカから見捨てられるのではないかという懸念が強まった。

コラム-8

ミサイル防衛――終わることのない戦い

国の領域外から飛来する空からの脅威への総合的な対処の取り組みを，統合防空ミサイル防衛（IAMD）と定義する。弾道ミサイル（核・生物・化学兵器などの重量物を弾頭に搭載して，ロケットエンジンによって大気圏前後の高高度まで上昇し，放物線を描いて目標に落下してゆくミサイル），巡航ミサイル（核兵器または非核兵器を搭載して，ジェットエンジンによって低空を飛翔してほぼ目標を直撃するミサイル）や航空機などが，その脅威の代表的な例であり，それらを総称して，経空脅威と呼ぶ。1998年から2017年までの間に，核兵器およびそれらを搭載する弾道ミサイルの開発を進める北朝鮮は，日本上空を越える同ミサイル発射を6回も実施するなど，日本を含む近隣国に対して，経空脅威による重大な挑発・危険行為を繰り返している。これに対して，日本は，2004年から弾道ミサイル防衛（BMD）システムの整備に着手し，これまでに，海上イージス艦への弾道ミサイル対処能力の付与やペトリオットPAC-3迎撃ミサイルの配備などの対処計画を進めてきた。これらは，弾道ミサイルの飛翔経路に応じて，上層においてはイージス艦，下層ではPAC-3によって迎撃することとし，これらに自動警戒管制システム（JADGE）を組み合わせることで，より信頼性を高めた多層防衛システムの実現を可能にしている。

このような防御側の対応により，弾道ミサイルによる攻撃や威嚇の効果が減じることを懸念する攻撃側は，弾道ミサイルの長射程化，発射形態の多様化のみならず，迎撃することが難しい変則的な飛翔軌道，移動式発射台や潜水艦を用いる奇襲的攻撃能力，同時発射能力などの技術的進化によって対抗しようとしている。とくに，複数弾頭を装備し各々違う目標を攻撃可能とする技術（MIRV）や大気圏再突入時に機動して弾頭の残存性を高める技術（MaRV）などの装備化が進み，開発中の音速の5倍以上の速度で飛行する極超音速滑空飛翔体（HGV）が実戦配備されれば，既存のBMDシステムでは能力的に対処できない可能性が高い。

そのため，中露の核弾頭搭載可能な極超音速兵器やレーダーの見通し外から飛来する新たな経空脅威に対して，アメリカは，低軌道に多数配置される（proliterated LEO：pLEO）人工衛星群（constellations）による宇宙センサーシステムの開発や弾道ミサイル発射直後における破壊・迎撃用の指向性エネルギー兵器開発の検討を急ぎ，それら脅威の進化に遅れを取らない努力を続けている。それは，軍事技術の急速な進展を背景として現在の戦闘様相が陸・海・空のみならず，宇宙・サイバー・電磁波という新たな作戦領域を組み合わせることが，将来作戦の前提となりつつあることの証左でもある。将来的に，宇宙空間において，超高速，大容量，多接続，低遅延を特徴とする5Gや6Gなどの情報通信技術（ICT）によって，あらゆるものがインターネットにつながる宇宙IoTが実現すれば，地上の警戒監視機能を支援する能力が宇宙システムに付加され，既存の防衛システムとの連接が実現することで，IAMDにおける宇宙空間の価値はより高まるであろう。

2019年9月14日，イランから飛来したとみられる，わずか18機のドローンと7発の巡航ミサイルによってサウジアラビア石油施設が攻撃を受け，同施設が一時操業停止に追い込まれる事態が生起した。これら飛翔体が，事前にサウジ軍のレーダーに探知されなかった可能性と小規模な攻撃群（スウォーム，Swarm）により正確かつ組織的に攻撃が成し遂げられた事実は，今後の経空脅威に係る多様性を示唆している。それは，中国において，発射後に自ら情報収集・判断を行い，自動的に目標を直撃する智能化されたミサイルに象徴される，人工知能（AI）を実装した自律型の無人機やドローンの開発が進んでいることを想起させる。今後，AIが装備された自律化システムが一般化するなかで，防衛技術にも応用可能な先進的な民生技術，いわゆるデュアル・ユースを基盤とする，費用対効果に優れる新たな経空脅威の登場が予想されるところである。

このように変化が激しく，多様性を強める世界において，先進技術が予想以上に急激に進歩するなかで，経空脅威がさらに多様化し，激烈化する現実を前にして，AI，量子力学，自律化，ビッグデータ，画像認識などの革新的な先進技術を積極的に取り込みながら，経空脅威の多様化に適応し得る最新のIAMDシステムの構築，改善が図られなければならない。1943年ドイツがイギリスとベルギーに向けて発射した新型ロケットV2は，その速度と破壊力から，街全体を一撃で破壊する兵器として，大空襲以上に，市民をかつてない恐怖のどん底に陥れた。その経空脅威の始まりの歴史を振り返り，その惨禍を繰り返させないために，現在，そして未来のIAMD体制に万全を期すことは喫緊の課題である。

（長島　純）

VIII　平和・秩序

4 集団安全保障

1 集団安全保障の基本的考え方

ヨーロッパでの**勢力均衡**は，最終的には三国同盟と三国協商の硬直的な対立へと導き，第一次世界大戦という未曽有の被害をもたらしたことを踏まえ，勢力均衡策は国際政治の平和と安定をもたらすものではなく，むしろ破壊するものであり，忌避すべきものと考えられるようになった。そして，第一次世界大戦後，戦争の違法化とともに，勢力均衡に代わる新しい安全保障の考え方として導入されたのが，集団安全保障であった。

その基本的な考え方は，対外脅威や仮想敵を想定することなく，対立する，もしくはその可能性のある国家も含めて一つの枠組みのなかに取り込み，万が一，加盟国の一つがほかの国家の安全を脅かした場合には，加盟国すべてに対する脅威と認定し，全加盟国が脅威に対して共同行動をとるというものである。集団安全保障の具体例として，**国際連盟**，**国際連合**，**ロカルノ条約**などがあるが，ロカルノ条約は地域が限定された枠組みである。

2 国際連盟から国際連合へ

集団安全保障の方式を採用した最初の普遍的な国際組織は，第一次世界大戦後に設立された国際連盟である。国際連盟では，その規約に違反し戦争行為に訴えた国に対し，主に経済制裁を科すこととなっていた。しかし，国際連盟は，日本の満州への侵攻やイタリアによるエチオピア侵略に対して，有効な制裁を科すことができなかった。

こうした反省を踏まえ，第二次世界大戦後に成立した国際連合の集団安全保障体制では，軍事的措置を含むなど集団安全保障の強化を図った。具体的には，国連憲章では武力行使が自衛の場合を除いて原則として禁止される一方，平和に対する脅威，平和の破壊，そして侵略行為に対しては，安全保障理事会が中心となり軍事的措置を含む制裁の実施を決定するとされた。

しかし，国際連合で強化された集団安全保障も，冷戦期の米ソ対立を背景として，安全保障理事会の常任理事国であったアメリカとソ連それぞれが，拒否権を行使したこともあり，再び機能不全に陥った。これまで集団安全保障が機能したとされるのは**朝鮮戦争**と湾岸戦争ぐらいである。朝鮮戦争では，北朝鮮による韓国への侵攻に対して，韓国への軍事援助を含む共同行動を認める国連

▷**勢力均衡**
⇨ VIII-1 「勢力均衡」

▷**国際連盟**
第一次世界大戦後，アメリカのウィルソン大統領の呼びかけを踏まえて設立された国際の平和と安定の維持を目的とした国際機関であり，本部はジュネーブにあった。主要組織は「総会」「理事会」「事務局」からなり，多くの専門機関も設置された。しかし，提唱したアメリカが参加しないなど，設立当初から限界もみられた。

▷**国際連合**
⇨ VI-1 「国際連合」

▷**ロカルノ条約**
⇨ II-2 「ヴェルサイユ体制と集団安全保障」

▷**朝鮮戦争**
⇨ III-3 「冷戦とアジア(1) 中国革命と朝鮮戦争」

安保理決議が成立し，同決議に基づきアメリカが中心となり国連軍が組織された。しかし，安保理決議が採択されたのは，国連における中国の代表権の問題を巡ってソ連が安全保障理事会を欠席していたためであり，厳密にいえば組織された国連軍も国連憲章第７章に基づく国連軍とは異なるものであった。

また，1990年にイラクがクウェートに侵攻したことを発端としてはじまった湾岸戦争では，イラクのクウェートからの即時撤退を求め，従わない場合には，軍事行使を認める内容の安保理決議が採択された。そして，同安保理決議をもとにアメリカは多国籍軍を組織し，イラクをクウェート領内から撤退させることに成功した。しかし，湾岸戦争の際に組織された多国籍軍も，国連憲章第７章に基づく国連軍とは異なっていた。

3 集団安全保障と集団防衛

集団安全保障が機能しなかったのは，必ずしも冷戦期に対立していた米ソが拒否権を行使したことだけによるものではない。集団安全保障の考え方を機能させることは，きわめて難しい実際上の問題があることに注意する必要がある。これは集団安全保障としばしば混同される集団防衛の考え方と対比させると分かりやすい。両者は一見類似しているが，同義ではない。集団安全保障では集団防衛とは異なり，あらかじめ仮想敵や対外脅威を想定しないのに対し，集団防衛の場合はあらかじめ仮想敵や脅威を想定する。集団防衛の場合，危機が発生する以前から想定される脅威に対する防衛戦略や共同軍事計画を策定し，必要な兵力や軍備を整えることが可能になるのに対し，集団安全保障では，仮想敵や対外脅威を想定しないことから，こうした準備を進めることができない。したがって，有事の際にも対応が遅れがちになりやすい。

また，集団安全保障ではそもそも仮想敵や対外脅威を想定していないことから，危機が発生しても脅威に関する共通認識が加盟国間で共有される保証はなく，意思決定方式がコンセンサスであれば，多様な利害を有する国家間で共通認識を得られる可能性はかなり低くなるといわなければならない。したがって，集団安全保障の場合，脅威に関する共通認識を形成することが難しい。また，仮に共有されたとしても共有までに時間がかかり，さらには，既述の通り脅威に対する共同でとるべき行動があらかじめ準備されていないため，手遅れになりかねない。このように，あらかじめ脅威を想定し，これに対する必要な戦略や計画の共有，そして兵力や軍備の整えておくことで，有事の際に迅速に対応することを目的とした集団防衛とは，集団安全保障は異なることが理解されよう。ただし，これまで集団安全保障と集団防衛は往々にして明確に区別されずに使われてきており，NATO はしばしば集団安全保障機構とされてきた。しかし，NATO は厳密にいえば，ソ連を主要な脅威として念頭に置いた集団防衛機構というべきである。（西田竜也）

VIII　平和・秩序

協調的安全保障

1 安全保障のジレンマと協調的安全保障

協調的安全保障は，一般に対話や協力を通じて相互の信頼を醸成し，向上させることで，いわゆる安全保障のジレンマを克服し，関係諸国の安全を向上させようとする考え方や国際的な取り組みを意味する。

無政府状態（アナーキー）◁を特徴とする国際社会では，自国の平和と安全は基本的に自助努力で確保せざるを得ないとされるが，ある国が自国の平和と安全を確実にすることを目的として軍事力を強化すると，こうした行動が関係国の平和と安全を脅かし，かえってこれら諸国の軍備拡大を招いてしまう。これに対抗するべく，さらに軍事力の増強を行ったとしても，更なる軍拡競争へとつながる可能性がある。このようにある一国の行動が，他国の安全保障上の不安を煽り，緊張，軍拡，そして対立へと至ると，結局全ての関係国にとって利益とはならず，むしろ不利益となる。これを**安全保障のジレンマ**◁という。

▷**無政府状態（アナーキー）**
⇨ VIII-1「勢力均衡」

▷**安全保障のジレンマ**
⇨ IV-1「リアリズム」

安全保障のジレンマが生じるのは，関係諸国が十分な意思疎通をとることができず，また，互いのとる行動の意図がわからず，不安や相互不信を募らせることが原因とされる。協調的安全保障では，こうした原因を除去もしくは軽減するために，関係国間のコミュニケーションの円滑化，各国の政策意図の透明性向上や行動の検証を重視する。具体的には政府関係者及び民間の専門家による協議や対話，軍事力や防衛政策に関する情報公開，信頼醸成や紛争予防のための制度構築，軍備管理や軍縮の制度化などさまざまな手法がある反面，軍事力を用いた制裁など強制的措置は伴わないのが特徴である。例としては，欧州安全保障協力機構（OSCE）や ASEAN 地域フォーラム（ARF）が挙げられる。

2 欧州安全保障協力機構（OSCE）

OSCE は，冷戦期の1975年に欧州安全保障協力会議（CSCE）として，東西間の政治協議の場として発足[1]しており，ソ連の提案からはじまったといわれる。そして，冷戦の終焉とともに，旧ソ連，中・東欧の宗教や民族に関わる紛争や問題などに取り組まなければならなくなったことで，制度化と機構化が進んだ。

▷1　OSCE は，冷戦期の1975年に欧州安全保障協力会議（CSCE）として，東西間の政治協議の場として発足。III-6「冷戦とデタント」参照。

OSCE およびその前身の CSCE では，ヨーロッパ共通の安全保障を実現する条件として，少数民族の権利，人権，法の支配や民主主義の考え方が安全保障の「人的側面」として含まれたこと，また，軍事的措置として信頼醸成措置が含まれたことが特徴である。こうした包括的な安全保障を実現するために，早期警報，紛争予防，危機管理の各段階で効果的な活動を実施する，また，長期的な紛争の予防を目指して，紛争後の復興支援，民主化支援，政府と市民の間の信頼構築，および人権保護促進活動を行っている。そのため，OSCEでは常任理事会，議長国制度，民主制度人権事務所，少数民族高等弁務官といった常設の機関を設けるだけでなく，紛争や危機が発生した場合にはOSCEによる調査団を派遣するなど，紛争の予防と解決に尽力している。

OSCEに対しては，危機管理の面で強制力を持たないとの批判がある一方，CSCEが冷戦終結期に**中欧及び東欧での民主革命**で重要な役割を果たしたとして，高く評価する向きも多い。こうした強制力を持たない国際的な安全保障機構が，他の地域でも平和と安定を構築できるかは注目されている。

3 ASEAN地域フォーラム（ARF）

ARFは，冷戦終結後の1994年から**東南アジア諸国連合（ASEAN）**が中心となってはじまったアジア太平洋地域の安全保障問題に関する対話のためのフォーラムである。参加国はASEAN加盟国に加え，ASEAN以外のアジア太平洋地域諸国，中国，ロシア，アメリカなどの大国，そしてEUなども含む。

もともと，東南アジア各国では，**カンボジアでの紛争**，インドネシアのアチェでの紛争，最近では**ミャンマー国内でのロヒンギャ問題**，また，タイ南部のイスラーム教徒をめぐってのタイとマレーシアの対立やタイとカンボジアの間の国境紛争，さらには，**南シナ海問題**など，時にはアメリカ，ロシア，そして中国といった大国が絡んだ安全保障問題が多く存在し，その解決が課題となっていた。

しかし，ASEAN加盟国間，そして，その関係国の間には相互信頼が十分ではないことを踏まえ，信頼醸成を通じて，予防外交へと至り，最終的には紛争解決に至るプロセスを構築することがARFの目的であった。また，ARFでは問題を議論する際には，コンセンサス（全会一致）を原則として，それが困難な場合は意見調整を非公式に行い，公的な場では意見の対立を表面化させずに関係の維持を優先させるアプローチいわゆるASEAN方式を重視する。

ARFは対話や協力を通じて信頼醸成を重視し，武力に依らない方法を採っている点はOSCEと共通するが，異なる点も少なくない。具体的には，OSCEが少数民族の権利，人権，法の支配や民主化の促進を掲げ，また，内政不干渉原則に一定の制限を加え，かつ，紛争予防のために機構化や制度化を進めるのに対し，ARFでは人権や民主化などは明確に掲げず，内政不干渉原則は色濃く残り，紛争解決のための制度化や機構化もあまり進んでいない。

（西田竜也）

▷中欧及び東欧での民主革命
冷戦の終焉とともに，1989年からはじまった中欧および東欧地域での一連の共産主義政権の崩壊と民主化革命のこと。具体的には，1989年11月のベルリンの壁の崩壊，12月のルーマニアおよびチェコスロバキアにおける共産党独裁政権の打倒，翌年9月のポーランドにおける非共産党政権の誕生などを指す。

▷東南アジア諸国連合（ASEAN）
⇨Ⅺ-10「東南アジア」

▷カンボジア紛争
⇨Ⅲ-4「冷戦後のアジア(2)ベトナム戦争」

▷ミャンマー国内でのロヒンギャ問題
ミャンマー北部にあるイスラーム系少数民族ロヒンギャに対する弾圧のこと。2017年以降ミャンマー軍の主導により，ロヒンギャに対して掃討作戦が行われ，数千人が死亡し，数十万人がバングラデシュに難民として逃れている。

▷南シナ海問題
⇨XIII-4「アジア太平洋の多国間協力」

コラム-9

サイバー防衛と国際政治

なぜ，いまサイバースペースなのか

学術研究用のインターネットが使われはじめたのは1960年代末だが，一般の商用利用が行われるようになったのは1990年代半ばである。2000年代以降は携帯電話やスマートフォン（スマホ）によるインターネットへのアクセスも増え，多種多様な機器がインターネットにつながっている。インターネットの本来の意味はネットワークのネットワークで，多様な主体が管理するネットワークを相互接続させることで利便性の向上を図っていた。

コンピュータや情報通信機器が広く使われるようになると，同じようなシステムを使いながらも，インターネットには直接接続されていないサイバーシステムも増え，インターネットの外側にサイバースペースが拡大しはじめた。たとえば，交通システム，原子力発電所，軍事兵器といった重要インフラストラクチャの制御にもサイバースペースは広がっている。

サイバースペースという戦場

軍事システムを含む重要インフラストラクチャは，戦時には攻撃対象となる。通常兵器や核兵器による攻撃もあり得るが，サイバー攻撃も可能である。ミサイル発射などとは違い，サイバー攻撃の場合は攻撃主体がわかりにくい。攻撃主体を特定することをアトリビューションと呼び，サイバーセキュリティにおいてそれが難しいことはアトリビューション問題と呼ばれている。攻撃が行われていることに長期にわたって気づけぬまま，重要な情報が漏洩し続けたり，いざというときにシステムが機能しなかったりという問題が起きることもある。サイバースペースという戦場は，宣戦布告のないまま，平時から攻撃が行われる。

しかし，物理的な破壊や人的被害を伴わないサイバー攻撃も多く，国際法上は武力攻撃と見なしにくい場合もある。いわゆるサイバー攻撃の多くは，サイバー犯罪

ないしサイバーエスピオナージ（スパイ活動）と見なされ，軍事的な対応がとりにくいグレーゾーンにある。

クロスドメイン

陸，海，空という従来の作戦領域に加え，四番目として宇宙，五番目としてサイバースペースを挙げることがある。今後の紛争や戦争においてはそれらを横断して武力の行使が行われることから，クロスドメイン（領域横断）戦やマルチドメイン（多領域同時）戦の可能性が高まっている。

自衛隊のサイバースペース政策

2014年３月に自衛隊はサイバー防衛隊を発足させ，サイバー防衛にいっそう注力してきた。陸，海，空にもそれぞれサイバー防衛を担う部隊があり，連携を進めている。しかし，防衛出動命令等がない状態で，サイバー防衛隊が民間のサイバー防衛に直接乗り出すことは，法制度上難しい。平時においてサイバー防衛隊ができることは防衛省および自衛隊のネットワークの防衛に限られるとする法解釈がとられている。

2018年12月に閣議決定された防衛計画の大綱においては，「有事において，我が国への攻撃に際して当該攻撃に用いられる相手方によるサイバー空間の利用を妨げる能力等，サイバー防衛能力の抜本的強化を図る」との文言が入れられ，いわゆるサイバー反撃能力を持つという指針が示された。これを受けて，自衛隊ではサイバー防衛隊等の人員増員を進めるとともに，各種のシナリオに基づいた演習を活発化させている。また，日米同盟のもとで，アメリカのサイバー軍（USCYBERCOM）などとの共同運用も不可欠である。

（土屋大洋）

Ⅷ　平和・秩序

紛争予防

1 予防外交から紛争予防へ

紛争予防（conflict prevention）について，国連事務総長報告書『平和への課題』（1992年）は「紛争当事者間の争いを予防する活動」であり，「（武力紛争の）拡大を最小限に留める活動」と定義した。しかし，紛争予防の定義のなかに「予防」という言葉が使われていることを**ザートマン**は問題視し，「暴力的な紛争へとつながる活動を抑止する取り組み」と改めて定義した（Zartman 2015：6）。紛争の予防には意図的な取り組みが求められ，紛争を政治・外交において対処できるレベルに押し戻すことが最終的な目標となる。

紛争予防が注目されはじめた当初は，「予防外交」（preventive diplomacy）という言葉が使われていた。しかし，紛争予防の実務には外交官に限らず，国連や地域機構をはじめ，NGO など実に数多くの主体が関わっている。たとえば，2005年にインドネシア政府と**自由アチェ運動**間の和平交渉を成功裏に導いたのは**アハティサーリ**元フィンランド大統領が創設した危機管理イニシアティブ（CMI）という NGO である。紛争予防において外交はあくまでも一つの手段であることから，近年では予防外交に代わって紛争予防という言葉が定着している。

紛争予防の考え方自体は必ずしも新しいものではなく，たとえば1950年代に経済学者**ボールディング**は紛争に関する早期警戒を発する「データ・ステーション」構想を提案していた。紛争予防の議論が盛り上がらなかった一端には，紛争予防の内政不干渉原則との折り合いの難しさが挙げられる。また，「正しい対応を誤ったタイミングで行うことは間違った対応」になってしまうという難しさも紛争予防にはある（Zartman 2015：1）。後者は紛争予防の宿命である一方，前者に関しては世界全体を対象とした当初の議論から，対象地域が紛争地に絞られるようになった点に変化がみられる。

2 紛争予防の類型化

紛争予防は①紛争当事者の選択する行動などを含めた「態度」（attitude）に着目する，短期的な「実践的予防」（operational prevention），そして②紛争の起きた背景などを含めた「構造」（structure）に着目する，中長期的な「構造的予防」（structural prevention）に大別される。この分類は1997年にカーネギー財団武力紛争予防委員会により提唱され，国連事務総長報告書『武力紛争の

▷ウィリアム・ザートマン
（I. William Zartman 1932-）
アメリカの政治学者。ジョンズ・ホプキンス大学名誉教授。国際交渉理論やアフリカ研究に関する著作が多い。

▷自由アチェ運動
インドネシアのアチェ州の分離独立を目的としていた武装勢力。2005年8月，ヘルシンキにてインドネシア政府と和平合意文書に調印した。

▷マルッティ・アハティサーリ（Martti Ahtisaari 1937-）
フィンランドの元大統領（1994-2000年）。2000年に CMI を創設。インドネシアやコソボ，ナミビアなどにおける和平仲介の功績が認められ2008年にノーベル平和賞受賞。

▷ケネス・ボールディング
（Kenneth Boulding 1910-93）
イギリス出身のアメリカの経済学者。1960年代に「宇宙船地球号」（Spaceship Earth）の概念を経済学に導入したことでも知られている。熱心なクェーカー教徒として平和運動にも取り組んだ。

▷ジェノサイド条約

予防』（2001年）により引き継がれ現在に至るものである。この分類をさらに4つに細分化したのがザートマンであった。①国際社会における行動規範（例：**ジェノサイド条約**などの条約・慣習法），②紛争勃発前に紛争当事者に働きかける試み（例：政治，外交など），③紛争当事者を引き離す迅速な対応（例：国連平和維持活動など），そして④紛争あるいは危機の終息後に紛争の再発を防ぐ活動（例：平和構築など），以上の4段階である。

危機を起点とした際に，ザートマンは①を「早い」，②は「少し早い」，③は「少し遅い」，④を「遅い」と形容している。このことからも①から④にかけて時系列に区切られていることがわかる。また，①と②は中長期的な平時の試み，③と④は非常時の試みと言い換えることもできる。なお，停戦が紛争の解決と混同されることもあるが，本来，停戦は紛争解決に向けた「序曲」（prelude）に過ぎず，④のような解決への道筋が示されていなければ，長期化する停戦は「誤った予防」（false prevention）とも指摘している（Zartman 2015：174-175）。紛争予防と平和構築はコインの表裏なのである。

3 紛争予防と国連平和維持活動（PKO）

③の一例として，PKO は有名である。その歴史は，1956年のスエズ動乱の終息に一役買った第一次国連緊急隊（UNEF I）へとさかのぼることができる。冷戦期の伝統的 PKO の特徴は(1)紛争当事者の同意，(2)中立性，(3)自衛目的以外の武力不行使といった PKO 基本三原則であった。紛争当事者間に停戦を強制するのではなく，軍事的な専門知識を停戦監視や緩衝地域のモニターに活用し，和平を側面から支援することから，PKO は「戦わない軍隊」とも一時期は呼ばれた。冷戦終焉後には，和平合意後の治安維持や選挙支援，復興支援などに関与し，③から④への橋渡しを担うようにもなった。

また，1990年代の**ルワンダ**と**スレブレニツァ**の経験を経て，紛争下における「文民の保護」が任務に加えられ，中立性を犠牲にしてでも，任務遂行を妨害する要因を除外する覚悟（不偏性）が求められるようになった。これが「ローバスト PKO」の議論へとつながっている。ローバスト（robust）は強靭，強力，積極的と訳されることもある。PKO の原則と指針を示す『キャップストン・ドクトリン』（2008年）によると，ローバスト PKO とは「国連安全保障理事会による授権のもと，スポイラー（武装勢力）から任務を防衛するために『戦術的（tactical）レベル』において武力を行使する PKO」との記述がある。スポイラーの「軍事的敗北」ではなく「抑止」を目標とした「最後の手段」でもあるローバスト PKO の一例としては，2013年3月に設置された国連コンゴ民主共和国安定化ミッション（MONUSCO）の「介入旅団」が有名である。肯定的に評価する向きもある一方，他方では90年代の**ソマリア**の事例のように PKO が再び紛争当事者化してしまうという懸念も指摘されている。（古澤嘉朗）

正式名称は「集団殺害罪の予防と処罰に関する条約」。1948年12月に国連総会で採択された。平時・戦時に関係なく集団殺害が国際法上の犯罪であることを確認し，防止・処罰すると定めている。

▷ルワンダ
中央アフリカのルワンダでは，PKO が駐留するなか，1994年4月から100日間で50万人から100万人ともいわれるトゥチ人と穏健派フトゥ人が過激派フトゥ人により虐殺された。正式名称は「ルワンダで起きたトゥチ人に対するジェノサイド」。

▷スレブレニツァ
ボスニア・ヘルツェゴヴィナの町。1995年7月，PKO が駐留するなか，セルビア系住民によるムスリム系住民を標的とした大量虐殺が起き，8000人以上が虐殺された。

▷ソマリア
第二次国連ソマリア活動（UNOSOM II：1993-1995年）は自衛の範囲を超えた武力行使，いわゆる平和強制（peace enforcement）が許された初めての PKO であった。紛争当事者化し市民感情が悪化，最終的には犠牲者を出しつつ撤退を余儀なくされた。

推薦図書

William Zartman (2015) *Preventing Deadly Conflict*. Cambridge: Polity Press.
堂之脇光朗『予防外交入門』日本国際フォーラム，1999年。
上杉勇司・藤重博美編『国際平和協力入門』ミネルヴァ書房，2018年。

Ⅷ　平和・秩序

平和構築

1 国際社会と平和構築

平和構築（peacebuilding）とは，紛争後・移行期社会に「永続的な平和をもたらすための活動」の総称である（篠田2003：i）。「戦後復興」という言葉が使われることもあるが，国内紛争を経験した社会において原状回復は時に紛争の再発につながってしまうことから，「平和構築」という言葉が使われている。平和構築が国際社会に広く使われる契機となったのは国連事務総長報告書『平和への課題』（1992年）であった。1992年1月の国際連合安全保障理事会首脳会合において紛争予防・平和創造・平和維持活動に関する指針と原則の作成を求められ，当時の**ブトロス＝ガリ**国連事務総長がまとめたのが同報告書であった。次第に平和構築は政策用語として国際社会に広まり，2005年に**国連平和構築委員会（PBC）**や**国連平和構築支援事務所（PBSO）**が新設されたことが象徴するように，政策・学術領域として平和構築の制度化が進んでいる。

▶**ブトロス・ブトロス＝ガリ**　⇨Ⅲ-8「「歴史の終わり」かパワーポリティクスの復活か――冷戦後の世界」

▶**国連平和構築委員会**
国連総会と国連安全保障理事会への政府間諮問機関として2005年に設立。31カ国で構成され，国連による平和構築活動を支援する。

▶**国連平和構築支援事務所**
平和構築委員会の議事運行・報告書作成などを支援し，平和構築基金を管理，そして国連事務総長が国連システム全体の平和構築政策・活動を調整する際に補佐する役割を担う。国連事務局内に2005年に設置。

2 平和構築の主体・活動領域・戦略

紛争後・移行期社会における平和構築の担い手，またその活動領域は多岐にわたる。平和構築の実務には，国際機関以外にも各国政府の開発援助機関，地域機構，NGO など数多くのアクターが従事している。元アメリカ外交官**サンダース**が語ったように，和平合意の締結といった政府が取り組むべき課題もあれば，紛争当事者間の関係改善といった市民社会が中長期的に取り組むべき課題もあるからである。国内外のさまざまな立場の人々が協働し，社会全体で取り組むことが平和構築には求められている。また『平和への課題』では，紛争当事者の**武装解除**，**治安部門改革**，難民の帰還，選挙監視，人権擁護，政府機構改革などが平和構築活動の一例として紹介されていた。その活動領域は**表Ⅷ-1**のように政治・経済・**和解**・国内治安という四つに分類することもできる。

平和構築には画一的な処方箋はない。各事例の歴史背景は異なり，特殊だからである。しかし，2001年に当時の**アナン**国連事務総長が国連安全保障理事会へ『戦略のない撤収はない』という報告書を提出したように，国際社会の財源・人材といった資源にも限りがあることから，戦略の必要性はかねてから指摘されてきた。1990年代の拙速な民主化と市場経済化の推進が紛争後社会を不安定化させてしまったとの反省のもと，「紛争の原因を公的秩序の崩壊に見出

▶**ハロルド・サンダース**
（Harold Saunders 1930-2016）
フォード政権（1975-78年）とカーター政権（1978-81年）下でアメリカ国務次官補を務めたこともある外交官。対話を通して中長期的に紛争当事者の関係に変化をうながす「持続的対話」（sustained dialogue）に関する著書が多数。

表Ⅷ-1 平和構築の活動領域

政治	法整備支援，選挙支援，司法制度改革など
経済	人道支援，雇用創出，元兵士の社会復帰支援など
和解	真実委員会，草の根レベルの対話，難民帰還支援など
治安の回復	治安部門改革，元兵士の武装・動員解除，小型武器回収など

出所：Ramsbotham et al (2011) *Contemporary Conflict Resolution.* Polity Press：234をもとに筆者作成。

し，その（再）確立のための平和構築活動を戦略的に実施する」という「法の支配」という戦略が定着する（篠田 2003：23)。それは人権や民主主義といった自由主義的理念に基づいて社会を再建することを意味していた。

2006年の国連事務総長報告書『我々の力の結集』のなかで「加盟国の法の支配を強化することは国連とその専門機関にとって中心的な職務である」と明記されるほど，法の支配戦略は主流化された。同時に，「法の支配」という戦略のもと被支援国政府のあり方に介入する政策が受容されるようになると，「法の支配」は次第に「国家建設」(statebuilding) と読み替えられるようになった。

3 変化する平和構築を取り巻く国際情勢

『平和への課題』から30年近くの月日が流れるなか，平和構築を取り巻く環境は変わりつつある。その変化をあらわす言葉の一つに，「新興援助国」(emerging donors) がある。米英仏などの伝統的な国際開発援助・平和構築支援の供与国との対比で使われ，中国，インド，ブラジル，韓国，南アフリカなどの国々が経済成長を遂げ，新たな援助国として台頭したことをあらわしている。一例として，トルコによるソマリアへの平和構築・国家建設支援がある。

トルコ政府はソマリア国軍と警察の再建に対して，2011～13年にかけて2000万トルコ・リラを提供し，警察学校を建設し，ソマリアの警察官500人に対してトルコで訓練を提供した。この背景には，1997年にEUへの加盟交渉から除外されたトルコ政府が外交政策を見直すなか，アフリカ外交にも重きを置くようになったことが関係している。トルコ政府は2005年からアフリカ連合（AU）にオブザーバー参加し，2008年と2014年には第一・二回トルコ・アフリカ協力サミットを開催するなど，アフリカ外交を積極的に展開している。そのなかで2011年のエルドアン大統領によるソマリア訪問を契機にはじまったソマリアにおける平和構築・国家建設への関与は，アフリカ各国との関係深化を進める試金石と位置づけられていた。

平和構築の担い手が増えること自体は歓迎すべきことである。他方，新興援助国による政策は伝統的援助国と異なることがあることも指摘されている。変わりゆく国際情勢の中で，平和構築が今後どのように変化するのか・しないのか，注視していくことが求められている。 （古澤嘉朗）

▷武装解除
近年は「(元兵士の) 武装解除・動員解除・社会復帰」(DDR) と呼ばれることが多い。

▷治安部門改革
警察や軍隊をはじめとする治安部門に対する支援の総称 (SSR)。通常，SSRは治安部門の民主化を前提とするが，対テロ戦争の文脈では必ずしも民主化に重きが置かれないことから，人権侵害につながりかねないことが懸念されている。

▷和解
紛争後に紛争当事者間の感情的な対立が解決した状態を指す。和解の実現には，人権侵害や大量虐殺といった過去に起きた出来事に社会としてどのように向き合うのかに着目した活動・調査を意味する移行期正義が鍵を握っている。

▷コフィー・アナン (Kofi Annan 1938-2018)
第七代国連事務総長を務めた元ガーナの外交官。前任のブトロス＝ガリとは異なり，国連事務総長として1997年から2006年にかけて2期務めた。94年のルワンダ大虐殺時には国連PKO局長を務めていた。

推薦図書

篠田英朗『平和構築と法の支配』創文社，2003年。
藤重博美・上杉勇司・古澤嘉朗編『ハイブリッドな国家建設――自由主義と現地重視の狭間で』ナカニシヤ出版，2019年。
Justin van der Merwe, Ian Taylor, and Alexandra Arkhangelskaya, eds. 2016. *Emerging Powers in Africa*. Cham, Switzerland: Palgrave Macmillan.

コラム－10

「移行期正義」

移行期正義（transitional justice）とは，政府による抑圧や紛争を経験した社会が，過去の人権侵害や重大犯罪の責任の所在や真相を解明し，償いや和解を通じて，負の過去を清算する正義の概念でありそれを実施する手法である。移行期正義の手法は，導入される国によって焦点が異なるが，今日では正義の追求，真実の解明，被害者への償いと制度改革が主要なものになっている。このうち，正義の追求の「正義」は司法的正義と同義で用いられることが多いため，法学的なアプローチでは「移行期司法」と呼ばれることもある。

学術用語として「移行期正義」という言葉が登場したのは，1980年代半ばから90年代前半に起こった東欧や南米の一連の民主化移行期であった。「民主化の第三の波」が到達した東欧や南米では，いずれも政府による市民への大規模な人権侵害という負の遺産があり，民主的に選出された新政権の政治的・道徳的・法的義務について議論が起こった。政治的安定を揺るがす可能性のある旧政権の責任追及が回避され，新政権の基盤確立が優先されることに対し，国内外から人権侵害の真相解明と責任者の処罰を求める声が上がったのである。これは，政治的安定を脅かすとしても旧政権下の人権侵害を処罰する「正義」を追求すべきか，あるいは被害者の人権を犠牲にして恩赦や免責を施すことで「平和」を優先すべきか，という相反する目的のどちらかを優先しなければならない「移行期正義のジレンマ」と呼ばれる。

冷戦後には，移行期正義は紛争後の正義として平和構築活動の主要なプログラムとして採用されるようになった。国際的な支援を受けて実施される移行期正義では，戦争犯罪や人道に対する罪といった国際法上の個人の刑事責任追及に主要な関心が置かれた。過去の重大な人権侵害が適切に清算されないことが紛争の要因になり得ると考えられ，不処罰が平和な社会（再）構築に向けての阻害要因とみなされるようになったのである。それゆえ，移行期正義の取り組みは，過去の不正義と決別し，公正で民主的なガバナンスを構築するうえで不可欠であると考えられるようになった。法的正義の追求は，旧ユーゴスラビア紛争とルワンダのジェノサイドに特化した二つの国際刑事裁判所や，国際と国内の法曹から構成されるハイブリッド法廷，常設の国際刑事裁判所の設立に結実し，国際刑事司法の発展に寄与した。

このように，重大な人権侵害が国際犯罪として実際に処罰されるようになった一方で，刑事裁判に対する過度な偏重が紛争後社会のニーズに応えていないとの批判がある。裁判は時間がかかり，費用がかさむうえ，一握りの責任者しか対象とせず，大半の犯罪行為の実行者は実質的免責状態となる。戦闘員と非戦闘員との境界が曖昧な今日の国内紛争では，膨大な数の市民が被害者，あるいは加害者として紛争に巻き込まれるが，紛争後国家は，すべての加害者を処罰する能力も意思も持ち合わせていない。

一方，被害者や被害コミュニティと加害者の共生に不可欠な和解達成を目的とする真実委員会が設置されるケースが増えてきた。刑事裁判でも包括的恩赦でもない第三の道として，真実の解明を通じて和解を目指した南アフリカの真実和解委員会の活動がよく知られている。真実委員会の活動範囲や権限は国によって異なるが，一般に，被害者からの聴取や調査を通じて紛争や人権侵害の要因や全体像を明らかにするほか，報告書を作成し，将来の暴力再発を防止するために政府に対し勧告を行う。

被害者にとって，真実委員会で被害が認知されることは正義追求の第一歩として重要な意味を持つが，他方で証言することよって再トラウマ化する被害者や，証言をしても自身を取り巻く環境が実質的に変わらないことに不満を持つ被害者もいる。被害者は紛争が終結してもなお貧困状態に放置されていることが多く，被害者の物理的・精神的救済が課題となっている。にもかかわらず，被害者や被害コミュニティへの償いは移行期正義のプログラムのなかで最も優先度が低く，制度化が遅れている。人的・財政的資源に限りがあるなか，多くの予算が刑事裁判，軍・警察などの治安部門改革といった，加害者や治安に関わるプログラムに費やされており，被害者の償われる権利は十分に保障されているとはいえない。移行期正義は誰のための正義なのかを問いながら，紛争後社会の多様な現実に即した移行期正義の実践が求められている。

（クロス京子）

VIII　平和・秩序

8 経済安全保障

1 概念としての多様性

「経済安全保障」は多様な意味を持つ概念だが[1]，安全保障の基本要素である「価値」（何を守るのか），「脅威」（何から守るのか），「手段」（どうやって守るのか）のいずれかに経済が関わる場合，これを経済安全保障と呼ぶのが一般的である[2]。したがって大別すれば，経済安全保障は次の三つの意味を持つ。

▶1　納家政嗣「経済安全保障の意義とその展開」納家政嗣・竹田いさみ編『新安全保障論の構図』勁草書房，1999年，104-106頁。

▶2　村山裕三「経済安全保障」猪口他編『国際政治事典』弘文堂，2005年，284頁。

2 経済安全保障①――経済（的な価値）を守る

一つ目は，経済的「価値」の安全確保であり，たとえば以下が考えられる。雇用・物価を安定させるための金融・財政政策。技術力を維持するための先端技術産業への補助金。経済的な脆弱性を防ぐための重要資源の備蓄や代用品開発，供給網の多角化。

このタイプの経済安全保障の焦点は「価値」（経済を守る）であり，「脅威」や「手段」の種類は問われない。したがって，それが経済的な痛手をもたらしうるのであれば（経済的脅威だけでなく）軍事的脅威も対象になりうるし，対抗策として（経済的手段だけでなく）軍事的手段も想定されうる。たとえば，自国経済にとって死活的な資源供給地や海上交通路を軍事占領あるいは封鎖した相手（軍事的脅威）に対して軍事力（軍事的手段）を行使する場合などである。

3 経済安全保障②――経済（的な脅威）から守る

二つ目は，経済的「脅威」からの安全の確保であり，例として以下が考えられる。自国経済の深刻な停滞。諸外国で起きた紛争に起因する資源供給・貿易網の断絶。国際金融の混乱[3]や自国通貨の乱高下。ヘッジファンドによる投機的な通貨攻撃。他国からの経済制裁。経済援助の受容による隷属化。このタイプの経済安全保障の焦点は「脅威」（経済的な悪影響）であり，どんな「価値」が脅かされるのか，どんな「手段」によって対抗するのかは問われない。

▶3　IX-5「通貨危機」

経済的な悪影響は，雇用や経済成長や金融の安定といった経済的価値だけでなく，国家の生存や独立といった安全保障上の価値も脅かしうる。たとえば，自国経済の深刻な衰退は，（経済力を基礎とする）技術力や軍事力の凋落につながるし，政権の支配の正当性を動揺させうる。ソ連の経済的衰退は**ソ連崩壊**の重要な一因であったし，仮に**中国経済**が長く停滞するようなことがあれば，共

▶**ソ連崩壊**
⇨III-7「冷戦の終焉」

▶**中国経済**
⇨XI-5「中国」

産党政権は一党独裁を正当化する重要な根拠を失ってしまう。また，経済的衰退は，その国のパワーに対する「他国の評価」を失墜させ，国際的な影響力や交渉力を低下させる。ほかにも，他国からの強力な経済制裁は，政権の崩壊にすら繋がりうるし，援助国への過度の依存は自国の独立性を危うくする。

近年，中国による知的所有権侵害や技術移転強要が懸念されているが，これらの問題も，中国の先端技術での優越が，単なる経済的懸念（自国製品の競争力低下）を超えた，**地政学**上の懸念（先端技術の軍事転用を通じた中国の軍事力増強）でもあることを示している。

4　経済安全保障③——経済（的な手段）によって守る

三つ目は，経済的「手段」を利用した安全の確保である。これは，**エコノミック・ステイトクラフト**（経済的手段の戦略的な利用）という概念に似ており，「安全保障目的のエコノミック・ステイトクラフト」に近い。例としては以下が考えられる。経済交流を断絶して敵対国の経済力（ひいては国力全体）を衰退させる。貿易や資金援助の停止によって，安全保障上の懸案に関して相手国に警告を発したり，譲歩を迫ったりする。経済支援によって同盟国の崩壊を防ぐ。経済援助によって新たな友好関係を築く。自国にとって重要な資源や物品の供給網を多角化し，対立国からの供給停止に備える。

経済安全保障③の事例は枚挙にいとまがない[4]。たとえば，今世紀では，アメリカや国際連合が経済制裁によってイランや北朝鮮の核保有を阻止しようとしたり，ロシアが石油パイプラインの遮断や開通を利用して近隣諸国に親米・親EU姿勢の修正を迫ったりした。また，中国は自由貿易協定や開発援助の増大によって安全保障上重要な近隣諸国への影響力強化を試みている。ほかにも，昨今の自由民主主義国では，地政学上の懸念から，中国に代わる物品や技術の供給網を模索する動きがみられる。

5　経済と安全保障のリンケージ

上記三つ以外にも，経済と安全保障のリンケージを印象づける言葉として「経済安全保障」が使われることがある。たとえば，「資源や貿易などの経済的利害」と「**戦争**」（あるいは「地政学的対立」）の関係，「経済成長」と「**パワー・シフト**」の関係，「他国経済への依存」と「政治的独立」の関係，**「経済的相互依存」と「平和」の関係**などである。

以上のように，「経済安全保障」は論者によってさまざまな意味を持ちうる概念である。これは「経済」と「安全保障」という一見異なる領域が，現実世界では複雑かつ密接に絡み合っていることを示している。

（長谷川将規）

▷**地政学**
⇨コラム4「地政学」

▷**エコノミック・ステイトクラフト**　⇨Ⅷ-9「経済援助・経済制裁」

▷4　長谷川将規『経済安全保障——経済は安全保障にどのように利用されているのか』（日本経済評論社，2013年），第2章。

▷**戦争**
⇨Ⅶ-1「戦争の類型」

▷**パワー・シフト**
国家間のパワー・バランスの重大な変化を意味し，危機や戦争の有力原因の一つとされている。台頭国が一層の勢力拡張のために既存の国際秩序の変更や軍事的威圧を強める一方で，衰退国は，既存の国際秩序の維持やさらなる衰退阻止のために軍事的な対応をとる誘因が高まる。

▷**「経済的相互依存」と「平和」の関係**
国家間の密接な経済的相互依存は，戦争発生時の経済コストを高めるので，戦争を抑止するといわれている。ただし，この仮説にはいくつか反論も存在する（推薦図書（長谷川）206-210頁参照）。

推薦図書

落合浩太郎「経済安全保障——ゼロサム・ゲーム思考の限界と弊害」『増補改訂版　新しい安全保障論の視座』亜紀書房，2007年。
長谷川将規『経済安全保障——経済は安全保障にどのように利用されているのか』日本経済評論社，2013年。

VIII　平和・秩序

9 経済援助・経済制裁

1 戦略としての援助と制裁

「経済援助」と「経済制裁」を統合的に理解するためには**エコノミック・ステイトクラフト**（economic statecraft）という概念を知っておく必要がある。経済援助も経済制裁も，基本的にこのエコノミック・ステイトクラフトの一環として行われる。その背景には，自国が望む方向（譲歩や行動の修正）に相手国を動かす，相手国や第三国に政治的メッセージを伝える，相手国の国力を支える（あるいは衰退させる），自国の国力を支える，といった戦略的なねらいがある。

2 経済援助

経済援助とは貿易，資金，物資，金融，技術などによる他国への支援のことであり，対外援助や経済協力と呼ばれることもある。たとえば，日本が1950年代から行ってきた**ODA（政府開発援助）**は，重要な資源供給国や潜在的市場提供国の経済的・政治的安定と親日化，平和国家としての日本の国際イメージ向上といった含意があった。今世紀では，中国が周辺諸国に活発な開発援助を展開してきたが，そこには，対中迎合への誘導，緩衝地帯の強化，共産党支配を支える持続的な経済成長ための市場確保，対中包囲網を防ぐための中国の平和的イメージの伝達といったねらいがみてとれる。

経済援助は，国家（政府）だけでなく，国際機関，NGO，民間企業，個人などによっても行われるし，純粋な慈善や企業利益を目的に行われる場合もありうる。しかし，国家以外を主体とする援助であっても，そこには国家の戦略的意向がしばしば入り込む。また，人道目的をうたった援助でさえも，現実には，支援国の評判や威信を高めるなど，なんらかの戦略性が潜む場合が多い。そして，支援国がこうした戦略性を公表することはほとんどなく，通常は「世界平和」や「国際貢献」といった美辞麗句で包装される。

経済援助の戦略性が最も高まるのは，被援助国内部に経済的な**第五列**が育成される場合である。彼らは支援国との関係維持に死活的な経済利害を抱えるため，支援国寄りの政策を採用するよう被援助国政府に圧力をかける。支援国はしばしば彼らを利用して被援助国に影響力を行使する。たとえば，1930年代後半のドイツは東欧諸国から農作物や鉱物資源を市場価格よりも高額で購入し，こうした集団を育成しようとした。最近では2000年代以降の中国の台湾に対す

▷エコノミック・ステイトクラフト
国家の戦略的な目的のために利用される経済的手段を意味する。近年では，こうした意味で「地経学（ジオエコノミクス）」（geo-economics）という用語もしばしば使われている。

▷ODA（政府開発援助）
発展途上国の経済発展や福祉を促進させる名目で行われる，政府による資金（贈与・貸付）あるいは技術援助であり，通常の商業条件よりも緩やかな条件で行われる。［IX-4］「経済支援・開発支援」参照。

▷第五列（fifth column）
組織の内部にいながら外部の敵対勢力に迎合する集団。スペイン内戦（1936～1939）の際，マドリードに侵攻するフランコ軍に呼応する共和政府内の集団を，フランコ側が第五列と称したことに由来する。

る貿易・投資拡大策にこうした面がみられた。

3 経済制裁

経済制裁とは，政府が他国に対して意図的に行う，通常の経済活動の制限や停止，あるいはそうした脅しのことである。具体的には，輸出入禁止，関税引き上げ，投資や経済援助の停止，資産凍結，特定技術へのアクセス制限，物資の買い占め，相手国通貨を下落させる為替操作など，さまざまな手法がある。

経済制裁の目的としては，自国が望む方向に相手国を動かす，相手国の国力を衰退させる，自国の決意や能力を相手国や第三国や自国民に示す，自らも制裁に参加することで協調姿勢を制裁主導国にアピールする，などが挙げられる。経済制裁は，しばしば国際連合などのもとで相手国の国際法違反を正す名目で行われる。しかしこれは，大義名分ができて制裁を正当化しやすくなるからそうするのであって，名目とは別に，各国の戦略的思惑が潜んでいる。

経済制裁は，アテネによるメガラへの禁輸（紀元前432年頃）など古くから存在したが，国際経済の統合がすすみ戦争コストが著しく高まった20世紀以降になって，とくに目立つようになった。今世紀に入ってからも，たとえば，国連による北朝鮮やイランへの，中国による台湾，日本，フィリピン，韓国への[1]，欧米諸国によるロシアへの経済制裁がみられた[2]。また最近では，アメリカのトランプ政権による対中経済制裁が注目を集めた。

経済制裁はしばしば，密輸，代用品開発，代替的な供給国の確保などで対抗されうる。また，制裁対象国の国内団結を強める可能性や，対象国の市民に多大な犠牲を生む可能性もある[3]。したがって，その有効性には否定的な見解も多い。しかし，経済制裁の真の有効性や妥当性を判定することは必ずしも簡単ではない。たとえば，仮にある経済制裁が相手側の譲歩を引き出せなかったとしても，それだけで無意味だったとは断定できない。その経済制裁は，相手国の国力衰退や，自国民へのアピールとしては有効だったかもしれない。あるいは，（言葉だけの）外交やプロパガンダ，（より強力ではあるが高いリスクを伴う）軍事手段のようなほかのすべての政策手段よりはベターな策だったのかもしれない。

4 エコノミック・ステイトクラフトの重要性

経済援助，経済制裁の戦略的な有効性については，研究者間でも評価が分かれている。しかし，外交に梃としての力強さが欠ける一方で軍事手段には深刻なコストが伴う以上，こうしたエコノミック・ステイトクラフトは今後一層重要になるだろう。近年の中国の「**一帯一路**」構想，トランプ政権期のアメリカによる対中関税引き上げなどは，そうした将来像を強く示唆している。

（長谷川将規）

▶1　台湾独立派企業への通商断絶の脅し（2004～2005），日本へのレアアース輸出の遅延（2010），フィリピン産バナナの入港禁止（2012），韓国ロッテ量販店の営業停止や韓国旅行商品の販売中止（2017）など。

▶2　ロシアのクリミア併合をめぐり，関係者の資産凍結や渡航禁止，ロシア主要銀行からの債券や株式の購入禁止など（2014）。

▶3　たとえば，1990年代のイラクへの経済制裁は，多数の民間人を犠牲にし，いわゆる「スマート制裁」（食料や医療品への規制を免除して一般市民を保護しつつ，金融制裁や渡航規制で政権中枢に損失を与える制裁）が提唱される契機となった。

▶**一帯一路**

⇨コラム13「一帯一路」，Ⅺ-5「中国」

推薦図書

長谷川将規『経済安全保障――経済は安全保障にどのように利用されているのか』日本経済評論社，2013年。

Ⅷ　平和・秩序

10 宣伝・広報

1 国際政治と世論

対外政策の手段としての宣伝・広報が注目されるようになったことには，大きく分けて二つの背景がある。第一は現代における政治参加の増大である。政治の民主化と大衆化がすすむとともに，政治は良くも悪くも世論の影響を強く受けるようになった。対外政策も政治過程の産物である以上，世論の影響から無関係ではありえない。第二は情報伝達手段の発達である。マスメディアの普及やインターネットの出現の結果，さまざまな情報を広い範囲に，迅速に流通させることが可能となった。その当然の帰結として，ほかの国々の世論に対し，国外から影響を及ぼす手段も豊富となった。

以上の二つの要因が重なった結果，現代の国際政治は政府レベルに限定されない，世論を含めた重層的なコミュニケーション過程に拡大したということができる。だからこそ，現代の対外政策は関係国の政府に対する直接的な働きかけにとどまらず，関係国の世論をつうじての間接的な働きかけをも含むものとなったのである。宣伝・広報が重要性を増すのは当然であろう。心理戦，情報戦，人心獲得競争などと呼ばれるものも同類である。

2 戦時宣伝から平時の外交へ

宣伝を意味するラテン語のプロパガンダは，カトリック教会が1622年に新設した機関の名に由来する。これは教義の積極的な宣伝を担う機関であり，設置の背景には宗教改革運動からの挑戦があった。しかし，国家間の相互作用において宣伝という手段が公認されるのは，20世紀に入ってからであった。

戦争がさまざまな分野におけるイノベーションの原動力となってきたことは歴史の否定できない一面であり，そのことは外交にも妥当する。第一次世界大戦は総力戦として戦われ，大量の国民が戦線に参加したり，生産に従事したりした。そのためこの大戦中には，敵国民の士気を低下させるための宣伝工作も重視された。E・H・カーは国際政治を動かす力として，軍事力，経済力，意見を支配する力の三類型を挙げているが，その背景には，第一次世界大戦の勝敗はこれらの総合力によって決したという考察があったのである。

大戦中のイノベーションは平時の外交にも継承された。外交が「言葉による戦争」であればそうなることが当然であろう。当時の国際社会において宣伝を組織的に展開したのはソ連を中心とする共産主義運動であり，ドイツのナチズムがそれに続いた。これに対抗する活動をイギリスやフランスなどが開始し，第二次世界大戦以後はアメリカも加わった。

3 欺瞞的な情報拡散

以上の記述においては，宣伝と広報を区別せずに扱ってきた。しかし，この二つの言葉は，必ずしも同義語ではない。日常的な用法としても，広報は真実を広く伝える，誤解を正すといった語感が強いのに対し，宣伝はそれらに限らず，欺瞞的な情報の拡散を含みうる。ヒトラーの有名な発言として，「説明は知識人のためのものであり，宣伝は大衆のためのものである。嘘はそれが十分に大きく，また何度も繰り返されるならば，大衆によって少なくとも一部分は信じられるようになるであろう」というものがある。いささか偽悪的に過ぎる印象もあるが，自らの宣伝の欺瞞性を強調したものと解釈できる。

欺瞞的な情報拡散は，短期的には利益をもたらす場合がありうるとしても，長期的には自らへの信頼を傷つけることは明らかである。しかし，それにもかかわらず，現実の国際政治においては，対立する国家や陣営を標的とする宣伝工作も行われてきたし，インターネットの出現はそれに拍車をかけている。ソーシャルメディアを用いた**ディスインフォメーション**はその一例である。

4 現代の広報外交

第二次世界大戦後のアメリカを中心に発達した**広報外交**（パブリック・ディプロマシー）は，情報を積極的に発信し，外国世論に働きかけることをつうじて，自国に対する関心・知識の増大，社会文化的な背景の理解，具体的な立場や政策に対する共感などを図ることに特色がある。その前提には，現代の国際政治が世論を含めた重層的なコミュニケーション過程になったという認識が存在するわけであるが，そこでの世論は客体であるばかりではなく，しばしば主体でもありうる点に注意を要する。

すなわち広報外交を効果的に進めるためには，政府による宣伝活動のみでは十分ではない。メディアを活用しての情報発信，専門家を中心とする知的対話，民間との協働による交流事業などを組み合わせ，客観性と信頼性を獲得していくことが重要である。その意味で広報外交という概念は，自由で民主的な社会と不可分であるといっても誤りではないであろう。広報外交はその意図を看取された時点で効果を半減するものである。

いうまでもなく，一般に生活体験やそれに根差した信念に響くような情報に対し，人々は反応しやすいであろう。こうして，広報外交の成否は対象社会の文化的文脈にも依存するから，地域研究の活用は不可欠の前提である。

（小笠原高雪）

▷ディスインフォメーション
事実と異なる情報を拡散したり，文脈を歪曲して浸透させたりすることによって，相手が不利になるような情報操作を行なうこと。

▷広報外交
パブリック・ディプロマシーは広報文化外交，公共外交などとも訳される。

推薦図書

金子将史，北野充『パブリック・ディプロマシー戦略』PHP 研究所，2014年。
渡辺靖『文化と外交』中央公論新社，2011年。

第4部

国際政治経済

Ⅸ　経済のグローバル化と歴史の展開

国際通貨体制

国際通貨体制とは

通貨は国ごとに異なるため，外国と輸出や輸入といった経済活動の際には通貨に関する国際的な取り決めである，国際通貨体制が重要な役割を果たす。具体的には，各国通貨の交換比率である外国為替レートや外国為替取引，国際収支の調整，国際的な決済制度などに関するルールなどが定められる。

1929年の世界恐慌を受けて，各国は自国産業を保護するために，輸入を抑制する効果のある通貨切り下げや関税引き上げといった保護主義的な経済政策を導入した。そのことが世界貿易の縮小や世界経済のブロック化をもたらし，第二次世界大戦の一因となったことから，第二次世界大戦後の国際通貨体制としては，自由貿易を促進するため，通貨切り下げ競争が生じないように外国為替の安定性が重視され，「自由・無差別・多角的」な国際通貨体制としてブレトンウッズ体制が形成された。

2 ブレトンウッズ体制の構築と崩壊

第二次世界大戦後の国際通貨体制は，1944年7月にアメリカのブレトンウッズで開催された連合国通貨金融会議で決定されたことから，ブレトンウッズ体制と呼ばれている。ブレトンウッズ会議では，国際通貨の安定を担う機関として国際通貨基金（IMF）が，また，戦後復興や経済開発に必要な資金を提供する機関として**国際復興開発銀行（IBRD）**が設立されることとなった。

ブレトンウッズ体制では国際通貨の安定性が重視されたことから，**固定相場制**が導入された。IMF加盟国は，たとえば日本の場合は1ドル＝360円のように，アメリカのドルを基準（基軸通貨）として自国通貨との交換比率（平価）を定め，外国為替相場の変動幅を平価の上下1％の範囲内に管理することが義務づけられた。当時，アメリカ政府は35ドル＝金1オンスでの金とドルの交換（兌換）を保障していたことから，ブレトンウッズ体制は「金によって価値が定められたドル」に対して平価が設定される「金ドル本位制」であった。

ドルは，アメリカによる大規模なヨーロッパ経済援助策であるマーシャル・プランによって西欧諸国を中心に大量に流通するとともに復興をもたらした。1960年代には先進諸国は日本も含めて高度経済成長を遂げ，国際貿易も急増した。その点でブレトンウッズ体制はうまく機能したと評価されている。

▷国際復興開発銀行（IBRD）
1960年に設立された国際開発協会（IDA）とともに一般に世界銀行と呼ばれている。日本はIBRDから総額8億6300万ドルを借り入れ，東海道新幹線や名神高速道路など多くの社会基盤を整備した。IBRDは「銀行」であるため融資には利子が付くが，そうした融資を受ける経済力のない後発開発途上国にはIDAが無利子で資金を融資している。Ⅸ-4「経済支援・開発支援」参照。

▷固定相場制
ブレトンウッズ体制では，基本的な経済状況が変化したとIMFで認められれば平価の変更は可能であったことから，正確には「調整可能な固定相場制（アジャスタブル・ペッグ制）」であった。

しかしながら，国際貿易の増加によってアメリカ国外で流通するドルの量（国際流動性）が増加したことで，ドルに対する信頼性（信認）の低下が懸念されるようになった（トリフィンのジレンマ，流動性のジレンマ）。ドルの国際流動性が高まり，アメリカ政府が兌換すべき金が増えたことで，1オンス＝35ドルでの金兌換に対する信頼が揺らぎ，金に対するドルの価値が低下して金価格が上昇した。主要国が有効な対応策を打ち出せないなかで1971年8月15日にアメリカのニクソン大統領がドルと金の兌換停止や10％の輸入課徴金導入などの新経済政策を突然発表したことで，金ドル本位制としてのブレトンウッズ体制は崩壊した（ニクソン・ショック）。

3 変動相場制への移行

ニクソン・ショックによって固定相場制を停止せざるを得なくなったことから，IMF 加盟国の先進10カ国（G10）は固定相場制の再構築について協議を重ねた。そして，1971年12月にワシントンで開かれた会議で，ドルの切り下げや為替変動幅の上下2.25％への拡大などが合意され（スミソニアン合意），新たな国際通貨体制としてスミソニアン体制が成立した。しかしながら，アメリカは輸入課徴金については停止したものの，ドルの金兌換停止は継続し，アメリカの貿易収支赤字も増加したことからドルの信認は回復しなかった。

そうしたなかで，1973年1月下旬にヨーロッパで通貨危機が生じ，2月にアメリカがドルを切り下げると，主要国は日本を含めて固定相場制の維持が困難となり，3月までに全面的に変動相場制へ移行していった。その後，1976年にジャマイカのキングストンで開かれたIMF 暫定委員会において，変動相場制への移行と金の廃貨などを含むIMF 協定の第二次改正案が承認された。

4 変動相場制と政策協調

変動相場制での為替レートは，通貨に対する需要と供給のバランスによって決まる。一般に，通貨Aを別の通貨Xに交換することは「Aを売ってXを買う」と表現されるが，この場合，通貨Xに対する需要の増加を意味する。通貨に対する需給は貿易と密接に関連しており，貿易赤字になった国の通貨は需要が減って価値が下がる（安くなる）が，このことは輸出には有利な条件となる。そのため，変動相場制では国際収支の調整が容易になることが期待された。

しかし，1980年代にアメリカが財政赤字と貿易赤字という「双子の赤字」に陥ったにもかかわらず，ドル高が続いた。そのため，1985年9月に**主要五カ国（G5）蔵相・中央銀行総裁会議**が開かれ，ドル高を是正するために一斉にドル売りをする協調介入が合意された（**プラザ合意**）。その結果ドル安が進み，以降は為替水準の調整手段として政策協調がしばしば利用されるようになった。

（小尾美千代）

▷主要五カ国（G5）蔵相・中央銀行総裁会議
第一次石油危機が発生した1973年から，日本，アメリカ，イギリス，西ドイツ，フランスによって非公式に行われていたが，プラザ合意の発表で初めて存在が公式に示された。1986年からカナダとイタリアが加わりG7となった。日本で大蔵省が財務省と金融庁に再編された2001年以降は「財務相・中央銀行総裁会議」と呼ばれている。

▷プラザ合意
1985年9月22日にニューヨークのプラザホテルで発表されたことからプラザ合意と呼ばれている。G5が協調してドル売りの市場介入を行った結果，主要国通貨に対してドルが下落した。円に対しては1ドル＝240円台から1985年末には1ドル＝200円台となり，1987年12月末には120円台にまで急激に円高がすすんだことから日本経済に大きな影響をもたらした。

推薦図書

西川輝『IMF 自由主義政策の形成――ブレトンウッズから金融グローバル化へ』名古屋大学出版会，2014年。

松浦一悦『現代の国際通貨制度（改訂版）』晃洋書房，2019年。

IX　経済のグローバル化と歴史の展開

自由貿易体制

1 GATT体制の成立

第二次世界大戦の原因となった保護主義やブロック経済への反省から，戦後は「自由，無差別，**多角主義**」を原則とする国際貿易体制が推進された。アメリカからの提案を受けた協議の結果，1948年3月に国際貿易機関（ITO）の設立憲章（ハバナ憲章）が採択された。しかし，自由貿易に対する懸念が強まっていたアメリカ議会で**批准**されなかったために，ITOの設立は頓挫した。そのため，ITO設立までの暫定的な措置として1947年に採択され，1948年1月に発効していたGATT（関税及び貿易に関する一般協定）が，結果的に1995年にWTO（世界貿易機関）が設立されるまでの長期にわたって国際的な貿易ルールとして機能することとなった。なお，日本は1955年にGATTに加盟した。

▷多角主義
英語ではmultilateralismと表記される。一部の主要国が決定するのではなく，すべての加盟国が参加して交渉を進める方針のこと。そのために基本的にコンセンサス方式（全会一致制）が導入されている。

▷批准
署名した条約に国家が拘束されることに同意する手続き。それによって条約が国内で有効なルールとなることから，立法府（日本の場合は国会）での審議，承認を必要と定めている国が多い。

GATTでは無差別原則に基づき，すべての貿易相手国に最も有利な貿易条件を与える最恵国待遇，国内産品と外国産品とで差別的な取扱いを禁止する内国民待遇が定められた。また，輸入の数量制限は原則的に禁止され，国内産業を保護する手段としては関税のみが認められた。ただし，関税の引き上げは禁止され，GATT加盟国は関税の上限税率（譲許関税）を設定し，多国間貿易交渉（ラウンド）を通じて譲許関税を段階的に引き下げて行くことで貿易の自由化を進めていくこととなり，1994年までに8回のラウンドが開かれた。

このように貿易自由化の制度が形成されてきたが，同時に国内経済についてはインフレや失業がない安定的な状況としての国内均衡も重視されたことから，さまざまな例外措置も条件つきで認められた。たとえば，輸入急増による国内産業の損害に対する緊急輸入制限（セーフガード），国際収支の悪化を防ぐための輸入数量制限，農産物に対する輸出入制限，輸出入補助金の容認，などである。自由・無差別・多角主義を原則としつつも多くの国にとっての実現可能性を重視する方針は「ガット・プラグマティズム」と呼ばれる。結果的に，1947年の採択時には23カ国であったGATTの加盟国は，1994年には128カ国・地域にまで増加し，特に先進国の平均関税率は大幅に引き下げられた。

2 WTO体制への発展

正式な国際機関であるWTOの設立は1986年から開始されたウルグアイ・ラウンドで1994年に合意された。1947年に採択されたGATTは改訂され，

「1994年のGATT」としてWTO協定の一部となった。GATTは主に物品貿易を対象としていたが，経済のグローバル化の進展に伴って貿易に関連する分野が拡大したことを受けて，「サービスの貿易に関する一般協定（GATS）」「**知的所有権の貿易関連の側面に関する協定（TRIPS協定）**」「貿易に関連する投資措置に関する協定（TRIMs協定）」が制定された。

WTOでは貿易に関する紛争処理機能も強化された。GATTでは細分化され，複雑化していた紛争解決に関するルールと手続きがDSU（紛争解決了解）としてまとめられ，DSB（紛争解決機関）で扱われることになった。また，審査体制についてはパ**ネル**による審査のみであった一審制から，パネルの裁定に不服がある場合には**上級委員会**に申し立てができる二審制となった。さらに，手続きの遅延の要因となっていた裁定方法が全会一致制のコンセンサス方式から**ネガティブ・コンセンサス方式**となり，手続きの迅速化も図られた。

3 ドーハ・ラウンドの長期化と多角主義の限界

WTO設立後，1999年にシアトルで開催された第三回閣僚会議で新ラウンドの立ち上げが予定されていたが，加盟国の80%を占めるようになった途上国と先進国の対立や，農業などをめぐる先進国間の対立が解消されずに会合は失敗に終わった。当時，シアトルには，WTOによるさらなる貿易自由化は環境や労働条件を悪化させるとして反グローバル化を掲げる市民団体や活動家が集結して大規模な抗議デモ活動が行われたが，一部が暴徒化して夜間外出禁止令が出されるなど街全体が混乱した。その後の調整で途上国の開発をより重視した議題（アジェンダ）が設定され，2001年にドーハ・ラウンド（ドーハ開発アジェンダ）が立ち上げられた。当初は3年間での交渉妥結が期待されていたものの，交渉は難航し，開始から20年が経過した現在も合意は成立していない。

その背景として，GATTにより物品の関税撤廃が進んだことで，WTOでは農業の自由化や政府補助金などGATTでは例外とされてきた分野や，開発や環境など新たな分野も自由化の対象となったことが挙げられる。また，WTO加盟国が164カ国・地域にまで増加したこともコンセンサス形成を困難にしている。GATT時代から，ラウンドでは議題となっている複数分野の交渉結果をまとめて合意する「一括受諾方式」が取られてきた。しかし，ラウンド開始から10年を経た時点で方針が転換され，すでに合意が成立している分野から順次実行していくことが容認された。その結果，WTOの全加盟国・地域によって策定された協定としては初めて，貿易円滑化協定が2017年に発効している。

WTOでは紛争解決手続きについても上級委員会の判断の妥当性や，審査期間の長期化などの問題が指摘されている。他方で，次節でみるように，近年では二国間や地域の自由貿易協定が数多く形成されており，多国間貿易体制としてのWTOの機能低下・機能不全が危惧されている。（小尾美千代）

▷知的所有権の貿易関連の側面に関する協定（TRIPS協定）
⇨Ⅹ-5「知的財産権をめぐる国際政治」

▷パネル
貿易紛争案件を審査する小委員会。委員はパネリストと呼ばれ，一つの案件を3名のパネリストが担当する。原則として6カ月以内に結論としての最終報告書を提出する。この最終報告書に不服がある場合は上級委員会に上訴することができる。

▷上級委員会
7名の委員からなり，4年の任期を2期まで務めることができる。コンセンサス方式で選定される委員については，アメリカが上級委員会への批判から後任指名を拒否するようになった結果，2019年12月に案件を担当する最低人数3名を下回る2名となり，2020年12月1日からは一人もいない事態となった。

▷ネガティブ・コンセンサス方式
提案が「否決」されるにはコンセンサス（全会一致）が必要であり，それ以外，つまり一人でも「賛成」すれば，提案は採択される裁定方式。全員が反対しない限り採択されるため，ほぼ自動的に手続きが進められる。なお，コンセンサス方式（全会一致制）では一人でも反対すれば提案は否決される。

推薦図書
中川淳司『WTO――貿易自由化を超えて』岩波書店，2013年。
渡邊頼純『GATT・WTO体制と日本――国際貿易の政治的構造』北樹出版，2012年。

地域統合・市場統合の展開

1 GATT/WTO 体制と地域貿易協定（RTA）

GATT/WTOでは特定の貿易相手国に対して特恵関税を付与する地域貿易協定（RTA）が無差別原則の例外として条件つきで容認されている。物品貿易を対象とするRTAは，**関税同盟**，**自由貿易地域**（Free Trade Area），これらを形成するための中間協定の三つに分類される。RTAの主な要件は，「実質上すべて」の関税を撤廃すること，域外国に対して貿易障壁を高めないこと，「妥当な期間内」で完成させること，である。しかし，「実質上すべて」「妥当な期間内」などの解釈が確立されていないため，WTOによる審査は必ずしも機能していない。また，途上国への優遇措置の一環として，途上国によるRTAにはそもそも要件が課されていない。

制度として曖昧な部分があるものの，1980年代まではRTAの数は少なかった。しかし，1990年代になるとEUやNAFTAといった先進国による大規模なRTAの形成に伴って増加しはじめ，**ドーハ・ラウンド**の長期化が顕著になった2010年代以降にも再び増加するようになっている。

▷関税同盟
締約国間での貿易自由化に加えて，域外国に対する関税率や貿易ルールを共通化することで，市場を統合する取り決めのこと。

▷自由貿易地域（Free Trade Area）
締約国間で関税や貿易制限措置を撤廃して貿易を自由化する取り決め。WTO協定では「自由貿易地域（Free Trade Area）」と表記されているが，一般にFTAと表記される場合は自由貿易協定（Free Trade Agreement）を指すことが多い。

▷ドーハ・ラウンド
⇨IX-2「自由貿易体制」

2 ヨーロッパにおける地域統合

RTAが無差別原則の例外として容認された背景には，二度も世界大戦の戦場となったヨーロッパにおいて「不戦共同体」を形成する手段として地域統合が追求されてきたことがある。1958年に設立されたEEC（ヨーロッパ経済共同体）はGATTに通報された最初の関税同盟であり，12年間での人，物品，サービス，資本の「四つの移動の自由化」の実現が目標とされた。関税同盟は1968年に完成したものの，フランスが共同市場設立に伴う主権の縮小に警戒感を強めたことから，市場統合の動きは長らく停滞した。その後，二度の石油危機による経済不況や，アメリカやアジアにおける経済成長への危機感を背景として，1985年に市場統合計画の「域内市場白書」が採択されたことで，1993年の**EU（欧州連合）**発足につながる市場統合への動きが再び加速した。

他方で，西欧諸国はブレトンウッズ体制崩壊後も地域内における固定相場制の維持を模索し，1979年に地域の固定相場制度としてヨーロッパ通貨制度（EMS）を制定した。そこでは共通の通貨単位としてECU（ヨーロッパ通貨単位）が設定されたが，これが後にEUにおける共通通貨ユーロとなった。

▷EU（欧州連合）
⇨XI-3「主権国家を乗り越えられないEU」

設立当時のEU加盟国は12カ国であったが，冷戦終結後に旧東欧諸国が加盟して2013年には28カ国となった。しかし，イギリスが2016年の国民投票の結果，2020年1月31日に脱退し，現在では27カ国となっている。

3 北アメリカにおける市場統合

北アメリカでは，1980年代半ばからカナダがアメリカに提案する形でFTA（自由貿易協定）が協議され，1989年に米加FTAが発効した。その一方で，1990年にアメリカとメキシコの間でもFTAについて協議されることが決定されたところ，カナダが参加を希望したことからNAFTA（北米自由貿易協定）が締結され，1994年に発効した。ほとんどの関税は10年以内に撤廃され，15年後の2008年に域内での関税は完全に撤廃された。

アメリカでは，環境・労働基準が先進国よりも緩いメキシコとのFTAによる，アメリカ国内での環境・労働水準の低下が懸念されてきた。2017年1月に就任したトランプ大統領は，NAFTAによって多くの雇用がメキシコに奪われているとしてメキシコ，カナダとNAFTAの再交渉を行った。その結果，自動車分野での原産地規則の厳格化など，一部が改正された。協定の内容はほとんどNAFTAを踏襲したものであったが，協定の名称はUSMCA（アメリカ・メキシコ・カナダ協定）となり，2020年7月に発効した。

4 アジアにおける市場統合

アジアでは，ヨーロッパや北アメリカとは異なり民主主義体制という共通の政治基盤が弱いため，あえて経済を中心とする地域協力が推進されてきている。1989年に結成された**APEC（アジア太平洋経済協力）**は貿易・投資の自由化および円滑化，経済技術協力を目的とする協議体（フォーラム）である。交渉の成果をメンバー以外にも無差別に適用する「開かれた地域主義」を原則としている点で，関税同盟や自由貿易協定とは大きく異なっている。2016年にはアメリカや日本を含む12のメンバーにより，関税撤廃を原則とする高い水準の貿易・投資の自由化を目指すTPP（環太平洋パートナーシップ）協定が署名された。その後，トランプ政権となったアメリカが脱退したため，11のメンバーで新たにCPTPP（環太平洋パートナーシップに関する包括的及び先進的な協定）が形成され，2018年12月に発効した。

また，CPTPPほどの自由化水準にはないものの，東アジア，オセアニア，インドの16カ国が参加して2013年から交渉されてきたRCEP（地域的な包括的経済連携）は，調整が難航していたインドが離脱して2020年11月に合意された。RCEPは世界人口とGNPの30％を占める世界最大の自由貿易圏となる。

（小尾美千代）

▷APEC（アジア太平洋経済協力）
⇨ⅩⅢ-4「アジア太平洋の多国間協力」

推薦図書

大矢根聡，大西裕編『FTA・TPPの政治学――貿易自由化と安全保障・社会保障』有斐閣，2016年。

本田雅子，山本いづみ編『EU経済入門』文眞堂，2019年。

田中素香，他『現代ヨーロッパ経済』有斐閣，2018年。

Ⅸ　経済のグローバル化と歴史の展開

4 経済支援・開発支援

1 経済支援・開発支援の開始と南北問題

1947年2月にアメリカのトルーマン大統領は，**冷戦**がはじまり東欧諸国に続々と共産主義政権が樹立されていくなかでギリシャ・トルコに対する支援を発表した。続いて同年6月には欧州復興計画（マーシャル・プラン）が発表され，主に西欧諸国を対象に1951年までに当時のアメリカのGNP（国民総生産）の2%に当たる100億ドル以上が供与された。

▷**冷戦**
⇨Ⅲ-1「冷戦の起源」

1940年代後半以後，アジア諸国が独立するなかで，新興独立国への援助を東西両陣営が行ったが（東西援助競争），この時代の援助は新興独立国を東西どちらの陣営の味方につけるのかが大きな目的であったことは否めない。

1960年前後にはアフリカでも独立が続いたが，そうしたなか，1959年にイギリスのロイズ銀行総裁のオリバー・フランクスが「北の先進諸国と南の低開発地域との関係は，南北問題として東西対立とともに現代世界が直面する二大問題の一つである」と指摘したことをきっかけに「南北問題」ということばが使われるようになった。1960年代に入り，南が国連のなかで多数派になるなかで，国連は1960年代を（第一次）開発の10年として宣言する。また西側諸国もOECDの**開発援助委員会（DAC）**の設立など，ODA（政府開発援助）実施のための組織・制度を強化していった。

1960年代まで，開発とは経済成長・工業化・近代化であるという認識のもとで，途上国の政府主導による経済インフラ開発への支援が主流であった。また経済成長は**トリクル・ダウン**により国全体の豊かさをいずれもたらすと考えられた。

▷**開発援助委員会（DAC）**
ODA政策についての政策協調・研究を行う組織で，ピア・レビュー（加盟メンバー間の相互評価）や勧告などによりODA政策の方向づけを行っている。現在は29カ国とEUの合計30のメンバーが加盟している。

▷**トリクル・ダウン**
開発の初期段階には富は富めるものに集中するが，やがて社会全体に滴り落ちるという考え方。

2 1970-90年代の開発支援

しかしトリクル・ダウンはあまり見られず，多くの途上国で貧困問題が続くなかで，**人間の基本的ニーズ（Basic Human Needs）**への直接支援を行うアプローチが台頭した。

1980年代になると途上国の債務問題が表面化した。当時は先進国でも政府部門の社会経済への介入を最小限にし，市場原理に任せる新自由主義が台頭していたが，その考え方を途上国にも当てはめつつ途上国の経済社会改革をめざす構造調整が進められた。構造調整では，財政・金融改革，自由化・規制緩和，

▷**人間の基本的ニーズ（Basic Human Needs）**
教育，保健，所得向上，雇用など人間らしい生活をするうえでの基本的なニーズのこと。

▷**世界銀行**
国際復興開発銀行（IBRD），国際開発協会（IDA：従来のIBRDの条件では厳しい諸国により緩やかな条件で融資）などからなる，貧困削減と持続的成長の実現に向けて，途上国政府に対し融資，技術協力，政策助言を提供する国際開発金融機関。

公営企業の民営化などの改革プログラムを受け入れることの引き換えに対外収支の改善への支援が行われた。

1990年代になると，国連開発計画（UNDP）の『人間開発報告書』の出版や国連社会開発サミットの開催（1995年）により人間開発や社会開発といった人間を中心に据え，住民参加や保健・教育といった社会部門を重視し，経済成長は目的でなく手段の一つと考えるアプローチが広まっていった。一方で世界銀行やIMFは構造調整を引き続き進め，1990年代は国連の人間開発・社会開発路線と二つの路線が競合した。

3 MDGs時代の開発支援

1999年の**世界銀行**・**IMF**の貧困戦略削減ペーパー（PRSP）の採用と，2000年の国連ミレニアム総会における**ミレニアム開発目標（MDGs）**の採択により，国連と世界銀行・IMFは「目標としてのMDGs，手段としてのPRSP」の考え方を共有するようになった。その一方で，中国・インドなどの新興ドナーが台頭し，世界の開発支援のあり方に影響を与えるようになった。

4 SDGs時代の開発支援

2015年9月に国連総会で採択された**持続可能な開発目標（SDGs）**は経済・社会・環境の3次元にまたがる広範な17の目標からなるが，SDGsが今日の開発支援の共通目標となっている。また2010年代半ばからDACの改革も始まり，2019年4月に発表された2018年実績分から**ODAの定義と計算ルール**が改定された（細かいルールについては現在も交渉が続いている）。

2020年にはDACメンバーのODAの総額は1612億米ドル（前年比3.5%増），日本は163億ドルで，アメリカ，ドイツ，イギリスについで4位であった。ただ日本は1990年代にはDAC最大の援助供与国であり，21世紀初頭以来の財政再建策の一環としてODAを減額し順位を落としている。ODAに関する国際目標は対GNI（国民総所得）比0.7%であるが，満たしているDAC諸国は6カ国に過ぎず，DAC全体では0.32%，日本は0.31%である（2020年）。

中東湾岸産油国・トルコ・中国・インド・ブラジルなどの新興ドナーによる**援助活動**がますます活発化している。中国・インドなどいくつかの新興ドナーはDACのODAの定義や規範・ルールを受け入れていない。

COVID-19のODAへの影響は深刻になるとみられている。途上国のCOVID-19対応の緊急援助が行われたが，追加的な資金で行ったDACメンバーもあれば，ほかのセクターに配分予定だった資金を転用しているメンバーもある。また国内対策優先の観点からODAを大幅に減額しているメンバーもある。COVID-19のODAへの影響については今後発表される統計などをもとに，分析が求められる。

（高柳彰夫）

▷IMF
⇨IX-1「国際通貨体制」

▷ミレニアム開発目標（MDGs）
⇨X-3「持続可能な開発」

▷持続可能な開発目標（SDGs）
⇨X-3「持続可能な開発」

▷ODAの定義
①政府ないし政府の実施機関によって供与されるものであること。
②開発途上国の経済開発や福祉の向上に寄与することを主たる目的としていること。
③資金協力については，その供与条件が開発途上国にとって重い負担にならないようになっており，グラント・エレメントが，LDCs（後発開発途上国）では45%以上であること，低中所得国では15%以上であること，高中所得国では10%以上であること。（2018年までは一律にグラント・エレメント25%以上）

▷ODAの計算ルール
2018年までは純支出額（ODAの総支出額－借款の返済額）であったが，2019年からはグラント相当額（贈与額＋借款額×グラント・エレメント）に変更になった。その結果，ほかのDAC諸国よりも借款比率が高く，返済額が多かった日本のODA額は約40%も多く算出されるようになった。

▷援助活動 ⇨VIII-9「経済援助・経済制裁」

▷COVID-19
⇨XII-10「感染症の時代における国際協力と対立」

推薦図書

西垣昭・下村恭民・辻一人『開発援助の経済学——「共生の世界」と日本のODA』（第4版）有斐閣，2009年。

IX　経済のグローバル化と歴史の展開

5 通貨危機

1 通貨危機とは

通貨危機とは，ある国の通貨の対外的な価値が急に下落することや，それによって国の経済状況が悪化することを意味している。基本的に通貨価値はその国の経済状況を反映することから，発展途上国では，自国の通貨価値を安定させるためにドルに対する**固定相場制**（ドル・ペッグ制）が導入されることがある。そうした場合に，ドル・ペッグ制の維持が困難になるとみなされることで通貨危機が生じることがある。金融市場のグローバル化が進んだことで，通貨危機による影響は当該通貨の発行国だけではなく，貿易や投資などを通じて経済交流のある諸外国や外国企業など広い範囲に及ぶようになっている。

▷**固定相場制**
⇨IX-1「国際通貨体制」

2 国際金融市場のグローバル化と通貨危機①――メキシコ通貨危機

1994年末から95年にかけてメキシコで通貨危機が発生した。メキシコ政府は90年代に経済発展政策として積極的な外資導入を推進し，自国通貨ペソに対するドル・ペッグ制を導入していた。92年末には**NAFTA**が署名されたこともあり，メキシコへの外国資本が流入していた。しかし，94年1月1日のNAFTA発効に合わせて，これに反対する先住民ゲリラ組織が武装蜂起し，3月には大統領候補者が遊説中に暗殺されるなど政情が不安定化した。

▷**NAFTA**
⇨IX-3「地域統合・市場統合の展開」

他方で，94年に入るとインフレ対策としてアメリカが金利を引き上げたこともあり，海外投資家は資本をメキシコから引き揚げていった。NAFTAの影響による対米輸入増加も加わりドル不足に陥ったメキシコ政府は，12月20日に為替レートを約15％切り下げたが，2日後の22日には変動相場制に移行せざるを得なくなり，ペソは40％も値下がりした。メキシコ政府に対してはアメリカと**IMF**が中心となって総額500億ドル規模の救済が行われたが，その影響はブラジルやアルゼンチンなど，ほかの新興諸国にも資本逃避という形で波及した。

▷**IMF**
⇨IX-1「国際通貨体制」

3 国際金融市場のグローバル化と通貨危機②――アジア通貨危機

メキシコから引き揚げられた資金の投資先として円が買われたこともあり，円は1995年4月に当時の史上最高値となる1ドル＝79円75銭まで上昇した。これを受けて開催されたG7蔵相・中央銀行総裁会議の結果，急激なドル安を「秩序ある形で反転させることが望ましい」との声明が発表され，その後の協調介入によって95年末には1ドル＝103円台まで円安ドル高が進行した。

アジア諸国でも多くの国がドル・ペッグ制を導入していた。タイでは1990年代から積極的な外資流入政策をとっていたが，流入した資金の多くは不動産や株式投資に向けられた。95年以降のドル高に連動したバーツ高の影響でタイでは経常赤字が拡大し，96年末から97年5月にかけて投機的なバーツ売りが続いた。最終的にタイ政府は7月に変動相場制へ移行せざるを得なくなり，バーツは一気に下落した。8月にはIMFと日本が中心となった支援プログラムが発表されたものの，支援額をはるかに上回る外貨が必要なことが判明したため，バーツは下落し続けた。

また，7月にはマレーシアとフィリピンも変動相場制に移行したが，通貨下落は周辺のアジア諸国に波及して「アジア通貨危機」となった。なかでも，インドネシアではルピアが80%以上も下落する事態となり，外貨不足から輸入が停止されたために社会が混乱に陥り，その結果，32年間にわたって軍事独裁政権を維持してきたスハルト政権が崩壊した。さらに，韓国では11月にウォンが急落して外貨不足となり，対外債務が返済不能となる債務不履行（デフォルト）に近い状況となった。IMFは日本やアメリカとも協力して大規模な支援プログラムを決定したもののウォンの下落は続き，危機前の半分ほどに低下した。

4 通貨危機とIMF

通貨危機が発生すると対外債務や貿易の決済に必要な外貨が不足するため，その国に新たに外貨を貸し付けることが主な緊急対応策となる。しかし，IMFでは貸付上限が「出資額の5倍まで」と規定されており，それでは十分ではなかったことから，メキシコ通貨危機ではアメリカが，アジア通貨危機では日本やアジア諸国がIMFと協力して融資を行う，協調融資が導入された。

IMFからの支援にあたっては，財政支出の削減や金融引き締めに加えて，金融部門改革や経済構造改革を中心とする融資条件（コンディショナリティー）が付けられた。金融部門改革としては，不良債権処理，弱体化した金融機関の整理・健全化，法制度の整備などが，経済構造改革としては，独占の廃止，国営企業の民営化，貿易障壁の撤廃・貿易自由化の推進，不透明な政府・企業関係の是正などが求められた。これらの政策は，通貨を安定化させる反面，企業倒産や失業者の増加など不況を悪化させるとして批判された。とくに韓国では影響が大きく，失業率は97年の平均2.6%から98年7月には7.6%に上昇した。

アジア通貨危機を受けて，日本は今後の対応策としてアジア通貨基金の設立を提案したが，アメリカや中国の反対から実現しなかった。しかしその後，同様の機能を果たす枠組みとして，日本，中国，韓国とASEAN諸国による**通貨スワップ協定**◁であるチェンマイ・イニシアティブが2000年に合意された。

（小尾美千代）

▷**通貨スワップ協定**
外貨（主としてドル）が必要となった際に，その国の通貨との交換（スワップ）で一定期間，外貨を借りられる協定。チェンマイ・イニシアティブは2000年の設立当初は二国間協定をベースとしていたが，世界金融危機を受けて，2010年には資金総額が倍増され，多国間協定となった。X-1「世界金融危機」参照。

推薦図書

国宗浩三『IMF改革と通貨危機の理論――アジア通貨危機の宿題』勁草書房，2013年。

吉川久治『国際通貨・金融危機と発展途上国』新日本出版社，2014年。

X　グローバル経済の新局面をめぐる国際政治

世界金融危機

1 世界金融危機の発生と背景

アメリカで，住宅バブル崩壊に伴い住宅ローンが不良債権となる問題（**サブプライム住宅ローン**問題）が深刻化した影響で，2007年8月にパリを拠点とする世界有数の金融機関であるBNPパリバ傘下の投資ファンドが投資家からの解約を凍結した。これは，例えるならば銀行口座から預金を引き出せなくなったようなものであり，欧米を中心に株式市場や為替市場が大混乱に陥った。その後，いったん市場は落ち着いたものの，2008年3月にアメリカ大手投資銀行のベア・スターンズ，さらに7月には住宅金融公社のファニーメイ（連邦抵当金庫）とフレディマック（連邦住宅抵当貸付公社）が経営破綻に瀕した。

これに対しアメリカ政府は“Too big to fail”，すなわち大手金融機関の破産は経済への影響が大きすぎるため救済せざるを得ないとして，これらの金融機関を救済した。そのため，市場関係者の間で金融機関は政府によって救済されるとの期待が広がる一方で，住宅ローンを返済できなくなった一般市民が住宅を差し押さえられて家を失っているにもかかわらず，経営に失敗した金融機関が責任を取ることなく税金で救済されていることに対して，世論の反発は強まった。そうしたなかで，ベア・スターンズよりも規模の大きいアメリカ証券会社4位のリーマン・ブラザーズが経営危機に陥った。しかし，この時は最終的にアメリカ政府はリーマン・ブラザーズを救済せず，同社は9月15日に破産したことから，市場関係者に大きな衝撃を与えた（リーマン・ショック）。

2 世界金融危機の展開

9月15日にはリーマン・ブラザーズが破産しただけではなく，大手証券会社3位のメリルリンチが大手銀行2位のバンク・オブ・アメリカに買収されたこともあり，金融市場は世界規模で混乱した。翌16日には経営危機が深刻化した生命保険会社1位のAIGに対して，アメリカ政府が850億ドル規模の救済策を発表するとともに，AIGは実質的に国有化されることになった。

こうした事態を受けて，公的資金で金融機関を救済する7000億ドル規模の**緊急経済安定化法案**がアメリカ議会下院に提出された。しかし，上記のように金融機関を公的資金で救済することへの世論の反発も強く，9月29日の投票の結果否決されたことで，ニューヨーク株式市場の株価は当時としては過去最大の

▷サブプライム住宅ローン
借金返済の信用力が低い（サブプライム）借り手に対する住宅購入用資金の融資。審査が緩い分，金利は高かったものの，当時のアメリカでは購入時よりも高値で住宅を売却できたために，返済が延滞しても資金回収できた。しかし，2006年以降住宅バブルが崩壊したことで多くの金融機関が多大な損失を被った。

▷緊急経済安定化法案
11月4日に大統領選挙（それに合わせて議会選挙も実施）が予定されていたこともあり，下院では予想に反して否決された。その後，修正されて10月3日に成立した。

▷新興経済国
⇨X-6「新興経済国と国際経済体制への影響」

▷G20
⇨X-6「新興経済国と国際経済体制への影響」

▷アジア通貨危機
⇨IX-5「通貨危機」

▷金融・世界経済に関する首脳会合

暴落となった。その後，世界中の株式市場で株価が金融機関に限らず大幅に下落し，**新興経済国**では通貨が下落するなど，世界的な金融危機に発展した。

世界金融危機の主な原因は，サブプライムローンの証券化など新たな方法で開発されたデリバティブ（金融派生商品）をはじめとするさまざまな金融商品が多くの金融機関に販売された結果，商品のリスクがわかりにくくなったことにある。どの金融機関がどの程度のリスクを抱えているかがわからないため，大手を含めた金融機関の経営状況への信頼が大きく低下して，多くの投資家が慎重になった。そのため，企業が経営に必要な資金調達が困難になるなど，「お金」が回らなくなり，経済不況が深刻化した。

3 世界金融危機への国際的な対応

世界金融危機への国際的な対応として，G7はリーマン・ショック直後に財務大臣・中央銀行総裁会議を開いて国際金融市場の動揺に関する共同声明を発表し，さらに，金融市場を安定化させて資金の流れを回復するための行動計画を発表した。

こうした比較的少数の主要先進国による従来の枠組みに加えて，世界金融危機によって深刻な影響を受けた新興国も交えた主要20カ国・地域の枠組み（**G20**）が重要な役割を果たすようになった。G20は，1997年の**アジア通貨危機**などを受けて，1999年のG7財務大臣会議で創設が合意され，財務大臣・中央銀行総裁会議が年1回開催されていたが，世界金融危機を受けて2008年11月にワシントンで初めてG20サミット（**金融・世界経済に関する首脳会合**）が開催された。このように，当初は財務大臣・中央銀行総裁の会合であった枠組みが，その後，首脳会合に発展したという経緯はG5と同様である。

国際的な金融機関に対する規制に関しては，主要国の金融監督当局や中央銀行などで構成される**バーゼル銀行監督委員会**が中心的な役割を果たしており，**自己資本比率**などの国際統一基準（バーゼル合意）が国際ルールとなっていた。1988年に策定されたバーゼル合意は2004年に改訂されていたが，世界金融危機を受けて2010年に新たな規則の枠組みとして**バーゼルⅢ**が公表され，2017年12月に最終合意されている。

国際金融市場の安定化に関する枠組みとしては，G7蔵相・中央銀行総裁会議で1999年に創設された金融安定化フォーラム（FSF）があり，金融市場の監視や情報交換などによる国際協力が行われてきた。しかし，世界金融危機において，多額の公的資金を投入して大手金融機関を救済したことから，主要国政府は金融機関に対する監督責任を厳しく追及された。そのため，2009年4月の第二回G20サミットにおいてFSFの機能を強化する形で**金融安定理事会（FSB）**が設立された。FSBによって示された金融機関の破綻処理に関する方針は，国際基準として各国で法整備が行われている。　（小尾美千代）

緊急開催された第一回会合では，①金融市場の透明性および説明責任の強化，②健全な金融規制の拡充，③金融市場の公正さの促進，④国際的協力の強化・拡充，⑤国際金融機関の改革，の5原則が合意され，それぞれの行動計画が規定された。2009年9月の第三回会合で定例化が決定された。

▷バーゼル銀行監督委員会
1974年に主要10カ国の中央銀行総裁会議で創設。

▷自己資本比率
総資本（負債＋純資産）を純資産で割った中長期的な経営状況を示す指標。

▷バーゼルⅢ
自己資本比率規制の厳格化など，世界的な金融危機の再発を目的とする。2013年から日本を含む世界各国で段階的に実施。2017年に合意された最終化の規則はCOVID-19対応として1年延期されて2023年から実施される予定。

▷金融安定理事会（FSB）
現在ではIMF，世界銀行，OECD，国際決済銀行（BIS），証券監督者国際機構（IOSCO）などの国際組織も参加。COVID-19の影響で2020年3月に生じた世界的な株価下落や為替変動の要因として投資会社など銀行以外の金融機関の影響力増大という金融市場の構造変化を指摘し，対応策を2022年に発表する予定。

推薦図書

岩崎淳『グローバル化が変える国際基準――検証・G20とバーゼルⅢ』早稲田大学出版部，2020年。
小川英治編『世界金融危機後の金融リスクと危機管理』東京大学出版会，2017年。

X　グローバル経済の新局面をめぐる国際政治

2 21世紀型貿易と自由貿易体制

1 技術革新による貿易構造の変化

貿易の発展は技術革新と深く関連している。**産業革命**による鉄道や自動車の開発など輸送ネットワークの発展やコストの低下によって貿易は拡大してきた。1990年代に，第三次産業革命といわれるコンピューターやインターネットなど情報通信技術（ICT）の革新的な発達によって通信コストが低下したことで，国際的な技術・経営管理が容易になり，生産工程の**アンバンドリング**（分離）が広がった。企業がそれぞれの工程に適した場所（国）で生産活動を行うことで，生産活動のグローバル化が進展して**グローバル・サプライチェーン**が発展した結果，貿易構造は「21世紀型貿易」へと大きく変化した。

従来は原材料や製品など財の貿易が中心であり，国際貿易制度である**GATT**のラウンドでは関税引き下げに加えて，**アンチダンピング**，**セーフガード**，補助金などをめぐる貿易ルールなど，「国境」に関する措置が主な議題であった。これに対して21世紀型貿易では，部品や中間財に加えて，技術者や管理職など人の移動や，技術の移動，海外投資，さらには輸送や送金などのサービス需要が増加する。これらのサービスは複数国にまたがって操業する自社工場や事業所どうしの円滑なやりとりに関わるものであり，こうしたグローバル・サプライチェーンの構築を阻害しうる国内制度や国内政策が「貿易障壁」とみなされるようになった。同時に，財産権，居住権，知的財産権，投資家の権利の保証などについても，国際的な共通ルールが求められるようになった。

2 21世紀型貿易とWTO体制

このような貿易構造の変化はGATTのウルグアイ・ラウンド（1986年～1994年）にも反映されており，サービス貿易，知的財産権，投資に関する新たなルールとして，GATS，TRIPS協定，TRIMs協定がそれぞれ形成された。これら三つの協定に加えて，共通の基準・認証制度と食品安全規制を確立するために，**TBT協定（貿易の技術的障壁に関する協定）**と**SPS協定（衛生植物検疫措置の適用に関する協定）**も1995年のWTO協定に組み込まれることとなった。

それまでは，これらのルールはGATTとは別の多国間協定（コード）として扱われてきたことから，多くの途上国はこうしたコードには参加せず，国内制度改正の義務を負うことはなかった。しかし，WTO協定に組み込まれたこと

▷産業革命
蒸気機関による第一次産業革命，電力や大量生産方式による第二次産業革命，コンピューター，半導体，インターネットによる第三次産業革命を経て，現在は第四次産業革命にあるといわれている。

▷アンバンドリング
経済活動と地理的・物理的なつながりが分離すること。生産工程のアンバンドリングによって人件費の安い途上国で組立工場を操業するなど，企業の生産活動が国境を越えて展開されるようになった。

▷グローバル・サプライチェーン
サプライチェーンは「供給連鎖」ともいわれ，原料を調達，加工し，製品を製造して，消費地に輸送し販売するという一連の連鎖的な工程である。グローバル化によってサプライチェーンが新興国にまで広がったことで新興国の経済発展は促進された。

▷GATT
⇨ IX-2「自由貿易体制」

▷アンチダンピング（反ダンピング）
ダンピングとは不当に安い価格で販売することである。「不当に安い価格」とは，GATT/WTOでは輸出品の価格が輸出国の国内販売価格よりも低いこととされ，

で，途上国も含めたすべてのWTO加盟国が条約上の義務を負うこととなった。途上国の義務が格段に拡大したことを受けてWTOのドーハ・ラウンドでは，途上国の開発が重視されているものの，先進国と途上国の対立は調整されておらず，合意の見込みは立っていない。

これまで途上国には，自国産業の保護を目的とする関税賦課や貿易ルールの実施期限の延期，さらには農業補助金など，多くの例外措置が認められてきた。途上国にとっては関税などによって自国の市場を保護したまま，先進諸国に軽工業品や中間財，原材料などを輸出できたことから，GATTには参加しやすかった。しかし，ドーハ・ラウンドでは国際貿易ルールの共通化の一環として，途上国に対する義務免除などの優遇措置，すなわち「特別かつ異なる待遇」（S&D/S&DT）を見直すことも議題となっている。

WTOでは「途上国」について明確な基準や定義があるわけではなく，加盟時の自己申告に依拠しており，みずから放棄しない限り，途上国としての地位は維持される。そもそも，GATT時代においては途上国の市場規模は小さく，関税引き下げの効果はあまり期待されていなかった。しかしながら，市場規模の大きい中国，インド，ブラジル，ロシアなどの**新興経済国**や，一人当たりGDPが高いカタールやUAEなどが「途上国」として優遇措置を受けていることに対しては，先進国だけではなく，後発開発途上国からも批判や不満が出ている。

また，ドーハ・ラウンドではGATSやTRIPS協定のルール改正や，通関手続きなどの「貿易円滑化」も交渉分野となるなど，途上国に対して国内制度の変更が求められるようになっている。そのため，途上国の中にはこうした要求に強く反発する国もあり，ラウンドの最終合意に必要なコンセンサス（全会一致）の形成が見通せない状況となっている。

3 21世紀における国際貿易体制の行方

WTOを中心とする国際貿易体制の構築が長期にわたって停滞している一方で，第Ⅸ章第3節「地域統合・市場統合」でもみたように，TPPやRCEP，USMCAなどメガFTAとも呼ばれる大規模な地域貿易協定（RTA）が形成されている。情報通信技術，AI（人工知能），IoT（モノのインターネット）やビッグデータを中核とする第四次産業革命にあるといわれる現在では，自動化などにより人と労働サービスのアンバンドリングがすすんでいる。そうしたなかで，国内制度改革を推進してグローバル・サプライチェーンの一角を担うことで経済成長を図る途上国が，積極的にRTAに参加していくことも予想され，多国間貿易ルールの構築における今後のRTAの役割が注目される。

（小尾美千代）

それによって輸入国の産業が損害を受けた場合には対抗措置としてアンチダンピング関税（ダンピング防止税）をかけることが認められている。

▷セーフガード
GATT/WTOで規定されている，輸入急増によって国内産業が大きな損害を受けた場合に緊急措置として認められる一時的な輸入制限措置。

▷TBT協定（貿易の技術的障害に関する協定）
各国の規格の立案・適用や適合性評価手続きが不当に行われて，貿易の障害となることのないように定められたルール。ISO（国際標準化機構）やITU（国際電気通信連合）などの国際規格を国内での規格にするように義務づけている。

▷SPS協定（衛生植物検疫措置の適用に関する協定）
衛生植物の検疫や食品安全の評価などの措置（SPS措置）について，自由な貿易を不当に妨げることのないように，科学的見地から形成された国際規格であるコーデックス規格を考慮することを定めたルール。

▷新興経済国
⇨X-6「新興経済国と国際経済体制への影響」

推薦図書

リチャード・ボールドウィン（遠藤真美訳）『世界経済 大いなる収斂――ITがもたらす新次元のグローバリゼーション』日本経済新聞社，2018年。
猪俣哲史『グローバル・バリューチェーン――新・南北問題へのまなざし』日本経済新聞社，2019年。

X　グローバル経済の新局面をめぐる国際政治

3 持続可能な開発

1 ブルントラント委員会による持続可能な開発の提唱

持続可能な開発（sustainable development）を最初に提唱したのは，1987年に発表された国連の環境と開発に関する世界委員会（委員長の名前をとって**ブルントラント**委員会）の報告書 Our Common Future であった。持続可能な開発は「将来の世代のニーズを充足する能力を損なうことなく，現在の世代のニーズを充足する開発」と定義され，これからの世界の中核となる概念として位置づけられた。この概念には世代間の公正すなわち環境と資源の将来の世代への保全と，世代内の公正すなわちすべての**人間の基本的ニーズ**の充足が含まれる。

持続可能な開発が提唱されたことの意義は環境と両立した開発を唱えたことであろう。環境問題が国際問題として話題になった当初は，先進国の工業化に伴う公害問題が関心の中心であった。しかし，次第に途上国で農地拡大や木材輸出のための伐採などにより，森林破壊や砂漠化といった環境問題が起きていることにも気づいた。また，**気候変動**（地球温暖化）とオゾン層破壊についても科学者の間では1970年代後半くらいから話題になりはじめ，1980年代後半には広く国際的に知られるようになった。こうした状況のなかで，地球環境問題ということばが使われるようになり，また環境保全と世界の貧困削減や南北格差の克服との両立の必要性が唱えられていった。

持続可能な開発は1992年にリオデジャネイロで開催された国連環境開発会議（地球サミット）でも中核の概念となった。国際的に議論を積み重ねていくなかで，持続可能な開発には，経済・社会・環境の三つの次元があることもコンセンサスになっていった。

2 持続可能な開発目標（SDGs）の策定

現在の国際社会の経済・社会・環境の目標は2015年９月に国連総会で採択された「我々の世界を変革する——持続可能な開発のための2030アジェンダ」の中核である持続可能な開発目標（SDGs）であり，2030年に向けた達成目標である。

SDGs は二つの流れでの議論が集約されたプロセスを経て策定された。一つは2000年国連ミレニアム総会で採択された2015年までの開発目標であった**ミレニアム開発目標（MDGs）**の後継の目標の議論，もう一つは2012年に開催された地球サミット後20年の国際会議（リオ＋20）で持続可能な開発についての具

▷ブルントラント
（Gro Harlem Brundtland 1939-）国連の環境と開発に関する世界委員会委員長時はノルウェーの首相。後に世界保健機関（WHO）事務局長も務める。

▷人間の基本的ニーズ
⇨IX-4「経済支援・開発支援」

▷気候変動
⇨XII-4「気候変動をめぐる国際政治」

▷ミレニアム開発目標（MDGs）
2000年国連総会で採択された国連ミレニアム宣言の一部で，2015年までの開発目標として，①極度の貧困と飢餓の根絶，②普遍的初等教育，③ジェンダー平等，④乳幼児死亡率削減，⑤妊産婦死亡率削減，⑥HIV/エイズ・マラリアその他の疾病の蔓延防止，⑦環境持続可能性，⑧開発のためのグローバル・パートナーシップの八つのゴールからなる。

表X-1 17のSDGs

1．貧困を終わらせる	10．不平等を終わらせる
2．飢餓を終わらせる	11．都市環境
3．健康・保健	12．持続可能な消費と生産
4．質の高い教育	13．気候変動
5．ジェンダー平等と女性のエンパワーメント	14．海の生態系保護
6．水道・衛生	15．陸の生態系保護
7．エネルギー	16．平和と公正なガバナンス
8．成長とディーセント・ワーク	17．パートナーシップ
9．インフラ・産業化・イノベーション	

出所：筆者作成。

体的な目標を策定しようという合意を受けての議論である。2014年の国連総会決議やパン・ギムン国連事務総長報告をもとに，後者の報告書をベースに2015年1～7月の国際交渉を経て2030アジェンダは採択された。

3 SDGsの理念と諸目標

SDGsにはいくつかの理念がある。「誰一人取り残さない」(Leave No One Behind)，「普遍性」(universality)，すなわちすべての国への適用，「人権を基盤とすること」，「ジェンダー平等」があげられる。

SDGsは17のゴールと169のターゲットからなり，採択後の2017年にターゲットの進捗状況を図る230の指標も合意された。17のゴールであるが，1～6はMDGsの延長線ともいえる貧困削減・**人間開発**関連のゴール，7～11は経済に関するゴール，12は経済と環境の両方にまたがるゴール，13～15は環境に関するゴール，16はそれ自体が目的であるとともに1～15の実施手段としての平和と公正なガバナンスに関するゴール，17はSDGsの実施手段としての諸アクター間のパートナーシップに関するゴールと整理できる。

▷**人間開発**
⇨IX-4「経済支援・開発支援」

4 SDGsの達成状況

SDGsの達成状況は，毎年7月に開催される高級政治フォーラム (High Level Political Forum) で検証される。会議に合わせて国連から世界的な達成状況のレポートが発表されるとともに，各国が自発的国別レビュー (voluntary national review＝VNR) を行ってきた。

世界的にみると，多くのゴール・ターゲットに関して進展がみられるものの，2030年の目標達成には不十分なものが多く，飢餓人口の増加などいくつかのゴール・ターゲットに関しては悪化する状況も見られた。

こうした状況を一変させる可能性が高いのが，2020年に発生したCOVID-19パンデミックである。健康・保健に関するゴール3はもちろんのこと，ほとんどのゴール・ターゲットで悪化や停滞がみられる。たとえばゴール1の極度の貧困者に関しては1998年以来一貫して減少していたのが，2020年には約1.2億人増えたとみられる。

(高柳彰夫)

推薦図書

高柳彰夫・大橋正明編『SDGsを学ぶ──国際開発・国際協力入門』法律文化社，2018年。

蟹江憲史『SDGs』中央公論新社，2020年。

コラム-11

「二酸化炭素」排出実質ゼロへの道

世界平均気温は2014年から2016年まで毎年，観測史上最高を更新し，2019年は観測史上2番目，2020年は2016年と並ぶ史上最高を記録した。世界的な気候変動によって近年では日本でも猛暑日が多くなり，熱中症による死者も増加傾向にあるほか，ゲリラ豪雨などによる激甚災害も増えている。また，農水産物の収穫量や，搾乳や家畜の成育など畜産業にも悪影響が出ている。気候変動によるこうした影響はもはや避けられず，より深刻な影響を避けるためには産業革命以前からの地球の平均気温上昇を1.5℃以下に抑える必要があるといわれているが，2020年の時点ですでに1.2℃上昇している。

IPCC（気候変動に関する政府間パネル）によると，気温上昇を1.5℃に抑えるためには世界全体の二酸化炭素（CO_2）排出量を2030年までに2010年比で45％削減し，さらに2050年までには実質ゼロにする必要がある。排出されたCO_2は数十年にわたって大気中にとどまることから，2050年の時点で排出量をゼロにすればよいわけではなく，現在から排出量を削減していくことが求められる。

温室効果ガスにはCO_2だけではなく，メタン，一酸化二窒素（N_2O），フロン類（ハイドロフルオロカーボン（HFCs），パーフルオロカーボン（PFCs）），六フッ化硫黄（SF_6），三フッ化窒素（NF_3）も含まれている。CO_2が全体の約4分の3を占めており，ほかの温室効果ガスは一般にCO_2に換算して表記されるため，温室効果ガスの総称として「二酸化炭素」と表記されることも多い。本コラムでも以下では温室効果ガスの総称としてCO_2を用いることとする。

気候危機対策の国際的枠組みであるパリ協定（2016年発効）に加盟している約190カ国は，協定に基づいて自主的な排出削減目標を作成している。しかし，これらの目標がすべて達成されたとしても2100年までに気温は約3℃上昇すると予測されており，パリ協定の目標とのギャップが問題となっている。それでも，2019年の国連気候変動サミットで創設された，2050年までにCO_2排出量を実質ゼロにすることを目標とする「気候野心同盟」には日本を含めた120以上の国のほか，都市や企業，団体，機関投資家など多様な主体が多く参加している。

CO_2排出量を「実質ゼロにする」ことは，カーボン・ニュートラルともいわれ，排出量をゼロにすることだけではなく，排出量に相当するCO_2を大気中から除去することにより，総和としてゼロにすることも含まれる。具体的な方法としては，植林や森林再生によってCO_2の吸収源を増やすことや，大気中の炭素を回収，貯留することなどがある。また，カーボン・オフセットという，ほかの主体が行ったCO_2排出削減量をカーボン・クレジットとして購入したり，排出削減活動への投資で埋め合わせたりする方法もある。ただし，カーボン・オフセットは，すでに実施されたCO_2排出削減量を別の主体に移転するだけであり，排出削減をしないことの正当化に利用されかねない点が懸念されている。すべての主体によるCO_2排出削減を促進する方法として，炭素税や排出量取引などによって炭素に価格をつけるカーボン・プライシングも注目されている。

CO_2の多くはエネルギー利用に伴うものであるため，エネルギーの脱炭素化は必要不可欠である。エネルギー起源のCO_2排出の約40%を占める発電部門では，石炭，石油，天然ガスを利用する火力発電から，風力や太陽光，地熱，水力などの再生可能エネルギー発電への転換が求められている。原子力発電については，発電時にはCO_2を排出しないものの，発電所の事故による放射能漏れや高レベル放射性廃棄物の最終処分など安全面の懸念もあり，国によって対応が分かれている。発電部門以外での対策としては，電気自動車の普及，ガスコンロからIHヒーター，ガス給湯器からヒートポンプ式電気給湯器への切り替えなどの電化が中心となる。CO_2排出の多い鉄鋼業界でも電気炉の導入が対応策の一つとなっている。また，燃料についてはガソリンやジェット燃料に代わるものとして生物資源（バイオマス）を原料とするバイオエタノールやバイオジェット燃料などのバイオ燃料や，水素を用いた燃料電池などが注目されている。さらに，住宅・建築物部門では断熱材や複層ガラスによる省エネルギー化や，建設による廃棄物をなくすゼロエミッション化も推進されている。

（小尾美千代）

X　グローバル経済の新局面をめぐる国際政治

IT 革命

1 デジタル情報技術の普及

ITとは情報技術ないし情報通信技術（ICT）のことである。そうした技術は通信にかかる時間を短縮し，通信容量を増大させ，費用を大幅に下げることから，IT 革命という言葉が使われるようになった。また，放送局や新聞社のようなマスコミだけでなく，個人がITを使うことによって世界大に情報を発信することができるようになったことも，革命的な要素として認められている。

第二次世界大戦中からコンピュータの原型がイギリスやアメリカで作成されていたが，当初は部屋いっぱいの巨大なものであった。戦後，半導体技術が急速に発達し，コンピュータの小型化と高性能化が進んだため，1980年代にはパーソナル・コンピュータ（パソコン）と呼ばれる個人用のコンピュータが使われるようになった。1990年代になると，学術研究用に使われていたインターネットが商業利用にも使われるようになり，急速に利用者数を増やした。

2020年現在では，先進国の多くでは90パーセント以上の人口がパソコンや**スマートフォン**（**スマホ**）を通じてインターネットにアクセスしている。発展途上国でも急速に普及が進んでおり，世界人口の半分以上がITにアクセスできるようになっている。経済発展が進むとともに，IT 利用人口は今後も増加するだろう。

2 IT 推進政策と国際競争

インターネットは従来，ネットワークとネットワークを相互接続することで成り立っており，学術研究用でもあったため，100パーセントの接続を保証するものではなかった。接続のための最善の努力をするという「ベストエフォート」の考え方は，できる限り100パーセントの通信を保証する従来の通信事業とはなじまず，当初は通信事業者からの反発も根強かった。

しかし，インターネットによる時間短縮，容量増大，費用低減は，経済活動全体の効率化，社会活動の活発化が期待できることから，IT 革命を積極的に政策で推進する姿勢が，世界各国で1990年代半ばから2000年頃に見られるようになった。先駆的な試みは，1993年に成立したクリントン政権による**情報スーパーハイウェイ構想**，国家情報基盤（NII）構想である。

日本では2000年にIT 戦略会議が首相官邸に設置され，検討がはじまり，同

▷スマートフォン（スマホ）
固定電話は有線によってつながっているが，携帯電話は無線通信を使い，いたる所に設置されたアンテナと通信することで持ち歩きを可能にした。通話が主だった携帯電話は，デジタルデータ通信が加わることで，多種多様な機能を持ち，さらに「アプリ」と呼ばれる追加ソフトウェアを足すことでスマートな（賢い）電話になった。発展途上国ではスマホによるインターネットアクセスが進んでいる。

▷情報スーパーハイウェイ構想
アメリカのクリントン政権のゴア副大統領が中心になってすすめた構想。ゴア副大統領の父が高速道路（ハイウェイ）の構築に尽力したことから，ゴア副大統領は情報通信データの高速回線を，教育研究機関を中心に全米に張り巡らせようと計画した。

年９月には森喜朗政権がe-Japan 構想を国会の所信表明演説で示し，11月には「高度情報通信ネットワーク社会形成基本法」，いわゆるIT 基本法が成立した。

それに先立ち，1999年２月からNTT ドコモによるｉモードサービスがはじまり，携帯電話によるインターネットへのアクセスも可能になった。2000年11月にはJ-フォンがカメラ機能の付いた携帯電話を発売し，撮影した写真を送信できる写メールサービスを発表するなど，日本のIT 革命は一気に世界的なトレンドを作り上げた。しかし，2007年６月にアメリカのアップル社がさまざまなアプリによって機能を追加できるiPhone を発表すると，コンピュータと並んでスマホがIT 革命の担い手となった。

こうした各種のIT 機器は，経済社会活動だけではなく，選挙や政治活動にも活用されるようになり，スマートなIT 機器を駆使する「スマートモブズ」と呼ばれる動きも作り出した（モブとは群衆や暴徒のこと)。近年では「**炎上**」という言葉も使われ，不適切な言動がインターネット上でさらしものにされる事案も多く出ている。

▷炎上
問題のある発言や行動がインターネット上で注目を浴び，否定的なコメントが集中したり，誹謗中傷が行われたりすること。批判する側のほとんどは匿名であるため安易に行われることが多い。被害者は個人情報をさらされたり，社会的な立場を失ったりすることもある。

3 課題としてのセキュリティ

IT が社会に普及すればするほど，それを悪用する動きも出てきた。当初はスパムメールと呼ばれる一方的な宣伝メールや，コンピュータ・ウイルスによるシステム破壊などが問題になった。プライバシー情報の暴露や，匿名性を悪用した誹謗中傷もやむことがない。

ところが，2007年に，ロシアとの政治的な問題を抱えていたエストニアにおいて，社会経済機能を麻痺させるような一種のサイバー攻撃が行われた。実行者はロシアが疑われたものの確定しないまま，国全体が攻撃対象になるサイバー攻撃が行われ得ることが明らかになり，一気に国際政治的な問題として認識されるようになった。

その後，各国の機密情報を狙うサイバーエスピオナージ（スパイ活動）が無数に行われるとともに，重要インフラストラクチャや軍事システムを狙い撃ちしたサイバー作戦も日常的に展開されるようになっている。2010年に露見したイランの核施設に対するサイバー攻撃や，2016年のアメリカ大統領選挙に対するロシア政府の介入などが深刻な事例として挙げられる。

国際連合総会の第一委員会下に置かれた**政府専門家会合（GGE）**などがサイバーセキュリティについての国際合意をまとめようとしているが，道筋は立っていない。サイバー抑止の成立についても懐疑的な見方と楽観的な見方が入り交じり，定説はないのが現状である。

（土屋大洋）

▷政府専門家会合（GGE）
国連の安全保障理事会常任理事国を中心にサイバー問題を議論する枠組み（ほかの問題領域でも組織されている)。ロシア政府の呼びかけではじまり，2004年から断続的に開かれている。2019年から行われた第六次GGE には日本を含む25カ国が参加した。

X　グローバル経済の新局面をめぐる国際政治

5 知的財産権をめぐる国際政治

1 知的財産権制度の国際化

知的財産権とは，人間の知的な活動による創造物に対して，他人に無断で利用されないために一定の期間にわたって与えられる独占権である。具体的には，特許権，商標権，著作権，**地理的表示（GI）**などがある。知的財産に関しては，**ベルヌ条約**（1887）や**パリ条約**（1883）など長い歴史を持つ多くの国際条約が国連の世界知的所有権機関（WIPO）で管理されている。

これらの国際条約では知的財産権の基本となる原則などが定められているものの，すべての国が条約に加盟しているわけでもなく，国による制度の違いは少なくない。そうしたなか，GATT 体制下で貿易自由化がすすむにつれて，ブランド品の模倣品や海賊版 DVD・CD，GI が不正利用された商品などの輸出入が目立つようになり，外国での知的財産権の保護が課題となっていった。

しかし，従来の条約では効果的な対策をとれなかったことから，1986年にはじまった GATT のウルグアイ・ラウンドにおいて，貿易に関連する事項に限定する形で知的財産権の保護に関する国際ルールが協議された。そして，古くから GI 制度を有するフランスなどヨーロッパ諸国や，半導体などのハイテク産業に重要な特許権や集積回路の回路配置の保護を重視するアメリカなどが中心となり，**TRIPS 協定**（**知的所有権の貿易関連の側面に関する協定**）が形成された。TRIPS 協定は **WTO** 設立協定の一部となり，GATT の**一括受諾方式**に基づいてすべての WTO 加盟国に適用されており，知的財産権制度の国際化が推進された。

2 知的財産権の保護をめぐる対立

一般に，途上国には先進国のような知的財産権制度が整備されていないことが多い。その反面，WTO では設立当初から，加盟国の多数を占める途上国への配慮が重要な課題となっており，知的財産権制度については「TRIPS 協定の柔軟性」といわれる，各国の事情に応じた導入が認められている。つまり，途上国は TRIPS 協定に定められている制度を直ちに導入しなくてもよいことから，TRIPS 協定の実効性が問題となっている。

こうした状況に対しては，「TRIPS プラス」と呼ばれる，TRIPS 協定を越えたルールの形成による知的財産権の保護強化の動きが先進国を中心にみられ

▷地理的表示（GI）
シャンパン，夕張メロンなど，生産品の品質や特徴，社会的評判が主に原産地に由来するもの。各産地での基準を満たさないと GI を利用できないように保護されていることが多い。

▷ベルヌ条約
正式名称は「文学的及び美術的著作物の保護に関するベルヌ条約」。小説や音楽，美術などの著作権の保護に関する基本条約。

▷パリ条約
正式名称は「工業所有権の保護に関するパリ条約」。工業所有権（産業財産権）には特許権，実用新案権，意匠権，商標権が含まれる。

▷ TRIPS 協定（知的所有権の貿易関連の側面に関する協定）
著作権，商標，GI，意匠，特許，集積回路の回路配置，開示されていない情報の保護，についての権利保護や執行の枠組み，紛争解手続などを包括的に規定。

▷ WTO
⇨ Ⅸ-2「自由貿易体制」

▷一括受諾方式
交渉しているすべての分野における成果について，最終的に一括して合意する，という GATT の原則。

る。日本政府が中心となり2011年には模倣品や海賊版の取り締まりに関する「偽造品の取引の防止に関する協定（ACTA）」が30カ国以上で合意された。しかし，インターネット上の表現の自由やプライバシー侵害への懸念からEU議会が批准を否決するなど，日本以外では批准されておらず，未発効となっている。知的財産権については国ごとに見解が異なる事項も多く，近年では長期にわたってラウンドが停滞しているWTOに代わって，二国間や地域レベルでのFTAを利用する傾向が強まっている。

3 医薬品特許をめぐる問題

2020年に生じたCOVID-19のパンデミックを受けて，医薬品特許をめぐる問題が改めて注目されている。TRIPS協定では医薬品特許の保護が義務づけられているが，自国の公衆衛生を目的とする場合には，特許権者に許可なく特許を利用できる「強制実施権」が認められている。しかし，1990年代にアフリカを中心に世界的に感染拡大した**HIV/AIDS**◁の治療薬は1996年に開発されたものの，2000年時点においてHIV感染者2400万人のうち治療薬を入手できたのは59万人であった。その原因として，医薬品特許によって薬価が高く維持されていることが批判されるようになり，必要な人が必要な医薬品を入手できるという「医薬品アクセス」が大きな国際問題となった。

医薬品アクセスの改善には，医療保険制度や人的・物的な医療インフラを基盤として，「購入しやすさ」「入手の機会」「患者による服用の意向」の向上が必要とされており，特許のみが問題なわけではない。他方で，TRIPS協定で強制実施権が認められていたのは国内のみであったため，国内に開発系製薬企業はもちろん，**ジェネリック製薬企業**◁もない多くの途上国にとっては十分な措置ではなかった。こうした状況を受けて，TRIPS協定での医薬品特許についてWTOが協議した結果，2001年に「TRIPS協定と公衆衛生に関する宣言」（ドーハ宣言）が発表され，ジェネリック薬を製薬能力のない国に輸出できるようになり，HIV/AIDS治療薬の医薬品アクセスはかなり改善された。

ドーハ宣言をきっかけとして，それ以降，医薬品アクセスに関するさまざまな国際的な取り組みが推進された。2006年には，HIV/AIDSに加えて結核とマラリアを対象に，途上国に安価で十分な医薬品の供給を行う国際的な枠組みとして，**ユニットエイド（Unitaid）**◁が創設された。Unitaidの拠出金をもとに2010年に設立された「**医薬品特許プール**」**（MPP）**◁ではHIV/AIDS，C型肝炎，結核の治療薬が対象とされ，2020年3月にはCOVID-19も暫定的に追加されている。また，特許プール以外のCOVID-19ワクチンの普及策として，WTOにおいてインドと南アフリカが一定期間特許を放棄することを提案しているが，ドイツなど強く反対している国もあり，全会一致での合意には至っていない。

（小尾美千代）

▷HIV/AIDS
HIVとは「ヒト免疫不全ウイルス」で，感染すると発症する病気がAIDS（エイズ），「後天性免疫不全症候群」。通常では感染しないような弱い病原体による感染や悪性腫瘍などが併発した状態を指す。1981年に最初に医学的症例が報告された。

▷ジェネリック製薬企業
先発医薬品の特許が切れた後に，同じ有効成分を含み同じ効能を持ついわゆるコピー薬であるジェネリック医薬品を製造する企業。

▷Unitaid（ユニットエイド） ⇨コラム12「国際連帯税と特許プール」参照。
別名，国際医薬品購入ファシリティー（IDPF）。創設国はフランスの他にノルウェー，ブラジル，チリで，国連の傘下機関。

▷医薬品特許プール（MPP） ⇨コラム12「国際連帯税と特許プール」参照。
アメリの飛行機特許プールをモデルに，NGOのKEI（Knowledge Economy International）と国境なき医師団がUnitaidに提案した。

推薦図書

西村もも子『知的財産権の国際政治経済学——国際制度の形成をめぐる日米欧の企業と政府』木鐸社，2013年。

山根裕子『知的財産権のグローバル化——医薬品アクセスとTRIPS協定』岩波書店，2008年。

コラム-12

国際連帯税と特許プール——国際的なCOVID-19対策に見る画期的試み

医薬品の開発には多くのお金と時間が必要といわれ，日本では平均で15年以上，500～1000億円の研究開発費用がかかるという。医薬品の価格はこうした研究開発費と，人を対象に効果や安全性を調べる「治験」の費用が多くを占めており，製造そのもののコストは必ずしも高くはない。そのため，医薬品の特許権を保護することで開発のインセンティブが与えられているのであるが，それがゆえに薬が高額になり，とくに所得水準の低い後発開発途上国では多くの人々が開発された薬を利用できないという，「医薬品アクセス」が大きな課題となっている。

COVID-19（新型コロナウイルス感染症）に関しては，各国の製薬会社がワクチン開発に取り組んだ結果，複数の製薬企業が異例の早さで開発に成功した。WHO（世界保健機関）によると，2021年４月時点で世界中で合計13のワクチンが投与されている。COVID-19という人類共通の脅威に対応するために，ワクチンを調達する資金源と医薬品特許の扱いに関して，国際社会ではこれまでにないユニークな取り組みが試みられている。

その活動の中心となっているのが，WHO を中心に欧州委員会，フランス，ビル&メリンダ・ゲイツ財団が共同で2020年４月に設立した ACT アクセラレーターである。ACT アクセラレーターは COVID-19のワクチン，治療薬，検査という三つの分野における開発，生産，公平な分配とアクセスの促進を目的としている。ワクチンに関しては，これまで途上国において子どもを対象とする予防接種を推進してきた国際的な官民連携組織である Gavi ワクチンアライアンスと CEPI（感染症流行対策イノベーション連合）が中心となり，COVAX（COVID-19ワクチン・グローバル・アクセス）が設立されている。COVAX は，高・中所得国が資金を拠出してワクチンを共同購入し，それを低所得国に無償で提供する枠組みである。資金を拠出した高・中所得国は人口の20%分のワクチンを受け取ることができ，92の低所得国には無償でワクチンが供給される。COVAX には日本や2021年にバイデン政権となったアメリカを含めた190カ国が参加しており，2021年末までに20億回分のワクチンを供給することが目標とされているが，資金不足が課題となっている。

ワクチンの買取制度による途上国支援は，肺炎ワクチンを対象として2009年にも実施されているが，ワクチンの価格設定の透明性や結果的に途上国のワクチン製造能力の向上につながらなかった点が批判されている。そのため，国境なき医師団など40以上の団体が共同で，Gavi に対してすべての COVID-19ワクチン製薬会社に原価販売と生産コストの開示を要請するよう求めている。

治療薬については，2006年に設立された国際医薬品購入ファシリティのユニットエイド（Unitaid）が中心となっている。Unitaid は世界三大感染症であるエイズ（HIV/AIDS），結核，マラリアの治療薬に対するアクセス向上を目的として活動しているが，その財源の多くを，国際線航空券購入時に課される航空券連帯税という国際的な課税制度に依拠している。日本は Unitaid に2020年12月に加盟しているものの，航空券連帯税は導入していない。それでも日本人が，航空券連滞税を導入しているフランスや韓国から国際線を利用する際には航空券に課税されるため，納税額は年間で約10億円になるともいわれている。

Unitaid は，これまで上記の感染症治療薬の大量購入を保証することで新薬開発の促進と途上国への安価な安定供給を行ってきたが，2010年に医薬品特許プール（MPP）を創設している。MPP は，新薬を開発した製薬会社とライセンス契約を結び，いわゆるコピー薬であるジェネリック医薬品の製薬会社に安価で製造させて，それをアフリカ諸国など低所得国向けに輸出する枠組みであり，2020年３月には COVID-19も MPP の対象となった。

WHO も COVID-19のワクチン，検査薬，治療薬を対象に知識やデータ，特許を共有する自主的な枠組みとして2020年５月に COVID-19技術アクセス・プール（C-TAP）を設立し，40カ国が参加しているが，ワクチン開発に成功した製薬企業を持つ国は参加していない。

（小尾美千代）

X　グローバル経済の新局面をめぐる国際政治

6 新興経済国と国際経済体制への影響

1 新興経済国への注目

「新興経済国」という言葉に明確な定義はないといわれているが，一般には発展途上にあるものの先進国よりも相対的に高い経済成長率が期待される国を指す。単に「新興国」と表記されることも多い。新興経済国のうち，ブラジル（Brazil），ロシア（Russia），インド（India），中国（China），の4カ国を「brick（レンガ）」になぞらえて「BRICs」と表記したのは，アメリカ大手証券会社ゴールドマン・サックスのエコノミスト，**オニール**である。2001年に発表された投資家向けの報告書で，巨大な人口，広大な国土，豊富な天然資源などを有するこれら4カ国の重要性が予測され，その後の投資ブームのきっかけとなったといわれている。2011年からは南アフリカ（South Africa）が加わって「BRICS」と，最後の「S」が大文字で表記されるようになっている。

▷ジム・オニール（Jim O'Neill, 1957-）
イギリス出身。2010年9月からから2013年4月までゴールドマン・サックス・アセット・マネジメント（GSAM）会長。その後，イギリス財務省の政務次官を務め，現在はイギリス王立国際問題研究所（チャタム・ハウス）の議長。

BRICs 4カ国の首脳は，2008年の洞爺湖サミット（G8）に合わせて開かれた拡大会合に参加した際に非公式会合を持ち，その後，2009年にロシアで初めて公式な首脳会議を開催した。それ以来，毎年首脳会議を開いており，2011年からは南アフリカも加わっている。BRICS は国際経済体制における発言権強化を追求しており，たとえば，投票権が出資割当（クォータ）に応じたものとなっている **IMF** では新興経済国・途上国の代表権を高める改革を要求している。また，IMF と世界銀行のトップには歴代欧米出身者が就任しているため，新興経済国出身者の選出を求めている。なお，2013年には WTO 事務局長にブラジル出身の**アゼベド**が就任している。

▷ IMF
⇨［IX-1］「国際通貨体制」

▷ロベルト・アゼベド（Roberto Carvalho de Azevêdo, 1957-）
ブラジルの元外交官。WTO 事務局長の任期は4年で2期目を務めていたが，2020年8月に任期を1年残して辞任し，アメリカ飲料・食品大手ペプシコの幹部に就任した。なお，WTO 事務局長の後任選出には9カ月かかり，最終的にナイジェリアの財務大臣で元世界銀行専務理事のンゴジ・オコンジョ＝イウェアラが2021年2月に就任した。

2 BRICS の経済力の変化と中国の存在感

BRICS が政治的な影響力を強めようとする一方で，経済に関しては中国以外の4カ国については成長率が低下している。ブラジルとロシアはマイナス成長となった2015年以降も経済は低迷し，構造改革や財政再建，汚職撲滅などの課題を抱える南アフリカも同様である。インドも2018年の不良債権問題以降，経済が停滞している。これに対して中国は2010年には日本を抜いて GDP 世界2位となり，BRICS の総 GDP の60％以上を占めるなど，成長が続いている。

こうしたなかで，共産党による一党支配体制にある中国が経済大国になることによる自由主義的な国際秩序への影響が懸念されるようになっている。ブレマーは，国家が政権維持という政治的目的のために市場に介入しつつ市場を利用する体制を「国家資本主義」と定義しており，中国はその代表例とされる。実際に中国は，巨大経済圏構想である「**一帯一路**」やアジアインフラ投資銀行（AIIB）を通じて積極的な経済外交を展開している。中国は **AIIB 総裁**を輩出しており，重要案件に対する拒否権を有するなど，その運営が懸念された。しかし，イギリスが先進国として初めて参加を表明した以降，先進国を含めた**100以上の国**が AIIB に加盟した。これまでの融資は世界銀行やアジア開発銀行との協調融資が多いこともあり，とくに大きな問題は生じていない。

他方で，スリランカのハンバントタ港は中国からの多額の債務返済ができずに99年間中国の租借地となり，「債務の罠」の代表例とされている。ほかにもオーストラリア，ギリシャ，パキスタン，アブダビ（UAE）でも中国は港の運営権や利用権を獲得しており，中国の海洋進出の拡大が注目されている。

貿易に目を移してみると，中国にとって**自由貿易主義**は経済発展の源泉となっており，保護主義は望ましくはない。アメリカのトランプ大統領は大統領選挙期間中から対中貿易赤字を理由に，保護主義的な制裁関税実施を主張していた。これに対して習近平国家主席は，トランプの大統領就任直前の2017年１月に開催された**ダボス会議**に初めて参加して，自由貿易の堅持と反保護主義の姿勢を国際社会に強くアピールした。こうしてトランプ政権期には，中国が自由貿易主義の維持を，アメリカが保護主義的な政策を主張する構図となった。

3 G20（Group of 20）

1990年代に**メキシコ通貨危機**や**アジア通貨危機**など，発展途上国で通貨危機が生じたことを受けて，1999年６月の G7 財務大臣会議において20カ国財務大臣・中央銀行総裁会議（G20）の創設が決定された。G20 には G7 に加えて，アルゼンチン，オーストラリア，ブラジル，中国，インド，インドネシア，韓国，メキシコ，ロシア，南アフリカ，サウジアラビア，トルコの財務大臣，財務大臣代理，中央銀行総裁と，EU 議長国財務大臣と欧州中央銀行（ECB）総裁のほか，IMF や世界銀行などの国際金融機関の代表が参加している。主な議題は世界金融であったが，2008年の**世界金融危機**への緊急対応として11月に初めて G20 首脳会議（サミット）が開催され，それ以降，「金融・世界経済に関する首脳会合」として年１回，より幅広い経済的課題が議論されている。

G20 のメンバー国は1990年代以降，世界 GDP の75～80％を占めているが，そのうち G7 の割合をみると，かつては60～70％あったものの，2000年以降は低下していき，2010年以降は50％を下回っている。このように新興経済国の経済力が相対的に増加していることを背景として，金融問題に限らず，貿易や気候変動などの分野においても G20 での国際協調が重要になってきている。

（小尾美千代）

▷一帯一路
⇨XI－5「中国」，コラム13「一帯一路」

▷AIIB 総裁
AIIB 総裁の任期は５年であり，初代総裁には中国の元財務次官である金立群が就任した。金は2020年の総裁選で2021年から２期目に就任した。XIII－4「アジア太平洋の多国間協力」参照。

▷100以上の国
G7で参加していないのは日本とアメリカのみ。

▷自由貿易主義
⇨IX－2「自由貿易体制」

▷ダボス会議
スイスの NGO である世界経済フォーラムが毎年１月にダボスで開催している年次総会。ダボス会議には各国の首脳やグローバル企業の経営者，学者，各界の著名人などが参加している。なお，世界経済フォーラムは「世界競争力報告書」「世界ジェンダーギャップ報告書」「世界貿易円滑度報告書」などを発表している。

▷メキシコ通貨危機
⇨IX－5「通貨危機」

▷アジア通貨危機
⇨IX－5「通貨危機」

▷世界金融危機
⇨X－1「世界金融危機」

推薦図書

飯田敬輔『経済覇権のゆくえ』中央公論新社，2013年。
イアン・ブレマー（有賀裕子 訳）『自由市場の終焉——国家資本主義とどう闘うか』日本経済新聞出版社，2011年。

第5部

現代の課題

XI　国家・地域の課題

アメリカの動向

1 アメリカ対外政策の伝統

初代大統領ワシントンは辞任に際して，国民の団結の重要性と党派主義の弊害，そして外国勢力による介入の危険性について警鐘を鳴らした。建国後は，通商を重視して連邦政府の権限強化を目指す北部と，州の自治を重視する南部の対立が深まり，両者の対立は奴隷制と関税をめぐる立場の違いも反映して南北戦争を引き起こした。南北戦争は北部の勝利に終わり，アメリカは農業生産力でも工業生産力でもヨーロッパを凌ぐ経済大国として20世紀の幕開けを迎えた。

20世紀までのアメリカは国土の拡張と開発に重点を置き，積極的な対外政策を取ることはまれであったが，1823年のモンロー・ドクトリンによってヨーロッパの影響力を西半球から排除することを宣言した。これは単にヨーロッパとの相互不干渉を目指す孤立主義の表明ではなく，海軍力を誇るイギリスとの協調関係に基づく拡張主義の論理を含んだものであった。

2 国際舞台に登場したアメリカ

1898年の米西戦争に勝利を収めたアメリカは帝国主義に向かい，カリブ海では「棍棒外交」を推進してパナマ運河を建設し，アジアでは「門戸開放と機会均等」を求めて半植民地化が進む中国市場への参入を目指した。第一次世界大戦が勃発すると，当初ウィルソン大統領は国内の孤立主義的風潮を反映して中立を維持したが，やがて参戦に舵を切ると，「**14カ条**」の平和原則を提唱して戦後の国際秩序の構築を目指した。こうして，アメリカの価値を世界に広げるという衝動が，アメリカ外交の理念に加わった。

第一次世界大戦後のアメリカ外交は，理想主義と孤立主義の混在によって明確な方針を欠いた。ウィルソンの提唱した国際連盟への加盟は議会に否決され，第二次世界大戦の遠因となった。一方，ハーディング大統領は**ワシントン会議**を主催して，アジアでの軍事バランスの維持を図った。国内では好景気が続いていたが，大恐慌に直面すると，フランクリン・ローズベルト大統領がニューディール政策によって近代福祉国家への道を開いた。第二次世界大戦が勃発すると，ローズベルト大統領は当初孤立主義を反映して中立を選択したが，真珠湾攻撃を受けて参戦に踏み切り，主要国の協調による戦後の平和体制を目指した。戦争末期の広島と長崎への原爆の投下は，原子力時代の幕開けとなった。

▷**14カ条**
1918年にウィルソン大統領が連邦議会で発表した公正かつ永続的な平和の基本前提。海洋の自由，秘密外交の禁止，民族自決の原則，平和を執行する国際連盟の設立などの基本的原則からなっていた。アメリカの国内改革の原則の多くを，外交政策に移しかえたものでもあった。

▷**ワシントン会議**
1921年11月から海軍軍縮および太平洋・中国問題に関してワシントンで開催された国際会議。海軍軍縮に関しては，主力艦建造の10年間の停止と保有比率を英米5，日本3と定められ，合わせて中国の領土主権の尊重と領土保全の確認，および太平洋島嶼の現状維持でも合意がなされた。

3 アメリカの国際主義

戦後アメリカは，共産主義の拡大を封じ込めるため，従来の孤立主義と保護主義から，国際主義と自由貿易主義への劇的な転換を行った。また，国際連合の創設，**ブレトンウッズ体制**の構築，マーシャルプランによるヨーロッパ経済の復興支援で主導的な役割を果たし，軍事面では北大西洋条約やアジア諸国との軍事同盟を締結した。アメリカは朝鮮戦争やベトナム戦争という「熱戦」を戦ったが，1962年の**キューバ危機**以降，ソ連との軍備管理に取り組むようになった。国内では公民権運動とベトナム反戦運動が国内を分断し，社会保障費の拡大とベトナム戦争の泥沼化で財政状況が悪化した。71年にニクソン大統領は金とドルの交換停止によってドルを切り下げ，輸出拡大を目指す保護主義に転換し，訪中も発表して冷戦構造に転換をもたらした。人権重視の外交を掲げたカーター大統領は，79年のイラン革命では占拠されたテヘランのアメリカ大使館員の救出でも失敗するなど，アメリカの指導力の低下を露呈した。「強いアメリカ」を掲げたレーガン大統領は，1980年代に公共事業の縮小や規制緩和など新自由主義的経済政策を進め，ソ連との軍拡を通じて冷戦終結を導いた。

▷ブレトンウッズ体制
⇨IX-1「国際通貨体制」

▷キューバ危機
1962年10月，ソ連がキューバでミサイル基地を建設し配備したことを理由にケネディ大統領がキューバの海上封鎖を発表し，ソ連のフルシチョフ書記長が海上封鎖を解く目的で艦隊を派遣したため，核戦争勃発の危機となった。しかし，米ソ首脳の自制によって危機は回避された。

4 アメリカの行方

冷戦終結後は湾岸危機で多国間主義を主導し，「新世界秩序」の構築を目指して経済のグローバル化と民主主義の世界への拡大を追求する一方，平和の配当を求めて国防費削減と同盟国への市場開放の要求を強めた。国内では情報技術革命をうけて経済成長が続く一方，党派間の対立は深まった。9.11同時多発テロを受けて，中東でのテロリストとの「長い戦争」に突入し，イラクへの侵攻では単独行動主義が批判を浴びた。**リーマンショック**を契機とする経済危機に直面する中，2009年にオバマが初の黒人大統領として就任したが，経済の低成長が続いて格差が広がり，急速に台頭する中国の行動の抑制にも失敗した。

2017年にアメリカ第一主義を掲げて就任したトランプ大統領は，アメリカ社会の分断に便乗し，グローバル化に取り残されたと感じる自らの支持基盤の利益を代弁する政策を追求する一方，中国との戦略的な競争に舵を切った。ロシアなど外国勢力によるアメリカ国内の世論操作が問題になる中，人種問題をめぐって国内の対立が深まり，不十分な新型コロナウィルス感染症への対応のため，世界最大の感染者が出た。2020年の大統領選挙では，現職のトランプ大統領が敗北を認めず，憲法制定以来続いてきた権力の平和的な移譲が危ぶまれた。

今日のアメリカは，ワシントンが警鐘を鳴らした状況に向かっている。国民の統合を掲げるバイデン大統領は，国内経済の回復を行いつつ，米中の対立が深まるなかでアメリカの国際主義を立て直すという重い責務課題に直面している。

（小谷哲男）

▷リーマンショック
2008年9月，アメリカの投資銀行リーマンブラザーズ社が破綻し，それを契機として広がった世界的な金融危機。同社が扱っていたサブプライム・ローン（低所得者向け住宅ローン）による損失に端を発し，その影響は瞬く間に世界中に広がった。

推薦図書

佐々木卓也編『ハンドブック　アメリカ外交史——建国から冷戦後まで』ミネルヴァ書房，2011年。

コラム-13

「一帯一路」

「一帯一路」構想の背景

中国の習近平政権が2013年９月に打ち出した「一帯一路」構想は，「陸のシルクロード経済ベルト（一帯）」と「21世紀海上シルクロード（一路）」からなる広域経済圏構想である。構想表明当初から全体像が決まっていたわけではないが，中国で相対的に開発が進んでいない内陸部の振興，国内の過剰生産能力の解消，エネルギー資源の安定確保や豊富な外貨準備高の運用手段の多様化，中国と周辺諸国との経済協力関係の強化といった経済目的が中心であった。

進化する「一帯一路」

2015年に３月に国家発展改革委員会，外交部，商務部が連名で「シルクロード経済帯と21世紀海上シルクロードの共同建設を推進するビジョンと行動」を発表したことで，「一帯一路」の概要が明らかになった。シルクロード経済帯は，①中国から中央アジア，ロシアを経てヨーロッパ（バルト海）まで，②中国から中央アジア，西アジアを経てペルシャ湾，地中海まで，③中国から東南アジア，南アジア，インド洋までの三つのルートがあること，21世紀海上シルクロードは，④中国沿岸の港から南シナ海を経てインド洋，さらにはヨーロッパまで，⑤中国沿岸の港から南シナ海を経て南太平洋までの二つのルートであるとされた。

その後，中国企業による多額の投資や中国の政策金融機関である国家開発銀行や中国輸出入銀行からの巨額の融資による重要インフラ建設などが行われるようになると，「一帯一路」沿線諸国において中国のプレゼンスが高まった。同時に，現地での対中感情にも影響を与えるようになった。

とくに，2018年には「一帯一路」に対する警戒感が強まった。2017年12月にスリランカが融資の返済ができず，ハンバントタ港の運営権を中国企業に99年間譲渡したことが明らかになると，中国の「債務の罠」への懸念が高まった。また，マレーシアやパキスタン，モルディブなどで中国からの融資とインフラ投資が争点となり，「一帯一路」構想を積極的に支持してきた親中政権が相次いで選挙で敗れ，政権交代が起きた。

中国国内でも，「一帯一路」沿線国が100カ国以上に拡大し続けて協力分野も経済を超えて多様化していることについて，長期的な戦略や計画性の欠如だという指摘や，中国がグローバルな規模で西側主導の世界秩序に挑戦しているという印象を与えてしまうことへの懸念が出てきている。さらに，財政基盤の弱い発展途上国に多額の融資をして大型インフラを建設することへの不安も高まっている。2019年以降は国家開発銀行と中国輸出入銀行の国外貸付が急減しているといわれる。

「一帯一路」の今後

2020年には新型コロナウィルスの世界的な感染拡大の影響で中国人労働者が他国に入国できず，プロジェクトを実施している中国企業は労働力不足に追い込まれた。今日，中国から大量の労働者を送り込んで国外でインフラ建設を行う従来のやり方は見直しを迫られている。

中国は2020年以降，新型コロナウィルス対策として，医療隊の派遣やマスクなどの医療物資や中国製ワクチンの提供により「健康のシルクロード」を提唱しはじめた。「一帯一路」構想は習近平政権のペットプロジェクトであり，中国外交で中心的な役割を果たしてきた。今後，中国が「一帯一路」構想をどのように修正していくのか，沿線国の対中認識や中国との関係とともに注目していく必要がある。

（渡辺紫乃）

XI　国家・地域の課題

2 漂流の危機にあるNATO

1 冷戦の産物としてのNATO

NATO（北大西洋条約機構）は1949年4月4日に北大西洋条約により設立された西側の集団防衛機構である。原加盟国は，米・英・仏・伊・カナダ・ベルギー・オランダ・ルクセンブルク・デンマーク・ノルウェー・ポルトガル・アイスランドの12カ国で，冷戦期には52年にギリシャとトルコ，55年に西ドイツ，82年にスペインが加盟して16カ国となった。本部はベルギーのブリュッセルにあり，最高意思決定機関は**北大西洋理事会**で，その下に1951年以降，軍事機構が置かれている。

冷戦期の脅威はソ連を盟主とする**ワルシャワ条約機構**であった。冷戦初期は通常戦力においてソ連が優勢であったため，NATOはアメリカの核戦力に依存した大量報復戦略を採用していた。しかし，50年代末までにソ連が核戦力の近代化により米本土攻撃能力を持つにいたったため，アメリカの核抑止力に対するヨーロッパ加盟国の信頼性が低下した。とくにフランスは，核戦力運用をめぐるアメリカの政策に異議を唱えて，1966年にNATOの軍事機構から離脱した（2009年復帰）。他方，アメリカはヨーロッパ加盟国が通常戦力の増強を怠っているために負担が不均衡となっているとして不満を募らせ，米欧間で戦略をめぐり論争が生じた。その結果，1967年にヨーロッパの通常戦力を増強したうえで，通常戦力から核戦力へと段階的に防衛態勢をエスカレーションさせる柔軟反応戦略が採用された。また，こうした戦略により緊張が高まると危惧する国もあったため，NATOはみずからの任務が抑止・防衛のみならず対話・緊張緩和にもあるとするアルメル報告（同盟の将来に関する理事会報告）を1967年に発表し，加盟国の結束強化を図った。集団防衛と緊張緩和という二つの任務を擁したNATOは，結束を維持しつつ冷戦終結への動きを支えた。

▶**北大西洋理事会**
NATOとしての最高意思決定を行う機関。重要な戦略的事項の協議・決定に際しては，毎年数回，加盟国首脳や外相，国防相によって開催されるほか，通常は毎週ブリュッセル駐在の各国NATO大使により開催されている。

▶**ワルシャワ条約機構**
1955年5月にソ連，アルバニア（68年に脱退），ブルガリア，チェコスロヴァキア，東ドイツ，ハンガリー，ポーランド，ルーマニアによって設立された軍事同盟。西独の再軍備とNATO加入を契機として結成された。冷戦終結により1991年7月に解散した。

2 冷戦後の機能的・地理的拡大

1989年に「ベルリンの壁」が崩壊し，やがて91年にソ連が解体されると，NATOにとっての脅威の中心は，それまでの集団防衛から民族紛争，テロ，大量破壊兵器の拡散などに移行した。それにあわせてNATOは1991年，99年の2度，戦略概念を改訂したうえで，2010年に，集団防衛，危機管理と協調的安全保障の三つを主任務と位置づける戦略概念を発表した。実際にNATOは，ボスニア（1995年～2004年），コソボ（1999年～），アフガニスタン（2003年～2021年），リビア（2011年）などで危機管理作戦を実施した。

こうしたNATOの機能的拡大を受けて，加盟国も1999年にポーランド，チェコとハンガリーが加盟したのを皮切りに2004年以降，中・東欧諸国が相次いで加わった結果，30カ国となった（2021年現在）。また，加盟国以外の国々との間においても**「平和のためのパートナーシップ（PfP）」**をはじめ各種のパートナーシップ関係を構築し，地域的安定の確保に努めた。同時にロシアとの間ではNATOロシア理事会を設置（2002年）して対話を強化した。

▷平和のためのパートナーシップ（PfP）
1994年1月にNATO首脳会議で採択されたNATOと非加盟国との二者間協力枠組み。地域的安定性を増大させ，平和への脅威を除去し，安全保障上の関係を強化し，ヨーロッパの新たな分断と混乱を防ぐという目的を有している。現在（2021年）のPfPパートナー国は20カ国。

3 揺さぶられるNATOの結束

2010年戦略概念を発表した前後から，NATOは脅威認識，負担共有などをめぐり，結束が乱れるようになった。たとえばポーランドやバルト三国などは，2008年にジョージアと戦争を行い，2014年にはウクライナのクリミア半島を占拠してドンバス地方で反政府勢力を支援しているロシアを，深刻な脅威とみなしていた。しかし西欧や南欧のほとんどの加盟国は，テロの問題を最大の脅威とし，そこから発生した難民問題を切迫した脅威とみなしていた。このように同盟内において，脅威認識をめぐり足並みが乱れた状況が生まれている。

さらに，同盟の負担共有についても2024年までに軍事費をGDP比２％とするという2014年ウェールズ首脳会議での目標に対して，2020年においても半分以上の加盟国が未達成であり，その多くは2024年までの目標達成が危ぶまれている。また，軍事費以外にNATOの危機管理任務への参加に関しても，加盟国間で不均衡が生じており，同盟の結束を揺るがせている。

4 今後の展望

近年，加盟国間には**サイバー**，**宇宙**など安全保障の新しい領域について，NATOのもとで国際協力を行うことへの期待が大きくなっている。また，2019年12月のロンドン首脳会議において「課題（Challenge）」との表現で初めて中国への言及がみられたように，急速な軍拡，東シナ海，南シナ海への進出，国際法の軽視などをめぐり中国への警戒感も共有されるようになっている。

NATOは2020年代に新たな戦略概念策定を予定しており，その準備作業として2020年12月に専門家グループによる報告書『NATO2030』を公表した。この報告書は，ロシアとならんで中国への警戒を強く打ち出す内容となっていた。しかし，中国の広域経済構想である**「一帯一路」**計画に対して中・東欧諸国は「17＋１」枠組みを設定して積極的に中国の投資を呼び込もうとしている。そうしたなかで，中国への懸念が果たしてNATOの新たな求心力となるのかは未知数である。新しい戦略概念がどのように加盟国の結束力を回復できるのかが，今後のNATOにとって鍵となるだろう。（広瀬佳一）

▷サイバー ⇨コラム９「サイバー防衛と国際政治」
▷宇宙 ⇨コラム６「戦場としての宇宙」
▷一帯一路 ⇨コラム13「一帯一路」

推薦図書

広瀬佳一・吉崎知典編『冷戦後のNATO』ミネルヴァ書房，2012年。
広瀬佳一編『現代ヨーロッパの安全保障』ミネルヴァ書房，2020年。

XI　国家・地域の課題

主権国家を乗り越えられないEU

1 EUの概要

20世紀前半に二度の世界大戦を経て疲弊したヨーロッパ諸国は，1950年代以降，統合の道を歩むこととなった。石炭と鉄鋼という基幹産業の共同管理にはじまり，各国は徐々に主権を超国家機関に移譲していった。

欧州連合（EU）は1992年の**マーストリヒト条約**によって発足し，2007年の**リスボン条約**により制度改革がなされた。EU における事実上の最高決定機関は，各国の首脳が集まる欧州理事会（European Council）である。EU の行政執行機関は欧州委員会（European Commission）であり，各国から1名ずつ選出される委員により構成される。また，加盟国の意見を反映し，EU の政策を決定する機関として，各国の閣僚が集まる EU 理事会（Council of the European Union）がある。立法機能は，EU 理事会に加えて，各国市民により直接選挙される705名の議員により構成される欧州議会（European Parliament）が共同で有している（**図XI-1**）。

27の加盟国から構成される EU の人口は約4億4600万人，GDP は約15兆ドルであり，アメリカにつぐ経済規模を誇る。ことに経済・通商面では EU を「パワー」とみる議論もある。他方，自由や民主主義を重視する「価値の共同体」としての存在感は，後述するように内部から揺さぶられている。また，

▷マーストリヒト条約
EU を設立するとともに，ヨーロッパ共同体（EC），共通外交・安全保障政策（CFSP），司法・内務協力（JHA）という三本柱を設けた。また，加盟国の市民に対して EU 市民権を付与し，欧州議会への投票権，EU 域内での自由移動の権利などを保障した。1993年に発効。

▷リスボン条約
EU の大原則を示した EU 条約と，EU の具体的な権能や各政策領域における取り決めなどに関する EU 機能条約の二本立てとなっている。マーストリヒト条約で設けられた三本柱が廃止され，すべての機能が EU という単一の法人格に包摂された。2009年に発効。

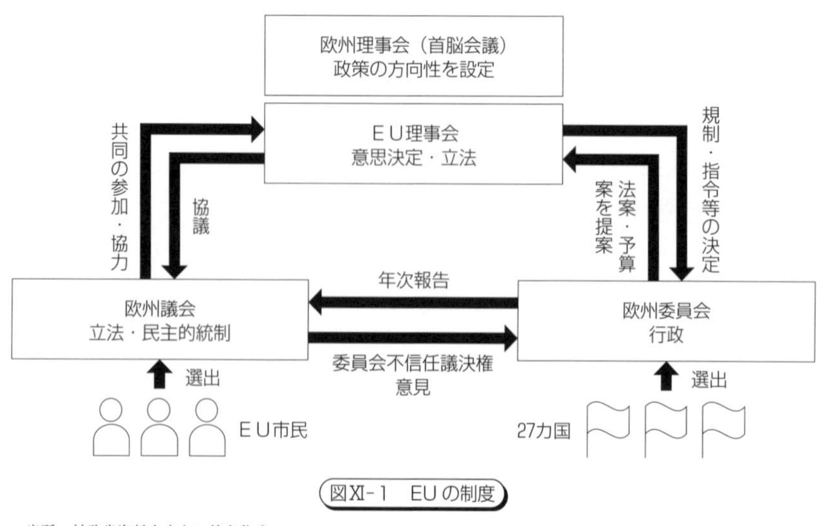

図XI-1　EUの制度

出所：外務省資料をもとに筆者作成。

EUが対外的な影響力を持ちうるかどうかは，加盟国が「一つの声」を形成できるかどうかに大きく依存している。

2 現在のEUが直面する危機

EUは，創設以来さまざまな危機を乗り越えて発展してきた。現在EUが直面しているのは，これまでに達成してきた統合が逆行しつつあることである。

まず，ヒトの自由移動の停滞である。単一市場の創設にあたっては，ヒト，モノ，カネ，サービスが自由に移動できる空間が必要であった。1980年代以降に成立した**シェンゲン圏**では域内自由移動が実現し，労働市場の流動性が高まった。しかし，域内自由移動には負の側面もあった。2015年のパリ同時テロ事件は，シリア難民に紛れてシェンゲン圏に入った実行犯がベルギーで組織され，フランスで犯行に及んだものであった。また，2020年には新型コロナウィルスの感染予防のために各国が国境を封鎖し，域内自由移動は一時的に停止された。

次に，民主主義の後退である。EUは，人の尊厳，自由，民主主義などの価値を擁護している。ところが，統合が深化してEUの権限が強化するのに対して，議会を通じた民主主義の統制が追いつかないという「民主主義の赤字」がこれまで指摘されてきた。また，2010年代にはハンガリー，ルーマニア，ポーランドで法の支配に反する国内改革が進められるとともに，西欧諸国でも反移民や反EUを唱える極右政党が勢力を伸ばし，自由と寛容の精神を脅かしている。

さらに，2020年1月には**イギリスのEU離脱（BREXIT）**により，これまで加盟国数が拡大してきたEUが史上初めて縮小という局面を迎えた。イギリスの後を追って離脱する国は直近には出現していないものの，離脱が現実的な選択肢であることが明らかになったのである。

上述のことは，EUの統合プロセスが不可逆的なものではないことを物語っている。EUの停滞・後退は，リベラルな国際秩序の退潮をもたらしかねない。

3 主権国家体制とEU

EUは，国家が本来有していた主権の一部を移譲され，超国家機関を目指して発展してきた。統合は，戦争の主原因と考えられていた国民国家やナショナリズムを乗り越えるための理想とされてきたのである。しかし，ヨーロッパ統合は第二次世界大戦後の再建過程において国民国家を救済する手段でもあった。そもそも，統合は各国によって選択された道であり，EUの制度は各国政府の存在と協力を前提に設けられている。そして，危機においては主権国家という枠組みが前面に押し出される傾向にあり，依然として国家単位の発想は根強く残っているのである。

（篠﨑正郎）

▷シェンゲン圏
シェンゲン協定（1985年）に基づく地域 ⇨VI-4「地域機構・制度」

▷イギリスのEU離脱（BREXIT）
Britainとexitを組み合わせてBREXITと呼ばれる。イギリス国内ではEUへの財政負担や東欧からの移民の流入に対する反感が強まり，2016年6月にEU離脱を問う国民投票が行われ，僅差で離脱が選択された（離脱：51.9%，残留：48.1%）。2017年3月にイギリスはEUへ離脱意思を通告し，2年間と規定された離脱交渉が開始した。しかし交渉は難航をきわめ，離脱期日は数度にわたり延期され，2020年1月末にようやく離脱に至った。

推薦図書
益田実・山本健編著『欧州統合史――二つの世界大戦からブレグジットまで』ミネルヴァ書房，2019年。

XI　国家・地域の課題

 ロシア――プーチン「2020年体制」は持続できるか

1 プーチン主導政治システムの成熟と綻び

2020年のロシアでは，半年余りという速さで憲法修正が果たされた。7月1日に実施された国民投票で，修正案は77.92％の賛成票を得て採択された。

この修正憲法によって，プーチンの体制は，次のような大きなステップを踏んだ。まず，彼の政権下で20年以上にわたり強化されてきた**権威主義**的な権力構造が，憲法に明文化されることで正当化された。また，プーチン政権は，米欧的な規範とは一線を画す保守的・伝統的な価値観を憲法に盛り込み，ロシア社会を政権の意図するように統制・誘導する根拠を獲得した。

かつてのエリツィン政権期では，議会では共産党などの野党勢力が一定の影響力を保っていた。政治・経済の混乱も目立ったが，2020年代に比べてリベラルな時代であった。それを裏づけていたのがソ連解体後に制定された1993年憲法であった。今次の憲法修正によって，従来の憲法の基調とは異なる「2020年体制」と呼べる状況が，ロシアで生成された。

修正憲法で大統領任期は2期12年を上限とすることが明記されたが，プーチンはその制約から除外されている。ただし，直近の任期満了となる2024年，71歳の彼がさらに大統領職にとどまる可能性は低い。長期政権に対する国民の不満が，大都市の中間層，若者を中心に根強くあるからである。**新型コロナウイルスのワクチン開発**を逸早く行った，と政権は喧伝したが，国内の感染抑止策が効果的でなく，経済が停滞していることも，政権批判の種となっている。プーチンの後継者の選定を含め，「2020年体制」の持続可能性は不透明である。

2 深まる米欧との溝

強制外交が，政権浮揚の一環として活用された側面があることは否めない。たとえば，**2014年，隣国ウクライナの政変**に乗じてロシアはクリミアを併合した（クリミア危機）。プーチンは，この半島を歴史的故地と考えるロシア人たちの愛国主義にうったえ，支持を大幅に引き上げることに成功した。

無論，米欧諸国はこのようなロシアの強硬措置に強く反発した。対抗して米欧がロシアに制裁を課し続けていることは，同国経済の痛手となっている。ロシアと米欧の政治対立が修復する兆しはみえにくい。ロシアは，アメリカの内政を混乱させるべく，**サイバー技術を駆使した世論操作**，**選挙介入**に加担して

▷権威主義
民主政に比べて政治的多元性は限定され，また，国民に対して政治参加より無関心を促す傾向があり，結果として指導者の独裁色が強まる。中国やロシアのような大国の統治に適し，危機に対して即断即決できる利点があるとされる。

▷新型コロナウイルスのワクチン開発
2020年8月，ロシアのガマレア国立研究センターは，Covid-19に対するワクチン「スプートニクV」を開発。翌9月には早くもロシア国内での使用が承認された。海外にも中国，インド，中東，南米を中心に輸出されている。ロシア国内ではワクチンの安全性に対する疑念は払拭されておらず，接種率も低迷している（21年6月現在，国民100人当たり8.74人が接種完了）。プーチンのワクチン接種は，21年3月になりようやく報じられた。

▷強制外交
軍事力や経済制裁などを用いて他国を威嚇し，自国に望ましい結果をもたらそうとする外交。軍事的・経済的な懲罰行為を行う意図があることを相手国に示すことで自国にとって望ましくない行動を抑止する場合と，より能動的に現状変更を強要する場合の，二つに大きく分けることができる。

いるとみられる。ロシアの攻撃は，米欧の民主政の脆弱さを露呈させた。

さらに，前述のような国内の保守化・愛国主義と関連して，ロシアは米欧との間で思想的な亀裂を深めている。「2020年体制」は憲法での人権規定にこそ手を加えなかったものの，ロシア国内での人権状況や法の支配の実態は，次第におぼつかないものとなっている。ネムツォフやナワリヌィのように，反対派の指導者たちは，暗殺のおそれに付きまとわれ，さまざまな理由で逮捕・拘束され，政治活動を制約されていることも，米欧から批判されている。人権，法の支配といった民主的規範の浸透をめざす欧州評議会（Council of Europe）からのロシア脱退論は，2010年代より燻っていたが，近年改めてロシア国内で盛んになっている。

3 中ロ「準同盟」と軍事大国としての展望

米欧との対立が深刻化するなか，ロシアは周辺の地域大国との連携を強めている。とくに，同じ権威主義国家である中国とは，経済や資源受給でも相互依存を強め，近年，プーチン自身が同盟に準じる関係と表現するようにもなった。

その一方で，石油・天然ガスの供給体制，中央アジアをめぐる主導権争いなど，中ロ間には対立要素も多い。ロシアは中央アジア諸国をはじめとする旧ソ連諸国にとって「旧宗主国」であるが，そこに投入できるロシアのリソース／影響力は限定されつつある。ロシアの力による統制が及ばないなかで，ウクライナ，モルドバ，アルメニア，ジョージアなどは，脆弱ながらも政権選択が可能な民主政を目指そうとしている。

4 ロシアにとっての日露関係

権威主義，強制外交を保っているロシアの動きは，日露関係とりわけ領土問題に影を落としている。今般の憲法修正では，「領土の一部の譲渡に向けられた（中略）活動，およびそのような活動を呼びかけることは認められない」という条項が追加されたが，2021年2月，プーチンはこの新条項を根拠に，1956年の**日ソ共同宣言**◁に示された領土の引き渡しを行わないと明言した。

近年の日本の対ロ政策は，領土問題の解決を含めた平和条約の締結を目指し，柔軟な姿勢をとってきた。第2次安倍政権（2012年12月～20年9月）での日露首脳会談は通算27回に及んだ。16年末のプーチン訪日に向けて経済協力プランや北方領土での共同経済活動などが提案され，18年11月のシンガポールでの日露首脳会談では，日本側から従来の4島返還の方針を変更し，最大で2島返還とする案を示した。しかし，前述のプーチンの発言は，これらの妥協策は功を奏さなかったことを示している。平和条約の締結は領土問題とは無関係であり，日本は第二次世界大戦の結果としての北方領土の喪失を受け入れるべき，というのがロシアの考えのようだ。（湯浅　剛）

▷2014年，隣国ウクライナの政変
前年のEUとの連合協定締結交渉中断を機に，ウクライナ国内での反政府抗議が激化し，2014年2月に政権瓦解。暫定政権が発足すると，ロシア軍は3月までにクリミア半島に介入。同半島は住民投票を経てロシア領に「編入」された。2022年2月には同国東部のロシア系住民保護を名目に軍事侵略の挙に出て，国際的な孤立を招くこととなった。

▷世論操作，選挙介入
2016年，20年のアメリカ大統領選挙のさい，SNS上のキャンペーン，偽情報の流布，サイバー攻撃による政治介入があったと考えられている。米当局は，ロシアのほか中国やイランからも同類の介入があったと言及している。16年選挙ではトランプ勝利の一因とされるが，介入の究極的な目標は，アメリカの民主政そのものの混乱や信頼性の低下であるとみられる。

▷日ソ共同宣言
鳩山一郎首相の訪ソによりソ連政府と取り交わした宣言であり，後に日ソ両国の議会の批准によって発効した。平和条約の締結ののちに歯舞・色丹が日本に引き渡されることが約束された。

推薦図書

長谷川雄之ほか「ロシア――ポスト・プーチン問題と1993年憲法体制の変容」防衛研究所編『東アジア戦略概観2021』防衛研究所，2021年，134-164頁。

駒木明義『安倍 vs. プーチン――日ロ交渉はなぜ行き詰まったのか？』筑摩書房，2020年。

XI　国家・地域の課題

5 中国――激動の「大国」

1 中国建国と毛沢東時代

中華人民共和国（以下，中国）では1949年10月の建国以来，中国共産党（以下，党）が一貫して絶対的な地位を占めている。党の最高権力者が事実上国家の最高指導者であり，歴代の最高指導者は一党支配の維持を最優先してきた。

毛沢東（もうたくとう）は計画経済のもとで社会主義建設を進めた。1953年には急進的な社会主義工業化を目指して大躍進運動を展開したが，粗悪な鉄鋼生産の傍ら農業生産が激減し，大量の餓死者を出して失敗した。その後党内の支持が劉少奇（りゅうしょうき）や鄧小平（とうしょうへい）に集まると，毛は1966年に学生や大衆を動員した文化大革命を発動して彼らを失脚させ，1976年9月に死去するまで最高権力者として君臨した。

中国は1950年2月に中ソ友好同盟相互援助条約を調印して東側陣営に加わり，同年10月には北朝鮮を支援して朝鮮戦争に参戦し，アメリカ率いる国連軍と韓国軍相手に戦った。アメリカは1954年12月に米華相互防衛条約を調印し，台湾防衛姿勢を明確にした。1950年代末には中国とソ連の関係も悪化した。1971年7月のキッシンジャー大統領補佐官の極秘訪中と翌年2月のニクソン大統領の訪中を経て，両国は1979年1月にようやく国交を樹立した。アメリカは米華相互防衛条約の終結を宣言したが，台湾関係法を制定し台湾への関与を続けた。

2 鄧小平の改革開放政策と中国の台頭

1976年1月の周恩来（しゅうおんらい）死去後，華国鋒（かこくほう）が総理に就任し，10月には党主席と党中央軍事委員会主席（以下，中央軍委主席）も兼任した。しかし，党内の権力基盤の弱さや急速な近代化政策と**中越戦争**の失敗により1981年6月に失脚した。周亡き後に再度失脚していた鄧小平は，1977年7月に党副主席や副総理，総参謀長などに復権後着々と権力基盤を固め，腹心の**趙紫陽**（ちょうしよう）と**胡耀邦**（こようほう）を総理や党主席・党総書記に据えて実権を握った。

1978年12月の改革開放政策への転換は中国台頭の契機となった。中国は計画経済から市場経済への移行を目指し，経済特区設置による外資導入と対外開放を行い，驚異的な高度成長を実現した。持続的な経済発展のため，1982年9月の第12回党大会で独立自主外交へ転換し，体制の異なる国との平和共存を模索した。

改革開放政策は，価格改革によるインフレと経済の混乱，党幹部やその一族

▷中越戦争
1978年12月のベトナムによるカンボジア侵攻への報復として，中国が1979年2月にベトナムに侵攻した。

▷趙紫陽（1919-2005）
1980年9月から1987年11月まで総理を務め，胡耀邦失脚後の87年11月から89年6月まで党総書記を務めた。

▷胡耀邦（1915-1989）
1981年6月から1982年9月まで党主席，1982年9月に党主席が廃止されて党総書記となったが，1987年1月に解任された。

による腐敗や汚職と民衆の不満の蓄積，西側の思想や文化の流入，1980年代後半から増加した学生や知識人による民主化運動などをもたらした。民主化運動への対応が軟弱だとして1987年1月に総書記を解任された胡耀邦が1989年4月に亡くなると，北京の天安門広場に追悼に集まった学生の動きが民主化要求運動へ発展した。鄧は運動を計画的な陰謀かつ動乱と結論づけ，6月4日に天安門広場に軍を派遣して鎮圧した。鄧は趙を解任し，**江沢民**（こうたくみん）を党総書記に抜擢した。以後，経済成長は落ち込んだ。鄧は同年11月に中央軍委主席を引退後も，1992年1月から2月の南方視察で改革開放を強調するなど影響力を持ち続けた。

江沢民も改革開放政策を推進した。1992年10月の第14回党大会では社会主義体制下で市場経済化を進める社会主義市場経済体制の確立が提起された。江は2000年2月，党の**「三つの代表」**論を提起して私営企業家も取り込み，一党支配体制の強化を図った。2001年12月に世界貿易機関（WTO）に加盟後，中国の輸出や対内直接投資が急増し，経済成長は加速した。

2002年11月の第16回党大会を経て総書記に就任した胡錦濤（こきんとう）は従来の路線を継承した。中国は2008年夏の北京オリンピックを成功させ，世界金融危機も乗り切り，2010年には名目GDPで日本を追い越して世界第二位の経済大国となった。江沢民は総書記退任後も2004年9月まで中央軍委主席に留任したため，胡錦濤はこの間は最高司令官として軍を掌握できなかったが，自身は2012年11月に総書記退任と同時に中央軍委主席から退いた。

3 習近平時代の中国

2012年11月の第18回党大会を経て総書記に就任した習近平は党中央と習個人への権力集中を進めている。聖域だった党や軍の高官まで反腐敗運動で取り締まり，中央国家安全委員会や中央全面深化改革領導小組などの最重要組織の長として，既得権益層の軍を含め改革に着手した。2018年3月の全国人民代表大会では，2期10年までの国家主席の任期を撤廃する憲法改正案が採択され，習の2022年秋以降の総書記留任が制度上可能になった。香港では2019年の逃亡犯条例への民主派による抗議活動を契機に党の統制が強まり，2020年6月には香港国家安全維持法が制定され，高度の自治を保障した一国二制度が形骸化された。

習は外交では鄧以来の**「韜光養晦」**（とうこうようかい）路線を放棄して積極姿勢に転じた。2013年秋から一帯一路構想の下で周辺諸国へ積極的に進出し，2014年以降は南シナ海での人工島建設などの軍事化も進めている。中国はASEANや上海協力機構に加え，中国アフリカ協力フォーラム（FOCAC）などの中国主導の地域協力枠組みも活用し，多層的な外交を展開している。習は2017年10月の第19回党大会で国際秩序の変革を主導する方針を表明した。2020年に新型コロナウイルスを早期に封じ込めた中国は，尖閣諸島周辺への海洋進出も活発化させつつ他国に医療物資を支援するなど，硬軟織り交ぜた外交を行っている。（渡辺紫乃）

▷江沢民
天安門事件当時，党中央政治局委員兼上海市党委員会書記に過ぎなかった。2002年11月まで党総書記を務めた。

▷「三つの代表」
江沢民は，共産党を①先進的な社会生産力の発展要求，②先進的文化の進むべき方向，③最も広範な人民の根本的利益の「三つの代表」であると再定義した。労働者と農民を代表して資本家と対峙する政党からエリート層や企業家も含む国民全体を代表する政党へと転換させる契機となった。

▷「韜光養晦」
才能を隠してひけらかさず能力を蓄えることを意味する。鄧小平が1990年代に掲げた中国の対外政策方針であり，中国が台頭しつつあるなかで低姿勢外交に徹することを求めた。

推薦図書
川島真・小嶋華津子編著『よくわかる現代中国政治』ミネルヴァ書房，2020年。

XI　国家・地域の課題

6 「世界大国」をめざすインド

1 台頭するインド

21世紀に入り，インドへ世界の熱い視線が注がれている。その大きな要因は，かつては「眠れる巨象」とも揶揄されたこの国のハードパワーの伸長にある。2027年前後には世界最大となる人口規模を背景に，そのGDPはいまや主要先進国と肩を並べ，軍事面でも核兵器や空母，戦闘機を着々と増強させている。

この新興大国をめぐっては，日米など西側主要国と，中国やロシアなどとの綱引きが展開されるようになった。西側が対中牽制の見地から**「世界最大の民主主義国」**であるインドとの関係を**民生用原子力協定**の締結や外務・防衛閣僚級協議（2＋2）」の設置，海上合同演習**「マラバール」**などを通じて強化しようとするのに対し，中国やロシアもロ印中（RIC）を形成し，上海協力機構（SCO）やBRICSの枠組みによって取り込みを図ってきた。このようにインドは今後の世界秩序を左右する「グローバル・スイング国家」とみなされている。

2 戦略的パートナーシップ外交

世界中からの「ラブコール」にインドはどう応じているのだろうか。インドは初代首相ネルー以来，冷戦期に「非同盟」を掲げてきた。米ソ両超大国の**同盟**構造と距離を置くことで，自らの独立と主権を維持しようとしたのである。

その基本姿勢は冷戦後も変わらない。インドは世界のほとんどの主要国，新興国と戦略的パートナーシップ関係を宣言し，経済・政治・軍事のあらゆる面で関係緊密化を図ってきた。しかしいずれの国とも同盟は結ぼうとしない。それはまずもって特定の国へ依存すれば自らの戦略的自律性が奪われかねないという警戒感に由来する。

くわえて，現在のインドにとっては，すべての面で頼れるパートナーが存在しないという現実によるものでもある。かつて戦火を交えた中国の陸海における脅威やパキスタンから仕掛けられてくる「越境テロ」に対処するためにアメリカが不可欠なパートナーであるのはたしかだが，WTOやIMFをはじめとした世界の経済秩序をめぐっては，インドと既存の先進国の間には大きな溝がある。ここでは利害を共有する「途上国」，「新興国」の中国などと共闘せざるをえない。したがって，インドが全方位型で戦略的パートナーシップ外交を展開するのは，問題領域によってパートナーを使い分けるプラグマティックな思

▷「世界最大の民主主義国」
インドは1947年の独立以来，一貫して議会制民主主義体制を維持してきた。2019年に行われた第17次連邦議会下院選挙（総選挙）の有権者数はおよそ9億人に達した。

▷民生用原子力協定
核不拡散条約（NPT）未加盟のまま，1998年に核兵器保有を宣言したインドに対し，アメリカは原子力発電に必要な資材や燃料等の供与を特例的に認めるよう，原子力供給国グループ（NSG）に働きかけ，2008年には二国間協定を成立させた。インドはロシア，フランスなどとも同様の協定を結び，日本との協定も2017年に発効した。

▷「マラバール」
1992年に印米海軍間で開始された演習。2007年に日本，オーストラリア，シンガポールを招いて行われた演習は中国の強い反発を招いた。にもかかわらず，日本は2014年から再び参加するようになり，その後恒常的なメンバーとなった。2020年にはオーストラリアも加わり，4カ国（クアッド）で実施された。

▷同盟
⇨VIII-3「同盟」

考様式に基づいたものでもある。

3 「世界大国」への野望と課題

こうした戦略的パートナーシップ外交を通じてインドがめざすのは，南アジアの地域大国から「世界大国」への飛躍である。とくに国連安全保障理事会の常任理事国入りという大きな目標に向け，各国との首脳会談でインドへの支持を呼びかけてきた。2014年に発足した**モディ**政権は，インドの最初の核実験（1974年）を機に設立された原子力供給国グループ（NSG）への加盟を実現することで，核大国としてのインドの地位を確固たるものにしようと奔走した。

しかしこうしたインドの野望実現の前に立ちふさがるのが，中国という大きな壁である。中国は国連やNSGでのインドの地位向上に慎重な立場をとり続けるとともに，インドと敵対するパキスタンと連携してインドを南アジアという地域のなかにとどめる戦略を採用してきた。中国は核・ミサイルを含む軍事援助のみならず，**中パ経済回廊**など**一帯一路**のプロジェクトを通じパキスタンを支えてきた。さらにスリランカやモルディブ，バングラデシュ，ネパールといったその他の南アジアの国々にも影響力を拡大し，いまやインドの地域覇権すら当然視できなくなってきている。

難題はインドの国内にも山積する。第一は州政治の影響力の増大傾向である。多様な社会集団から構成されるインドでは1990年代以降，地域政党が国政にも影響力を行使するようになり，しばしば連邦政府による国家戦略上の見地からの対外政策に拒否権を突きつける。第二はヒンドゥー・ナショナリズムの台頭である。モディ政権を支える最大与党**インド人民党**は，過激な宗教団体を支持基盤とし，「ヒンドゥー国家」建設に向けた諸策を実行に移しはじめた。そうした排他主義と弾圧は，本来の政教分離主義や民主主義の原則を揺るがす事態となりつつある。第三はインドに根強く残る差別と格差である。COVID-19への対応で露呈したように，出稼ぎ労働者やスラムでの暮らしを余儀なくされている人々を数多く抱えるインドでは，政府によるロックダウンの効果は限定的であり，今後の経済成長の展望にも暗い影を落とすこととなった。

4 日本に求められる役割

冷戦期には疎遠だった日印関係は2000年の森首相訪印，2005年の小泉首相訪印以降緊密化し，首脳が毎年，相互訪問しあう原則が確立された。2014年に訪日したモディ首相は安倍首相との間で両国関係を「特別戦略的グローバル・パートナーシップ」に引き上げることに同意した。背景には，ますます自己主張の度を強める中国を牽制する狙いがある。日印間では軍事面での協力には限界があるものの，インフラ支援などの経済協力と政治的協調を通じて**「自由で開かれたインド太平洋」**の確立をめざす取り組みがすすんでいる。（伊藤　融）

▷モディ
ナレンドラ・モディ（Narendra Modi, 1950-）はチャイ（茶）売りの少年からヒンドゥー宗教団体，民族義勇団（RSS）に入会し，そこからグジャラート州議会議員，州首相として活躍した。2014年総選挙で連邦政府首相に就任するまで国政での経験は皆無であった。

▷中パ経済回廊
中国の新疆ウイグル自治区とパキスタンのグワダル港を結ぶ巨大開発計画。インドが領有権を主張するパキスタン実効支配下のカシミール地方を経由することもあり，インドは強く反発している。

▷一帯一路
⇨コラム13「一帯一路」

▷インド人民党
ヒンドゥー至上主義を掲げる政党。1990年代末から勢力を拡大し，1998年に初めて本格的に政権を握ると核実験・核保有宣言を行った。2014年，2019年の総選挙でモディに率いられた同党は連邦下院において圧勝を収めた。

▷「自由で開かれたインド太平洋」
⇨コラム18「インド太平洋」

推薦図書

伊藤融『新興大国インドの行動原理——独自リアリズム外交のゆくえ』慶應義塾大学出版会，2020年。

XI　国家・地域の課題

7 古くて新しい回廊——中央アジア

1 失われていた東西交易路の中継地

ウズベキスタン，カザフスタン，キルギス共和国，タジキスタン，トルクメニスタンの5カ国からなる中央アジアは，ユーラシアの東西を結ぶ交易**回廊**シルクロードの中継地として紀元前より栄えてきた。奈良の正倉院に収蔵されているローマやペルシャ産の工芸品もこのシルクロードを経由してもたらされたものである。東西交易路の中継地ゆえに，紀元前4世紀のアレクサンダー大王の東征にはじまり，東西のさまざまな勢力がこの地域で覇を競い合ってきた。唐から製紙法が西伝したとされる「タラス河畔の戦い（751年）」も，現在のキルギス共和国で起きた唐とアッバース朝間の戦いである。また世界最大の版図を得たモンゴル帝国も当然ながらこの地を支配した。このように，中央アジアは東西の文化・制度・技術が行き交う場所であった。

他方，19世紀末になると中央アジアは，当時の覇権国であったイギリスとロシア帝国との間で**グレート・ゲーム**の主要舞台となった。この係争の結果，中央アジアは文化的・民族的な紐帯を持つアフガニスタンなど南アジアと切り離され，ロシア帝国の一部となった。そして，1917年のロシア革命を経てソ連の一部となった中央アジアではロシア化が進むとともに，東西からのアクセスは閉ざされ中継地としての役割も失ってしまった。

2 ソ連解体で注目された資源国

1991年末に**ソ連が解体**し，独立国家となった中央アジア5カ国は，とくに「第二の中東」とも呼ばれ石油・天然ガスが埋蔵されるカスピ海沿岸を中心にその豊富な**資源**から世界の注目を集めるようになった（**表XI-2**）。シェブロンやコノコフィリップスなどの石油メジャーが積極的に投資をすすめるなど，歴

表XI-2　中央アジア諸国の主な資源

国	資源
ウズベキスタン	石油，天然ガス，石炭，金，銀，銅，ウラン，タングステン
カザフスタン	石油，天然ガス，石炭，金，銀，銅，クロム，モリブデン，ウラン，タングステン
キルギス	金，モリブデン，アンチモン，タングステン
タジキスタン	金，銀，銅，モリブデン，アンチモン，タングステン
トルクメニスタン	石油，天然ガス，ストロンチウム

出所：外務省「中央アジア・コーカサス」2020年から筆者作成。

▷**回廊**
内陸部の細長い領土などを指すが，ここでは，人々が暮らすことができ，交通・物流インフラ，交易のルートとなり得る細長い地帯として捉えている。後述する通り中国の一帯一路構想も六つの回廊からなる。

▷**グレート・ゲーム**
世界島とも呼ばれたユーラシア中央部の支配権を巡っての英露間の勢力争で，南アジアはイギリス領，中央アジアはロシア領となった。なお，中央アジアと中国の国境は，露清間の勢力争いの結果決定した。

▷**ソ連解体**
1917年のロシア革命で成立したソビエト連邦は，1991年12月25日にゴルバチョフ・ソ連大統領が辞任し幕を閉じ，15カ国の独立国家が誕生した。バルト三国とジョージアを除く11カ国が独立国家共同体（CIS）を設立した（ウクライナは2014年に脱退を表明）。

▷**資源**
資源は，石油や天然ガス，再生可能エネルギーなどモノを動かすためのエネルギー資源とモノをつくるための材料としての資源がある。中央アジアはエネルギー資源と材料資源いずれも賦存する。XII-5「偏在するエネルギーと接続性」参照。

史的経緯から「ロシアの裏庭」と呼ばれた中央アジアに欧米系の企業がこぞって進出したのである。そして，資源の供給地である中央アジアと資源消費地である欧米諸国間の輸送路を巡る**パイプラインポリティクス**の文脈で中央アジアは議論されるようになった。

3 新たな東西交易回廊として

パイプラインポリティクスは，中央アジアを起点とするものであるが，東西交易回廊も回復しつつある。その代表例が習近平・中国国家主席が2013年にカザフスタンで発表した**「一帯一路」構想**である。中国は増加する国内エネルギー需要への対応として，中央アジアのエネルギー資源開発に投資する一方で，EU までの流通路として中央アジアを東西に貫く道路・鉄道網を整備している。一帯一路は，陸のシルクロード（一帯）と海のシルクロード（一路）の組み合わせであり，いうまでもなく中央アジアは前者の一帯に属する。なお，この構想は中央アジアの経済面でロシアの影響力が低下する一方で，中国の影響力が拡大してきていることを示す動きでもある。そして，中央アジアの安全保障面に中国の影響力が拡大するかが注目されている。

4 中央アジアが持つ課題

中央アジアは，伝統的にイスラーム教の影響が強くアフガニスタンと隣接しているため**イスラーム過激派**が安全保障上の課題となっている。また，中央アジアは，海洋への出口を持たない**内陸国**でもある。そのため，南のアフガニスタンの安定化は国際市場への南部回廊として重要で，国際社会との協力が必要な課題である。加えて，中央アジア諸国は，水資源及び資源分配問題，国境線歴史認識問題を巡り対立してきた。だが，近年では対立の中心であったウズベク・タジク関係が好転したことに加え，米軍撤退後のアフガニスタン情勢への懸念から，中央アジア諸国も地域協力に積極的である。

この中央アジアに対し，日本は1997年の「ユーラシア外交」や2004年の「中央アジア＋日本」対話などを掲げ積極的に関与してきた。とくに，中央アジア諸国間の地域協力の推進を目的の一つとする後者は定期的に外相会議を開催しており，アメリカ，EU，韓国も同様の枠組みをつくるなど国際的にも評価が高い。2006年には，小泉首相がカザフスタンとウズベキスタンを歴訪し，2015年には安倍首相が G7 諸国首脳として初の中央アジア 5 カ国歴訪を行うなど，一帯一路構想を掲げる中国の規模には及ばないが，アフガニスタン安定化を含めた中央アジア発展のための支援政策を積極的に展開してきた。2021年 8 月のタリバーン復権に伴うアフガニスタンの混乱の中央アジアへの波及を防ぎ，その混乱を収束させるためにも，この日本の支援はますます重要となろう。

（稲垣文昭）

▷パイプラインポリティクス
旧ソ連時代に構築された中央アジアの石油・天然ガスを輸送するパイプラインは，すべてロシアに集約されている。この南北を結ぶパイプラインに対して，欧米は，中央アジアではないが，アゼルバイジャンからトルコまで結んだ「BTC（石油）パイプライン」などロシアを経由しない東西パイプラインを推進した。

▷「一帯一路」構想
⇨コラム13「一帯一路」。

▷イスラーム教過激派
アフガニスタンでは，政府とタリバーンの対立が続いているが，ISIL も進出してきている。中央アジア諸国出身者がこれらイスラーム過激派に参加するものが少なくなく，国内への影響阻止が治安上の課題となっている。

▷内陸国
中央アジア諸国は，外洋に接しない国家である。とくにウズベキスタンは，外洋にアクセスするには 2 カ国を経由する必要がある二重内陸国であり，円滑な貿易の観点からも，地域協力における関税の簡略化などが必要となっている。

推薦図書

宇山智彦・樋渡雅人編著『現代中央アジア——政治・経済・社会』日本評論社，2018年。

XI　国家・地域の課題

8 朝鮮半島――武力不行使の三類型

朝鮮半島での武力不行使の取り組みは数知れない。冷戦終結直後の1991年12月から1992年２月にかけ，**「南北間の和解・不可侵，交流，協力に関する合意書」「朝鮮半島の非核化に関する共同宣言」**が採択，発効したが，1993年３月に北朝鮮がNPT脱退宣言を行って以降，核開発問題で米朝高官協議が行われることで，履行は望めなくなった。2018年春以降，韓国，北朝鮮，そしてアメリカは一連の首脳会談で交わした文書を通じて，朝鮮半島での武力不行使を首脳レベルで再確認しようとしている。それは「不可侵」「平和」「安全の保証」という三つの類型に分けることができる。

1　相互不可侵と「板門店宣言」

「不可侵」とは朝鮮半島に限らず，敵対関係にある国家間でとられる宣言であり，1975年の欧州安保協力会議（CSCE）の最終文書のように，互いの不信感を減らして偶発的な武力衝突を避ける軍事的信頼醸成措置を伴うときがある。

文在寅（ムンジェイン）大統領と金正恩（キムジョンウン）国務委員会委員長が交わした「板門店宣言」（2018年４月29日）は，「朝鮮半島で先鋭化した軍事的緊張状態を緩和し，戦争の危険を実質的に解消するため共同で努力していく」として，「地上と海上，空中をはじめとするあらゆる空間で，軍事的緊張と衝突の根源となる相手に対する一切の敵対行為を全面的に中止すること」を宣言した。また同年，文在寅大統領が平壌を訪問し，金正恩と交わした「９月平壌共同宣言」（2018年９月19日）で「非武装地帯をはじめとする対峙地域での軍事的な敵対関係終息を朝鮮半島の全地域での実質的な戦争の危険の除去と根本的な敵対関係の解消につなげていく」ことを謳い，その付属文書となる「軍事分野合意書」では，陸海空に「敵対行為中断区域」を設けて，偶発的な武力衝突を避ける措置がとられた。

2　「平和」と当事者問題

これに対して「平和」は，朝鮮半島で特殊な意味を持つ。それは朝鮮戦争を戦闘停止させた軍事停戦協定に替わって，最終的には戦争を法的に終結させる平和協定を締結することを意味する。とりわけ，盧武鉉（ノムヒョン）とその流れを汲む文在寅政権は，北朝鮮が核保有に固執するのはアメリカの脅威に対抗するためであり，その脅威の源泉は朝鮮戦争が軍事停戦の状態にあると考えた。韓国は平和体制を樹立すれば，北朝鮮は核兵器をもはや必要なくなるとして，平和体制

▶**「南北間の和解・不可侵，交流，協力に関する合意書」**（「南北基本合意書」）
1991年12月13日，南北高位級（首相級）会談で採択された文書で，1972年７月４日の「祖国統一三大原則」（「自主」「平和」「民族大団結」）を再確認し，南北間の和解と相互不可侵，南北間の平和体制樹立，経済交流を盛り込んだ包括的文書である。1992年２月19日の第六回南北高位級会談で発効した。その傘下に実践機関として政治，軍事，交流・協力について分科委員会も設立され，付属議定書も採択された。

▶**「朝鮮半島の非核化に関する共同宣言」**（「南北非核化共同宣言」）
1991年９月のブッシュ（父）大統領による「戦術核撤去宣言」をうけ，南北高位級会談で核問題について別途もたれた協議で採択された。ここで南北双方は，「核兵器の実験・製造・生産・接受・保有・貯蔵・配備・使用を行わないことを宣言（第１条）したほか，核エネルギーをもっぱら平和利用とすること（第２条），ウラン濃縮施設，核再処理施設を持たないこと（第３条）を確約した。また，ここでは「相手側が選定して双方が合意する対象に対して」，相互に核施設

の樹立と北朝鮮の核放棄という異なる領域での取引を考えた。

ところが，北朝鮮は朝鮮戦争が国連軍の名のもとに米軍が介入することで戦われ，軍事停戦協定にも韓国軍は署名していなかったとして，平和体制の主たる当事者はアメリカと北朝鮮であると主張している。「板門店宣言」を受け，トランプ大統領と金正恩国務委員長は第一回米朝首脳会談（2018年6月12日）での共同声明でも，米朝両国が「持続的で安定した平和体制を築くために共同で努力する」と謳われた。これに対して韓国は，韓国軍も国連軍の作戦指揮下で闘った戦争当事者であり，朝鮮半島での平和体制は平和統一に不可欠な前提となると考えている。米朝首脳会談後，韓国は平和協定の主たる署名者は韓国と北朝鮮であるべきと主張し，平和協定に至る前段階として南北間で「朝鮮戦争終戦宣言」を発表するという案も提示された。

を査察する「相互査察」を実施することにも合意した（第4条）。

3 「安全の保証」と冷戦構造の解体

「安全の保証」とは，本来核不拡散体制の用語として一般に，核兵器不拡散条約（NPT）の核兵器国は非核兵器国に核兵器による威嚇，使用もしないとする消極的安全保証（NSA）という確約を指す。NSA は核兵器国が非核兵器国に与えるべき普遍的原則であり，特定の二国間関係を想定したものではない。しかし，1993年からの核危機をいったん収束させた**米朝「枠組み合意」**（1994年10月21日）では，北朝鮮が核施設を凍結したことに対して，「核兵器による威嚇や核兵器を使用しない公式の保証を与えるであろう」として，核不拡散体制の普遍的原則を米朝二国間関係に読み換えた。

2002年秋，北朝鮮のウラン濃縮による核兵器開発の疑惑が浮上した後，**六者会談**で解決が試みられたが，そこでも北朝鮮の核放棄に対してどのような「安全の保証」を与えるかが議論された。第四回六者会談で採択された共同声明（2005年9月19日）では，北朝鮮が「すべての核兵器と既存の核計画を放棄する」と確約したのに対して，アメリカが「核兵器または通常兵器による攻撃または侵略を行う意図をもたない」と確認された。

これに対してトランプ大統領は，金正恩との第一回米朝首脳会談での共同声明で，北朝鮮に「安全の保証」を与えることを確約した。これまで米朝間で交わされた文書で「安全の保証」は security assurances となっており，文書上の確約を指していたが，米朝共同声明に言及された「安全の保証」は security guarantees となっていた。北朝鮮はここで核兵器による威嚇，使用もしないという文書上の確約以上のものをアメリカに求めていた。実際，金正恩は会談中，例年行われていた米韓合同軍事演習の中止を求め，米韓両国は毎年行われていた米韓合同軍事演習「乙支フリーダム・ガーディアン」を中止した。金正恩は「安全の保証」を根拠に，米韓同盟をはじめとする朝鮮半島の冷戦構造を解体に導こうとしている。（倉田秀也）

▷米朝「枠組み合意」
米朝第三ラウンド協議で採択された文書を指す。ここでは北朝鮮が核施設を凍結して最終的に解体することに対して，アメリカは後述する「安全の保証」に言及したことに加えて，北朝鮮が黒鉛型減速炉と関連施設を凍結し，最終的に解体することに合せてそれに代わる軽水炉建設のために国際事業体を構成することを約束した。それはのちに朝鮮半島エネルギー開発機構（KEDO）として発足した。

▷六者会談
2002年10月，北朝鮮の高濃縮ウランによる核開発疑惑に対して，米中両国が国連安保理での制裁を回避しつつ地域的な解決のため構成された多国間協議を指す。アメリカ，中国，北朝鮮による三者協議に日本，韓国，ロシアが加わり2003年8月に第一回会議が開かれた。

推薦図書

小此木政夫・西野純也編『朝鮮半島の秩序再編』慶應義塾大学出版会，2013年。
一政祐行『検証可能な朝鮮半島非核化は実現できるか』信山社，2020年。

XI　国家・地域の課題

9 生き残りをはかる台湾

1 台湾の歩み

台湾は東アジアの地政学的要所に位置している。この地域で影響力を拡大する強国は常に台湾を支配下に置こうとしてきた。歴史を遡れば，原住民が暮らす島を17世紀にオランダ，次いで鄭成功の軍勢が支配し，漢族の大量移民があり，清朝が領土に組み込んだ。1895年に日本が植民地にし，第二次世界大戦後は中華民国が支配した。中国大陸では中国国民党と中国共産党との内戦がはじまり，毛沢東に敗れた蔣介石は1949年に台湾に逃げ込んだ。

中華民国は統治の範囲が台湾および離島だけになったが国家体制を存続させた。冷戦構造のなかでアメリカが後ろ盾となった。以後，台湾海峡を挟んで中華人民共和国と中華民国が対峙する構造ができたが，双方とも「中国の正統国家」を主張し，二つの中国国家が存在するという事実認識を否定した。

中華民国は1971年の国連決議により中国の代表権を失い，1972年には日本，1979年にはアメリカとの国交断絶に追い込まれた。中華人民共和国と国交を結んだ諸国は何らかの形で**「一つの中国」原則**◁を認めたので，それら諸国では「台湾は中国（中華人民共和国）の一部」と位置づけられた。

台湾は長らく国民党の一党体制下にあり，「台湾は中国（中華民国）の一部，反共，反台湾独立」のイデオロギーが定められ，言論・結社の自由は厳しく抑圧された。だが，蔣経国末期の1980年代後半から民主化が進展し，国民党に対抗する民主進歩党が結成された。李登輝は，台湾の平和的な体制移行を完了させ1996年に総統直接選挙を実現させた。これは台湾の有権者が台湾を選挙区とし台湾のトップを選ぶ選挙であり，以後ゆるやかな**「台湾アイデンティティ」**◁が広がった。台湾は主要国との外交関係を失ったが，政治的な民主化と経済成長を背景に国際的な存在感を高め，日米などとの経済文化交流を拡大させた。

▷「一つの中国」原則
中国は一つ，台湾は中国の不可分の一部，中華人民共和国は中国を代表する唯一の合法政府の３項目からなる。多くの国は中華人民共和国の主張を「承認」したが，日本は「十分理解し尊重する」，アメリカは「認知する」とし微妙な違いを見せた。

▷台湾アイデンティティ
台湾人としての自己認識，台湾への愛着，台湾と中国は別だという認識を含む意識あるいは政治的立場。

2 中国の対台湾政策

中国にとって台湾は核心的利益である。台湾統一は，中国近代史の屈辱をそそぎ「中華民族の偉大なる復興」を志向する中国ナショナリズムの根幹をなす。中国共産党の本来の目的である共産主義社会の建設が希薄化しナショナリズムが党のイデオロギーの柱になるにつれ，台湾の重要性はさらに高まった。

毛沢東は「台湾解放」を唱え武力で台湾を統一しようとしたがアメリカの軍

事力に阻まれた。米中の力の差を熟知していた鄧小平は改革開放を優先し，「平和的統一・一国二制度」の対台湾政策を打ち出した。江沢民は「香港回収の次は台湾」という方針を鄧小平から引き継ぎ，台湾への働きかけを強めた。だが，台湾の総統選挙に反対し軍事的な圧力を加えたため台湾人の反発を招いた。2000年総統選挙では陳水扁が当選し初めて民進党政権が登場した。中台関係は，政治では遠ざかり経済では緊密化に向かう矛盾する構造ができた。

胡錦濤は「両岸関係の平和的発展」という概念を用いて統一を急がない印象を作り出し，台湾の取り込み工作を進めた。胡錦濤は2005年に国民党主席の連戦と会談し国共両党の連携を実現させた。また，経済的な台湾優遇策を発表し，台湾の人心の掌握を目指した。2008年総統選挙で馬英九が当選し国民党政権が復活すると中台関係は急速に改善し[1]，人の往来が活発になった[2]。

2012年に権力の座についた習近平は，台湾を統一してこそ「中国の夢」の実現だとし，自分の任期中に統一を進めようと圧力を強めた。しかし，逆に台湾の警戒感は高まり，2014年には**「ひまわり学生運動」**◁が発生し，台湾政治の潮流が変化した。国民党はその後の総統選挙で民進党に大敗し政権を失った。

3 米中対立と台湾

民主化後の台湾は統一か独立かの論争が続いたが，民主化・台湾化した中華民国の枠内での「現状維持」が多数派となった。2010年代の10年間の台湾の民意調査では，統一支持15.6%，独立支持29.3%，現状維持49.4%であった。現状維持の支持層は「台湾アイデンティティ」が浸透し，統一には強く反対する。

2016年に登場した蔡英文政権は独立ではなく現状維持の路線であるが，中国依存を減らす「新南向政策」を開始し，日米との関係強化を目指した。中国は，蔡政権が「一つの中国」を認めないことに不満を抱き，中台の対話を一方的に停止した。習近平は実力による台湾の威嚇と取り込みの両方を強力に推進した。

2019年１月，習近平が台湾に向けて重要演説を行い，「一国二制度による台湾統一」の強い決意を表明したが，香港の「一国二制度」の状況を見て台湾の民意の統一拒否はいっそう強まった。2020年総統選挙で，統一拒否を公約にする蔡英文は，その追い風を受けて台湾の選挙史上最高の得票数で再選された。

アメリカの歴代政権は，中国との関係を重視しつつ台湾の安全保障にも関与する独自の「一つの中国」政策を行ってきた。しかし，トランプ政権は中国との対決姿勢を取り，台湾との関係を強め台湾への武器売却を積極的に行った。中国の支配外にある台湾の現状維持がアメリカの国家利益である。中国の統一圧力に脅かされる台湾は「自由・民主」をアピールし生き残りをはかる。蔡政権は新型コロナウイルス対策に成功し国際社会から高い注目を集めた。現状を維持する米台と変更しようとする中国の対立のゆくえは予断を許さない。

（小笠原欣幸）

▷１　関係改善の基礎になったのが「92年コンセンサス」である。これは1992年に中国と台湾との間でできたとされる玉虫色の了解である。中国側は「一つの中国」を確認したと主張し，台湾の国民党は「一つの中国」についてそれぞれ述べ合うことを確認したと主張した。民進党は「92年コンセンサス」を認めていない。

▷２　2014〜15年の最盛期には中台各都市を結ぶ直行便が週700便飛行し，年間400万人もの中国人観光客が台湾を訪れた。

▷ひまわり学生運動
馬英九政権が中国と結んだ中台のサービス貿易協定に反対する学生らが，強行採決によってそれを批准しようとした立法院に侵入し23日間たてこもった事件。市民の間で学生らを支持する声が高まり，立法院長の斡旋で学生らに有利な解決に至った。中国に呑み込まれたくないという台湾人の感情を表出させた。

推薦図書
小笠原欣幸『台湾総統選挙』晃洋書房，2019年。

XI　国家・地域の課題

 東南アジア――米中対立の新たな舞台

▷**東南アジア条約機構**
1954年から1977年まで存在した集団防衛機構。加盟国はアメリカ，イギリス，フランス，オーストラリア，ニュージーランド，パキスタン，フィリピン，タイの8カ国で，域内からの参加は少なかった。

▷**島嶼部東南アジア**
インドネシア諸島，マレー半島，フィリピン群島などから構成される島嶼地域のこと。海洋部東南アジアともいう。インドネシア，マレーシア，フィリピン，シンガポール，ブルネイのASEAN加盟5カ国のほか，未加盟の東ティモールがある。

▷**東南アジア諸国連合**
(Association of South-East Asian Nations, ASEAN)
発足当初の加盟国はインドネシア，マレーシア，フィリピン，シンガポール，タイであったが，その後ブルネイ，ベトナム，ラオス，ミャンマー，カンボジアが順次加わり，現在の10カ国体制となった。政治安全保障共同体，経済共同体，社会文化共同体の三つを柱とし，軍事同盟は否定している。

▷**半島部東南アジア**
中国大陸とインド亜大陸に接し，ベンガル湾と南シナ海に面するインドシナ半島

1　交易と抗争の舞台

東南アジアはインド洋と太平洋を結ぶ位置にあり，東アジアと南アジアの交錯する位置にある。「インドの東，中国の南，大洋州の北」と表現されることもある。どちらかというと，周辺地域との関係から定義されることの多かった地域であり，歴史的にも国際的な交易と抗争の舞台となってきた。19世紀から20世紀にかけてはヨーロッパ列強により植民地国家が建設された。

著しく多様で帝国形成の歴史も持たない東南アジアが一つの地域として扱われはじめたのは，第二次世界大戦以後とされる。1943年にイギリス軍が東南アジア司令部（SEAC）を設置し，日本軍への反攻を試みた。1954年には中国革命の輸出を阻止するべく，アメリカが**東南アジア条約機構**◁（SEATO）を発足させた。これらは重要な海上航路と戦略資源を擁する東南アジアを東アジアの大国に独占させないという，英米の戦略の所産であった。1960年代にはベトナム戦争が頂点に達し，50万を超えるアメリカ兵が投入された。

2　ASEANの成立と展開

1967年夏，**島嶼部**◁を中心とする5カ国の外相たちはバンコクに会合し，**東南アジア諸国連合**◁（ASEAN）を発足させた。英米の影響力が後退局面を迎えるなかで，東南アジアのリージョナリズム（地域主義）が必要となり，また可能ともなったのである。ASEANは第一義的にはインドネシアと近隣諸国の共存の枠組であり，それは地域の安定と発展に役立った。さらに1970年代初頭の米中接近以降，ASEANの加盟国は東南アジアの秩序について自分たちの見解を表明するとともに，ある程度の影響力を持つようになった。

東南アジアの安定と発展に対しては，日本も貢献していたことを指摘しておくべきであろう。1960年代後半から本格化した政府開発援助（ODA）の主対象は東南アジア諸国であり，ASEANの発足と偶然にも重なっていた。日米安保体制は西太平洋におけるアメリカの軍事プレゼンスの基盤であり，東南アジアの安全保障を間接的に支えていた。

冷戦の終結後，アメリカはフィリピンの基地を閉鎖し，中国は南シナ海への進出を開始した。ASEANはこの情勢を，自らのイニシアティブで乗り越えようと努力した。第一はASEANの拡大と深化であり，ベトナムを含む**半島**

部への拡大を1999年までに実現するとともに，域内の経済統合にも着手した。第二はASEANを中心とする広域枠組の形成であり，1994年に**ASEAN地域フォーラム**（ARF）を発足させ，アメリカ，日本，中国などとともにアジア太平洋の安全保障対話を開始した。

3 2001年以後の地殻変動

2001年は東南アジアの地殻変動のはじまりとなった。9.11同時多発テロ後のアメリカは中東圏に戦略資源の多くを投入するとともに，テロ対策に関心を集中させた。中国はWTO加入を契機に経済成長を加速させ，やがてドイツと日本を凌駕した。アメリカは引き続き超大国であったが，東南アジアにおける存在感は低下した。2008年の金融危機はこの傾向に拍車をかけた。もはや中国との穏便な関係なしに経済発展は望み難く，安全保障でアメリカを過信するのは危険なのではないか。そのような認識が東南アジアの各地に広がりはじめた。

中国が2010年前後から，南シナ海への進出を本格化したことは，以上の背景においてであった。ASEANと中国は2002年に「**南シナ海に関する行動宣言**」（DOC）に合意していたが，それが中国の行動を抑制した形跡は乏しかった。ASEANはルールに基づく地域秩序の形成へ向けて，中国への呼びかけを継続したが，みるべき成果はほとんどなかった。ASEANは依然としてコンセンサスに基づく制度にとどまっていたし，いくつかの加盟国は中国の圧力に著しく脆弱となっていたからである。

4 「一帯一路」と「インド太平洋」

中国が2013年から推進している「**一帯一路**」構想において，東南アジアは重要な位置を占めている。中国の南進策がいよいよ本格化したともいえるが，一方的な現状変更に抵抗する動きもはじまっている。そうした動きを代表するのはアメリカ，日本，オーストラリア，インドを中心とする「**インド太平洋**」構想であり，東南アジアは同構想の中核に位置づけられる。南シナ海における中国の行動は沿岸諸国のあいだに反発を生み出しており，類似のことはメコン河の流域諸国についてもいえる。とはいえASEANが結束を回復し，地域秩序に影響力を発揮しうるかどうかは，いまのところ未知数である。

戦後の日本は東南アジアとほとんど経済のみの関係だったが，ASEAN重視の路線は1970年代から一貫している。近年では東南アジア諸国との安全保障協力も，人道支援・災害救助から海洋安全保障までの多様な分野で進展している。東南アジアにおける各種の世論調査をみると，日本に対する期待や信頼感は概して高いことを確認できる。日本が東南アジアとの利害の共通性を認識し，それを具体化する行動をとれるかどうかによって，地域の将来像は大きく変わってくると考えられる。

（小笠原高雪）

のこと。大陸部東南アジアともいう。ベトナム，ラオス，カンボジア，タイ，ミャンマーのASEAN加盟5カ国がある。

▷**ASEAN地域フォーラム**（ASEAN Regional Forum, ARF）
ASEAN10カ国に日本，アメリカ，中国，ロシア，インド，オーストラリアなどを加えた26カ国と1機関が参加している。南シナ海問題では目立った成果を挙げておらず，「トークショップ（お喋りの場）」との批判もあるが，非伝統的安全保障分野では一定の具体的成果を挙げている。

▷**南シナ海に関する行動宣言**（Declaration on the Conduct of Parties in the South China Sea, DOC）
ASEANと中国による2002年の共同宣言。信頼醸成措置の促進，具体的な海上協力の開始，法的拘束力を有する行動規範の策定などをうたっていた。

▷**「一帯一路」** ⇨コラム13「一帯一路」

▷**「インド太平洋」** ⇨コラム18「インド太平洋」

参考文献

山影進『ASEAN――シンボルからシステムへ』東京大学出版会，1991年。
黒柳米司編『「米中対峙」時代のASEAN』明石書店，2014年。

XI　国家・地域の課題

11 中東——綻ぶ主権国家体系

「中東」という概念はヨーロッパ起源であり，その範囲は歴史的に変化しているが，核となるのはアラブ諸国，イスラエル，イラン，トルコである。[1]

国際関係論において主権国家は主要なアクターである。しかし，中東地域の諸国家は政治体制が不安定な「弱い国家」が多く，現在のシリアやイエメンのように国家が内戦状況にあり，政府が領域の統治を果たせていない「崩壊国家」も存在する。では中東においてはなぜ主権国家が不安定なのだろうか。本節ではこの点に着目し，中東の国際政治について概観したい。

1 トランスナショナルな考えの普及

中東には主権国家を超えるトランスナショナルな考えが存在し，影響力を持ってきた。アラブ諸国はアラビア語という共通言語によって主権国家の枠組みを超えて連帯が可能である。具体的にはアラブ・ナショナリズムと呼ばれる結びつきである。西洋においてナショナリズムが主権国家という枠組みと結びつき，単一民族からなる国民国家が目指されたのとは大きく異なる。アラブ・ナショナリズムは中東戦争での敗退などを理由に1970年代からは衰退の一途を辿っているが，アラブ連盟に代表されるように今でも一定の重要性は保っている。1980年代以降はアラブ・ナショナリズムに変わり，イスラーム復興およびイスラーム主義がトランスナショナルな考えとして影響力を持つようになった。ただし，イスラーム主義も一枚岩ではなく，スンニ派とシーア派という二大宗派の宗派主義が顕在化し[2]，テロリストたちが掲げるカルト的な思考も存在する。

2 多様な非国家主体

中東には多様な非国家主体が存在しており，その多くはトランスナショナルに活動している。2001年９月11日アメリカ同時多発テロの実行主体である「アル・カーイダ」や，2014年から世界を震撼させている「イスラーム国（ISIL）」などは彼らが解釈したカルト的なイスラーム主義（ジハード主義）によって結びつく非国家主体であり，内戦中の国々や国家の統治が及ばない地域に入り込んでいる。また，**ムスリム同胞団**はエジプト，シリア，パレスチナなどで長い間草の根の活動を展開してきた。**「アラブの春」**の後，エジプトでムスリム同胞団のムハンマド・ムルシーが大統領に就任したのは記憶に新しい。パレスチナのハマースもムスリム同胞団の流れを組む組織である。

▷１　北アフリカのマグレブ諸国，アフガニスタンも中東の範囲に含まれる場合が多い。

▷２　スンニ派の大国であるサウジアラビアとシーア派の大国であるイランの対立がその典型であり，この対立はイエメン内戦にも暗い影を落としている。

▷**ムスリム同胞団**
1928年にハサン・バンナーによってエジプトで旗揚げされた「イスラームのために奉仕するムスリムの同胞たち」を意味する組織である。

▷**「アラブの春」**
2010年末にチュニジアでの民主化要求運動をきっかけとして中東と北アフリカの諸国家（エジプト，イエメン，バハレーン，リビア，シリアなど）に波及した民主化要求運動である。

国家を持たない民族であるクルド人も多くの非国家主体を立ち上げている。1984年からトルコ政府と抗争を続けるクルディスタン労働者党，シリア内戦下でISILへの対抗組織として注目された民主統一党が有名である。イラク北部においては北イラク地域政府によるクルド人の自治が実現している。

3 希薄なアイデンティティ・決められた国境線・未発達な民主政治

多くの中東諸国は，国家としてのアイデンティティが希薄である。なぜなら，中東諸国の多くは第一次世界大戦後に成立しており，歴史が浅い。また，西洋列強との関係が深い人物や，軍事クーデタによって権力を掌握する軍人が国家元首に就任することが多かった。これにより，国民のなかでナショナル・アイデンティティが十分に醸成されず，氏族，部族，宗派，民族といったアイデンティティが色濃く残った。加えて，中東諸国家間の国境線は自分たちで引いたものではなく，オスマン帝国時代の行政単位に沿って引かれたものと西洋列強によって引かれたものが混在している。言い換えれば，民族や部族の分布などを無視して国境線が引かれている。さらに，中東には制度が未発達で，独裁政権や軍事政権下で武力によって制度が運用されてきた国が多い。競争的な普通選挙が実施されている国は少なく，それらの国々でも選挙後に多くの混乱がみられる。

4 地域機構の不在

中東地域に包括的な地域機構は存在しない。アラブ連盟，イスラーム協力機構（OIC），湾岸協力機構（GCC）といった特定の民族，宗教，そして域内地域の一部からなる機構は存在するが，欧州連合（EU），アフリカ連合（AU），東南アジア諸国連合（ASEAN）に該当する機構は皆無である。この事実は中東が不安定であることと無関係ではない。地域機構の多くは内戦や領土問題の調停機能を有しているためである。こうした機能が働かないため，中東は域内問題の解決・調停が困難となっている。2011年から続く泥沼の**シリア内戦**が顕著な例である。

5 域外大国との繋がり

第一次世界大戦後から常に域外大国が中東の秩序の動向を左右してきた。イギリス，フランスにはじまり，アメリカやソ連／ロシアがそれに続いた。経済面では中国の関与も大きくなってきている。そのなかでもアメリカの中東地域への関与は深い。特筆すべきはイスラエルとの関係である。アメリカに住むユダヤ人の数は，イスラエルに住むユダヤ人の数よりも多く，彼らはイスラエルを支援するためのロビー活動に積極的である。また，サウジアラビアやトルコには米軍基地も設置されている。　（今井宏平）

▷シリア内戦
⇨XII-2「大量破壊兵器の拡散とその身近な脅威」

推薦図書

今井宏平「中東地域における現代国際政治——アクター・構造・システム」後藤晃・長沢栄治編『現代中東を読み解く』明石書店，2016年，51-74頁。
末近浩太『中東政治入門』筑摩書房，2020年。
ロジャー・オーウェン（山尾大・溝渕正季訳）『現代中東の国家・権力・政治』明石書店，2015年。

XI　国家・地域の課題

12 アフリカと地域主義

1 植民地独立と地域主義の萌芽

第二次世界大戦以降，植民地支配からの独立を求める動きが活発化したアフリカ大陸では，1950年代後半から1960年代にかけて相次いで独立国家が誕生した。アフリカの植民地独立運動は，19世紀末に欧米で始まった**パン・アフリカニズム運動**[1]の影響を受けていたこともあり，独立とともに大陸規模の解放と地域の統一が目指された点で特徴的であるといえよう。統一の在り方をめぐっては，「アフリカ合衆国（United States of Africa)」の創設を目指すガーナなどの急進派も存在したが，「アフリカ連合（United Nations of Africa)」のもとで緩やかな連帯を目指す旧フランス領諸国等の穏健派の主張が採用される形で1963年にアフリカ統一機構（OAU）が設立された。OAU は，主権・領土・独立の保全，諸国民の生活水準の向上，植民地主義の一掃などを目的に掲げ，政治・経済・教育や安全保障といったさまざまな領域での地域協力を目指した（OAU 憲章第1条・第2条）。ところが，OAU は内政不干渉原則を堅持していたことから政治や安全保障の分野で効果を挙げることができず，経済面ではそもそも憲章中に具体的な行動指針が定められていなかった。

それに対して，サブリージョナルなレベルでは，1970年代以降，西アフリカ諸国経済共同体（ECOWAS）や中部アフリカ諸国経済共同体（ECCAS）など，域内の貿易の自由化などを目指す地域経済共同体（REC）が多数設立された。しかしながら，これらの機構においても，加盟国間の確執や域内の政情不安により目立った協力の進展は見られなかった。

2 内戦による混乱と地域的安全保障メカニズムの整備

設立以降，停滞気味であったアフリカの地域機構は，**ポスト冷戦期**の大陸内での**内戦**の増加とともに，再活性化の時期を迎える。1990年代初頭にかけて域内で大規模な内戦を経験した ECOWAS が ECOWAS 停戦監視団（**ECOMOG**）を組織し，武力による紛争介入や**予防外交**の試みを開始したことが象徴するように，地域機構の再活性化は地域的安全保障メカニズムの整備と軌を一にして進んだ。こうした傾向は大陸全体で見られ，東アフリカでも1996年に政府間開発機構（IGAD）が設置され，紛争調停の分野で一定の成果を挙げている。

また大陸レベルでも，OAU が1993年に常設の紛争処理機関である OAU 内

▷**パン・アフリカニズム運動**
19世紀末に人種的不平等の解消や植民地解放を求めるアメリカ，西インド諸島，ヨーロッパのアフリカ系の人々に開始された。アフリカ大陸で植民地独立運動を指揮するエンクルマらによってアフリカ大陸に持ち込まれた。

▷**ポスト冷戦期**
⇨Ⅲ-8「『歴史の終わり』かパワーポリティクスの復活か」

▷**内戦**
⇨Ⅶ-5「内戦」

▷**ECOMOG**
ECOWAS に根拠規定を持たないまま開始された。1999年の「紛争予防・管理・平和維持・安全保障メカニズム」議定書により ECOWAS の正式な補助機関としての地位が確認されたが，2000年代以降の ECOWAS による平和支援活動には ECOWAS ミッションという名称が使用されている。

▷**予防外交**
⇨Ⅷ-6「紛争予防」

における「紛争予防・管理・解決メカニズム（MCPMR）」を創設し，域内紛争に対する代表団の派遣や紛争当事者間の交渉の仲介等の任務の強化を試みた。ところがMCPMRの活動はOAUが標榜する内政不干渉原則の制約や資金不足により機能不全に陥ったため，OAUが発展改組する形で2002年に設立されたアフリカ連合（AU）では，より実行力を伴う形で域内の紛争予防・解決策を講じることのできる制度として，平和安全保障理事会が設置されている[1]。同理事会は地理的配分を考慮しAU首脳会議で選出された15カ国で構成され，紛争当事国の同意を得ずに，平和支援ミッションを派遣する権限が付与されている。

こうしたアフリカ独自の地域的安全保障制度の拡充は，グローバルな安全保障体制と比べて迅速な対応を可能にする効果が期待されている。しかしながら，慢性的な資金不足から活動資金をドナーからの支援に依存せざるを得ず，活動の多くは短期間にとどまり，**国連PKO**に引き継がれるか合同で展開される形となっているのが実情である。

3 経済統合に向けた取り組みと課題

冷戦終結後に，経済統合が低開発状態から脱却するための有力な選択肢の一つとなったことで，アフリカ諸国はRECsを中心に，再度，経済統合に向けて歩み始めた。そのロードマップを示したのが，1991年にOAU首脳会議で採択された**アブジャ条約**であり，2028年に大陸全体で経済統合を実現することを目指し，その前段階として各RECを中核としてサブ・リージョナルな経済統合を促進していく方針を確認している。それを受けて，既存の地域経済共同体に加えて，南部アフリカ開発共同体（SADC）を筆頭に，東南部アフリカ市場共同体（COMESA），東アフリカ共同体（EAC）が新たに発足し，加盟国内での自由貿易の実現，さらには**関税同盟**の導入に向けた取り組みを進めている。

最も進展がみられるECOWASでは，2015年に関税同盟が発足し対外共通関税が導入されるなど，域内共通市場の創設に向けた段階に入った。同時にECOWASでは共通通貨ECOの導入に向けた調整を続けているが，加盟国の足並みが揃わず，依然として導入の目途は立っていない。

それに対して，多くのRECは統合の初期段階でつまずいており，域内での産業構造の類似性や加盟国間の経済的不均衡といった経済的制約や，経済水準の低い加盟国に対して履行の柔軟性が許容されているといった制度的制約がその理由に挙げられている。また，RECが多数存在するために一つの国が複数のRECに加盟している状況が散見され，各REC内での統合とREC間での政策調整を同時進行させなければならないというジレンマが，アフリカにおける経済統合を一層難しいものにしている。

（中山裕美）

▷1　平和安全保障理事会を中核とし，国家元首経験者などで構成される賢人パネル，紛争予防等に必要な情報収集のための大陸早期警戒システム，アフリカ待機軍，財源確保のための平和基金を総称して，「アフリカ平和安全保障アーキテクチャー」と呼ぶ。

▷国連PKO
⇨VI-2「安全保障理事会」

▷冷戦終結
⇨III-7「冷戦の終焉」

▷アブジャ条約
アフリカにおける経済統合はベラ・バラッサの経済統合モデルを参照している。①RECの設立，②各RECにおける分野ごとの協力強化，③各RECにおける自由貿易地域／関税同盟の形成，④REC間の関税・非関税システムの調和，⑤大陸規模の共通市場の設立，⑥大陸規模でのあらゆる分野の統合との経済・通貨同盟等の設置という六つの段階が示されている。

▷関税同盟
⇨IX-3「地域統合・市場統合の展開」

推薦図書

落合雄彦編『アフリカ安全保障論入門』晃洋書房，2019年。

箭内彰子「アフリカにおける経済統合――制度的な制約要因」『アフリカレポート』55，2017年，92-104頁。

XI　国家・地域の課題

13 オーストラリア――アジア太平洋のミドルパワー

1 オーストラリアにおけるアジア太平洋の重要性

「朝，髭を剃る時にオーストラリアのことを考えることはない」。これは1960年代後半～1970年代に米大統領補佐官および国務長官を務めたヘンリー・キッシンジャーが，1991年に述べた言葉である。実際，アジア太平洋地域の主要国といえば，誰しも日米中は思い浮かべようが，オーストラリアはどうだろうか。果たして，オーストラリアは当該地域の国際関係において重要なのだろうか。

日本国外務省によれば，オーストラリア連邦は日本の約20倍の国土面積をもつ一方（世界第6位），総人口は約2500万人（2020年3月時点）と日本の約5分の1でしかない。2019年の国内総生産（GDP）は世界第14位（約1兆4000億米ドル）である。国土面積，人口，経済力などを総合すると，オーストラリアは大国でも小国でもない，中規模国家（ミドルパワー）といえよう。

オーストラリアの経済的繁栄は，東アジア（北東アジア＋東南アジア）諸国との関係なしには成し得なかった。国家元首に英女王を据え，**コモンウェルス（英連邦）**の一員であるオーストラリアが東アジア諸国との関係に重きを置くようになった背景には，1970年代のスエズ以東（具体的にはマレーシアとシンガポール）からの撤兵や欧州共同体への加盟など，イギリスのヨーロッパ重視があった。さらに，戦後に著しい経済復興を遂げた日本，日本に続き急速に経済成長を遂げる韓国，シンガポール，台湾，香港などの新興工業経済地域（NIES）が存在する東アジアは，オーストラリアの経済成長を担保する地域として注目された。

以後，オーストラリアは「アジアの一員」であることを強調し，東アジア諸国との結びつきを強めていった。物品貿易を例にとると，輸出においてアジアが全体に占める割合は1963～64年には32.8％だったが（最大輸出先国はイギリスで23.5％），50年後の2013～2014年には83.0％にまで上昇した（イギリスは1.4％）（豪外務貿易省）。2018年の輸出入を合わせた貿易相手国トップ5は上位から中国，日本，アメリカ，韓国，シンガポールとすべてアジア太平洋諸国が占める（同）。

2 アジア太平洋におけるオーストラリアの重要性

外交に独自性を打ち出すにあたって，オーストラリアは「**ミドルパワー外交**」をグローバルに展開しており，重点地域はアジア太平洋である。その特徴

▷**コモンウェルス・オブ・ネイションズ（英連邦）**
イギリスを中心に旧英植民地諸国によって構成される緩やかな連合体。

▷**ミドルパワー外交**
大国のように国際社会構造や現状を劇的に変えるほどの力を持たずとも，世界の平和と安定に重要な貢献を行えるとの前提に立ち，国際問題への多国間協調外交，紛争解決における和解や譲歩の促進，人権や国際法など国際規範を重視する外交。

▷**欧州安全保障協力会議**
1975年のヘルシンキ宣言にて発足。冷戦期，米ソを含む両陣営のヨーロッパ諸国がともに参加し，軍事演習の事前通告やオブザーバー相互交換などの信頼安全保障醸成措置を通じて，相互不信の軽減・解消，誤認による偶発戦争の防止などを目的とした。1995年から欧州安全保障協力機構（OSCE）に改称。

▷**東ティモール**
ポルトガル植民地支配から1975年に独立したが，独立直後のインドネシアによる軍事侵攻以降，同国に強制的に併合されていた。しかし，90年代後半のインドネ

は，地域主義と多国間主義の二つに見出される。たとえば，アジア太平洋経済協力（APEC）の発足にあたって，オーストラリアは日本とともに推進役を果たした。1970年代後半から日豪は環太平洋／アジア太平洋協力の重要性を地域諸国に積極的に働きかけ，1980年９月に開催したキャンベラ会議は今日のアジア太平洋地域主義の出発点となった。1989年11月にはボブ・ホーク豪首相の提案により，キャンベラで第一回 APEC 会議が開かれた。

オーストラリアは地域安全保障協力の推進にも熱心である。1990年，ギャレス・エバンス外相は，**欧州安全保障協力会議**をモデルとしたアジア版安全保障協力会議を提唱した。この構想自体は実現しなかったものの，1994年に第一回会議が開催された ASEAN 地域フォーラム（ARF）発足の契機となった。北朝鮮が ARF 加盟を希望した際には，オーストラリアが ASEAN との仲介役を果たし，2000年に実現した。平和維持において特筆すべきオーストラリアの貢献は，**東ティモール**派兵である。独立をめぐって不安定化した現地の治安回復のために派遣された多国籍軍（**東ティモール国際軍**）の主力はオーストラリア軍によって構成され，その最高司令官としてコスグローブ陸軍少将が活動を指揮した。

3 対米，対日，対中関係

ミドルパワー外交の実践は，決して大国との関係を軽視するものではない。実際，オーストラリアとアメリカは同盟関係にあり，軍事情報通信基地のパインギャップや北部ダーウィンなどに米兵が駐留する。アジア太平洋で兵力を展開するアメリカにとって，北方の軍事拠点が日本であるならば，南方の拠点はオーストラリアであるといっても過言ではない。

日豪関係は，経済協力を中心に進展してきた。2009年に中国にその座を譲るまで，40年以上にわたって日本はオーストラリアの最大輸出先国であった。日本にとってもオーストラリアは第四位の貿易相手国であり，天然ガス，石炭，鉄鉱石をはじめとするエネルギー・鉱物資源の主要な供給国である。2007年からは安全保障面での協力を深めており，日米豪戦略対話，近年ではこれにインドを加えた**日米豪印戦略対話（Quad）**が進行している。

昨今，とくに注目されるのは対中関係である。オーストラリアの近年の対中貿易依存は突出しており（輸出39.6%，輸入26.1%［2018年］），２位の日本（同14.1%，同6.2%［同年］）を大きく引き離している。懸念されるのは，中国当局による国内浸透工作である。2017年，複数の政治家が中国共産党と繋がりを持つ実業家から複数年にわたって巨額の政治資金を受領していたこと，労働党の有力な上院議員はその見返りに中国企業に便宜を図っていたことが発覚した。中国の目的は，在豪中国系コミュニティを介した世論操作を通じて，政治介入することにあると考えられる。これを機にオーストラリア政府は内政干渉を防ぐ一連の法律を成立させるなど，対中懸念は高まっている。　（福田　保）

シアの民主化を契機に，東ティモールにおける独立機運が高まった。99年の住民投票では約８割が独立を求めたが，独立反対派による破壊・暴力行為により治安が急激に悪化した。東ティモール国際軍や国連平和維持部隊の関与を経て，2002年５月に独立した。

▷東ティモール国際軍
International Force in East Timor（INTERFET）．東ティモールの治安回復や人道支援を目的に，国連安全保障理事会によって派遣された多国籍軍。1999年９月に東ティモールに入り，約５カ月間活動を行った。2000年２月に国際連合東ティモール暫定行政機構（UNTAET）の軍事部門に平和維持の任務を引き継いだ。

▷日米豪印戦略対話（Quad）
４カ国戦略対話の通称として「クワッド」と呼ばれる。安倍晋三首相によって提唱され，2007年５月に初会合が開催された。中国牽制の色彩が強いため，中国配慮の観点からオーストラリアやインドが本枠組みでの協力に消極的であった時期もあったが，2010年代後半から再活発化している。

推薦図書

竹田いさみ・森健・永野隆行編『オーストラリア入門 第２版』東京大学出版会，2007年。
竹田いさみ『物語 オーストラリアの歴史——多文化ミドルパワーの実験』中央公論新社，2008（2000）年。
クライブ・ハミルトン『目に見えぬ侵略——中国のオーストラリア支配計画』飛鳥新社，2020年。

XI　国家・地域の課題

14 ラテンアメリカ――噴出する社会の矛盾と政治の混迷

1 転換点を迎えた1990年代のラテンアメリカ

1980年代，ラテンアメリカは「失われた10年」と呼ばれる未曽有の経済危機に陥った。政府が経済に深く介入する国家中心型の開発モデルが破綻し，財政赤字と対外債務が膨らみ，ハイパーインフレの進行と失業の増大で人々の生活は大きく混乱した。ただ他方で，政治面では民主化が進展した。経済失政と人権侵害で批判を浴びた軍が政治から退き，1990年のチリの民政移管を最後に，この地域から軍事政権が姿を消したのである。

したがって1990年代のラテンアメリカでは，経済を再建し，民主主義を定着させることが，地域全体の共通課題とされた。それを主導したのがアメリカ合衆国である。アメリカは貿易や投資の自由化，規制緩和，民営化といったネオリベラリズム（新自由主義）改革を，債務減免などの経済支援策と抱き合わせてラテンアメリカ諸国に求めた。政治面では1991年，**米州機構**（OAS）で「**決議1080**」が採択され，地域の民主主義を集団で支える画期的なメカニズムが構築された。アメリカの音頭で1994年にマイアミで開催された第一回**米州サミット**では，民主主義の強化，市場経済化，米州自由貿易地域の創設などによる繁栄の追求が，地域共通の目標として高らかに謳いあげられた。

2 ネオリベラリズムへの懐疑

しかし過去の歴史にないほど高まったこの地域協調の気運は，それほど長くは続かなかった。ネオリベラリズム改革により，ラテンアメリカのマクロ経済はたしかに好転した。貿易と投資は拡大し，民営化は財政赤字の補填に寄与した。ハイパーインフレの終息で日常生活にも安定感が戻り，人々はこれに安堵した。しかしネオリベラリズムは，ラテンアメリカが歴史的に抱えていた厳しい格差の解消にはほとんど寄与しなかった。優勝劣敗の市場競争と社会支出の削減は，弱い立場にある貧困層や低所得層を追い詰め，人々は成長から取り残されているとの疎外感を抱いたのである。やがて人々の不満は政財界のエリート層，そしてネオリベラリズムを推進してきたアメリカへと向かい，1999年に誕生したベネズエラの**チャベス**政権を皮切りに，各国でネオリベラリズムの修正あるいは放棄を掲げる左派政権が相次いで誕生していくこととなった。

▷**米州機構**（OAS）
1948年に設立され，1951年に発足した地域国際機関。設立当初からアメリカ合衆国の強い影響下にある。加盟国は南北アメリカの全35カ国。ただしキューバは1962年に加盟資格を停止され，今日でも事実上，復帰していない。

▷**決議1080**
1991年開催の米州機構（OAS）総会で採択された決議。加盟国で民主主義が中断された場合，緊急外相協議会を招集するなどして当該国に民主主義回復を働きかけ，必要であれば集団的な措置をとることなどを規定。内政不干渉の長い伝統を持つラテンアメリカにおいて本決議の内容は過去と一線を画していた。

▷**米州サミット**
３ないし４年毎に開催される，米州諸国の首脳が一堂に会する会議。当初キューバは除外されていたが，2015年４月の第七回サミットでキューバが初めて招待され，59年ぶりのアメリカ・キューバ首脳会談（オバマ・カストロ会談）が実現し，同年７月，両国は国交を回復した。

▷**チャベス**（Hugo Rafael Chávez Frías, 1954-2013）
陸軍中佐時代の1992年，一握りの特権層によって石油の富が独占されている社会

3 左傾化の広がり

2000年代に誕生した左派政権の性格には，国ごとに相違もあった。チャベス大統領は，既得権層やアメリカに対する敵対的姿勢を剝き出しにした。他方，ブラジルのルラ大統領は議会制民主主義の手続きに則って貧困層向けの**ボルサ・ファミリア**という条件つき現金給付政策などを推進し，国際社会においては新興国として存在感を高めることを目指した。ただ，各国で成立した左派政権はいずれも，再分配を強化し，それを担う国家の役割を回復しようとした点で共通していた。これらの左派政権は各国で数次にわたる選挙で勝利し続け，2010年代半ばまで十数年持続した。再分配の源となる潤沢な財政収入を，2000年代半ばの国際市況における資源価格の高騰によって支えられたということが大きい。国際関係においては，2008年にアメリカとカナダを除外しキューバを含めたメキシコ以南の全33カ国が参加する史上初めてのサミットが開催され，それを母体としてラテンアメリカ・カリブ諸国共同体（CELAC）が結成されるなど，対米自立的な地域的連帯も強められていった。

4 米州の分裂と社会の混乱

しかし2010年代の半ばを過ぎると，左派政権の勢いにも翳りが見えるようになった。資源価格の低下により，各国の再分配の能力は損なわれた。拡大された政府の役割は政権長期化とともに腐敗の温床となり，ブラジルをはじめいくつかの国では現職や前職の大統領が訴追された。2010年代の後半，各国で左派は選挙で敗北して下野するか，あるいは権威主義化して政権に居座る方向に向かうことになる。ベネズエラではチャベス後継のマドゥロ大統領が反政府派を強引に排除し何とか政権を維持しているが，経済や社会は大混乱し，国連推計（2019年）では400万人を超える人々が国外に流出する事態になっている。

2018年開催の第八回米州サミット（ペルー・リマ）は，ベネズエラ問題が大きな焦点となり，同国に民主主義の回復を求める国とあくまで理解を示す国とで真二つに割れた。こうしたラテンアメリカ連帯の綻びは，アメリカにしてみれば，求心力を回復する絶好の機会であったといえる。しかし**トランプ**大統領は歴代大統領で初めて，米州サミットを欠席した。

ラテンアメリカでは近年，街頭での抗議デモが相次いでいる。とくに2019年，域内でもっとも安定的に経済成長を遂げていたチリでデモが膨れ上がり，APEC 首脳会議などが中止に追い込まれたことは世界にも衝撃を与えた。デモの背景には教育制度や年金問題などをめぐる人々の鬱積した不満がある。厳しい財政事情のなか，左派政権も右派政権も満足ゆく解決策を提示できておらず，社会の混迷は今日のコロナ禍でますます深まっているのが実情である。

（浦部浩之）

構造の打破を訴えてクーデタを起こすものの，失敗して収監。しかし1998年の選挙で大衆からの熱狂的な支持を受けて大統領に当選，強引な政治手法で貧困層向けの改革政策を断行した。在職中の2013年，癌で死去。

▷ボルサ・ファミリア
子どもが学校に通い，また母親が母子健康のための講習を受けていることを条件に，貧困家庭に現金を給付する制度。教育と保健衛生を重視し，貧困の世代間連鎖を断ち切ることを目的にしている。

▷トランプ（Donald John Trump, 1946-）
トランプは大統領在任中，移民問題を除き，対ラテンアメリカ外交に関心を示さなかった。在職４年間でラテンアメリカの地を踏んだのは2018年開催の主要20カ国（G20）首脳会議出席のためのアルゼンチン訪問のわずか１回であり，これは歴代のアメリカ大統領のなかでもきわめて珍しいことであった。

推薦図書

畑惠子・浦部浩之編『ラテンアメリカ　地球規模課題の実践』新評論，2021年。

XII　グローバルな課題

1 国際テロリズム

1 基本的な概念

テロリズムとは，政治的あるいは宗教的な目的を掲げる組織または小集団・個人が，彼らが敵とみなした体制や勢力を打倒したり，特定の政策や取り組みに反対または強要するために，計画的に非合法の暴力を行使したり脅迫したりすることである。武器には爆発物，銃器が使用されることが多く，また放火という手法も数多い。昨今，「テロ」という言葉が汎用的に使われているが，私利私欲からの犯罪や，政治的な背景もないハラスメント，愉快犯が引き起こすような事件はテロリズムとみなさないのが普通である。

テロリズムのなかでも国際テロリズム（international terrorism）といえば，実行犯が出身国以外の場所でテロ活動に関与したり，国際的連携のもとに実行したりする場合を指す。19世紀後半にその萌芽がみられ，用語として定着するのは1970年代以降になる。1990年代頃になるとグローバルテロリズム（global terrorism）という用語も広く使用されはじめたが，国際テロリズムと同義と理解しておいて差し支えない。

他方で，実行犯が出身国内でテロ活動を行い，海外から直接的な支援や指示がない場合を一般に国内テロリズム（domestic terrorism）という。ただし国内テロリズムといっても被害者に外国人が含まれていることもあるし，実行犯が海外の出来事に刺激を受けていたり，それが海外で大きな反響をもたらしたりすることも多々ある。

テロ対策にいかなる機関が関与するかは国によってさまざまだが，テロの未然防止にせよ，テロが起きたときの初動対応にせよ，警察のみならずさまざまな省庁や事業者の協力と，中央政府と地方自治体の連携が必要とされる。

2 テロリズムの変遷

現代のテロ活動の多くは，反体制的な思想によって促進されてきた面が強いが，その端緒は19世紀後半に欧米やロシアで台頭した**無政府主義**（アナキズム）にさかのぼることができる。その担い手アナーキストたちは，まず国家元首を次々に襲撃，殺害した。当時の国家元首の警護体制は今日のように確立されておらず，犯人は比較的容易に凶器を持って接近することができた。同時に彼らは，劇場やカフェなどの集客施設で爆発物を使用して無差別殺傷事件を繰り返

▶無政府主義（アナキズム）
国家を廃止し，あらゆる支配・被支配の関係を否定する左翼思想。自由で平等な諸個人が共同体をつくり，相互扶助によって幸福を実現する。プルードン（フランス人），バクーニンやクロポトキン（ロシア人）が初期の思想家。テロを肯定する者はそれを「行為によるプロパガンダ」と名づけた。無政府主義は19世紀の遺物ではなく，現在でもさまざまな過激派が掲げ，政治以外のサブカルチャーでも反体制，抵抗を意味する象徴的用語として使われてきた。

し起こした。不特定多数の市民が自由に利用し，それゆえ警備が困難になる場所はテロリストが狙いやすいので「ソフトターゲット」と今日になっていわれるようになったが，そういう場所で無差別殺傷をするのは決して最近の現象ではなく100年以上前からみられ，それが今日まで続いているのである。

次いで，第二次世界大戦後の冷戦時代になるとマルクス＝レーニン主義の左翼革命テロが世界的に流行し，国際テロリズムの全盛期であった。日本人による「**日本赤軍**」も海外で数々のテロ事件を起こしその悪名をとどろかせた。同時期には，いくつもの国で民族的あるいは宗教的な少数派が唱道する分離独立主義に基づくテロ活動も活発にみられた。

1990年代以降になると**イスラーム過激派**によるテロが猛威をふるった。「アル・カーイダ」がアメリカで9.11テロ（2001年９月11日）を起こしたり，「イスラーム国」（ISIL）のように，イラクとシリアのなかで広大な領域を実効支配したりするような組織も出てきた。それによって多くの難民も発生した。

このような動きに反発するように極右テロ（far-right terrorism）が欧米各国で増加し，社会秩序への脅威になっている。本来右翼の思想は愛国主義とか偏狭な排外主義であり，左翼とは異なり一国内での活動になりがちであるが，最近の右翼・極右はそういう伝統的な範疇に収まらない。ソーシャルメディアの利用もあいまって国際的な人的交流や連携が進み，そこには高学歴者や国際経験が豊富な者も極右運動に加わっている。

3 テロリズムの宣伝

いつの時代でも，どのようなタイプのテロリズムでもその本質は宣伝にある。活動の目的や犯行の動機を広く社会にアピールするのがテロリストの本望といえよう。ここが一般の犯罪と全く異なる点でもある。19世紀のアナーキストは自ら発行する新聞や冊子，集会などを通じて宣伝を行った。20世紀の左翼テロリストも新聞やテレビなどのマスメディアに自分たちの主張が掲載されることを欲した。そして，左翼，右翼を問わず裁判になれば自らの行為を思想によって正当化するのがテロリストの常であった。被告席が演壇になるのである。

今日，インターネットそしてSNS（ソーシャルネットワーキングサービス）の利用が全世界で当たり前のようになってきたので，テロリストはジャーナリズムに依存しなくても無限かつ高速に宣伝を拡散することができる。なかには，銃撃中の様子をリアルタイムでYouTubeにアップする事件も起きた。

ネット空間における宣伝活動や世論工作，偽情報や陰謀論の大量配布をいかに封じていくか，通信の手段として使う暗号アプリをいかにして見破ったり，ダークウェブでの闇取引を規制したりするか，残虐な映像をどのように禁止するか，これらが民主主義国家にとって重要なテロ対策になっている。

（宮坂直史）

▷日本赤軍
1970年代に海外で活動した国際的な左翼過激派。重信房子がリーダー。数多くのハイジャック事件，人質事件，銃撃事件を起こし，対イスラエルでPFLP（パレスチナ解放人民戦線）と連携するなど，同時代のテロ組織の中でも世界的に有名であった。しばしば混同されるが，「あさま山荘事件」（1972年）で歴史に名を残す「連合赤軍」は短期間，日本国内のみで活動していたので国際的には無名である。

▷イスラーム過激派（Islamic extremism）
イスラーム教を掲げながらテロを行う諸勢力を指す用語で広く世界で使われるが，イスラーム教徒自身が使うことはほとんどない。現在の世俗的国家，あるいは主権国家体制には承伏せず，預言者ムハンマド以降の初期のイスラーム共同体を理想とし，その実現を妨げる勢力にはジハードを行う。アル・カーイダやISILが代表的な集団。イスラエルと戦ってパレスチナを解放するというナショナリズム的な思想とは異なる。

推薦図書

チャールズ・タウンゼンド『テロリズム〈1冊でわかる〉』宮坂直史訳・解説，岩波書店，2003年。

コラム-14

国際紛争持ち込まれ型テロ

日本国内で外国人によってテロが引き起こされるとすれば，日本という国，日本に関係する何かが狙われたと真っ先に想像するであろう。しかしそうとは限らない。海外での紛争や対立がたまたま日本に持ち込まれるケースもある。筆者はそれを「国際紛争持ち込まれ型テロ」と名づけている。

1985年，成田空港の旅客荷物を扱う場所で爆発が起き，日本人作業員複数が死傷した。当時，インド政府に敵対していたシク教の過激組織が，国営のエア・インディア機を飛行中に爆破しようとして荷物に爆弾を仕掛けたものの，爆発時間の設定が計画通りにいかず日本で爆発してしまったのである。この日，過激派は連続テロを計画し，別のエア・インディア機は大西洋上で爆破され，乗員乗客329人が殺害されている。

1988年には都心にあったサウジアラビア航空の事務所が高性能爆弾で破壊された。休日だったため死傷者は出なかったが，実行犯はつかまらず背後の組織も明かにされなかった。その時はサウジアラビアとイランの対立が激化しており，ほかの国でもサウジアラビアの権益が狙われる事件が多発していた。日本の左翼過激派がそのころ使っていた爆弾とは種類も異なり，日本人がサウジアラビアを狙う理由が見当たらなかった。

ほかにも国際的な文脈で見られた事件として，1991年の筑波大学・五十嵐一助教授殺害事件がある。彼は，著名な作家サルマン・ラシュディの小説『悪魔の詩（うた）』の翻訳者だった。この小説はイスラーム教の預言者ムハンマドの一生を題材にしたものだが，イスラーム教の冒とくだとしてイランの最高指導者ホメイニ師が作者はもとより出版関係者に対しても死刑宣告を発していた。刺客に襲われる脅威は現実的になり，ラシュディは以降生涯にわたって警備対象者となった。五十嵐助教授殺害事件は未解決だが，『悪魔の詩』の翻訳者だから狙われたと見なされている。

国際紛争持ち込まれ型テロは，特別なイベントの場で実行されると巨大な宣伝効果も見込める。1972年のミュンヘン五輪のテロ事件は，開催国の西ドイツが狙われたわけではない。「黒い9月」を名乗るアラブの過激派が，選手村のイスラエル人たちを明け方に襲撃し人質にとり，警察と銃撃戦になった。これは全世界にテレビで報道された。テロリストは非難されたが，世界はパレスチナ問題に向き合わねばならないことを万人に再認識させたという点で，テロリストの目的は達成できたといえる。世界中の眼が注がれる五輪やサッカーW杯のようなスポーツイベント，あるいはサミットやAPECのような国際会議は警備も厳重になるが，テロリストにとっては格好の宣伝の場になる。

どの国でも外国出身者が，母国で同胞が人権侵害，弾圧されたり，政変が起きたりすれば抗議の声をあげたり，陰に陽に政治活動に関与したりする。そして日本にも多数の外国出身者が居住している。

2015年に東京・渋谷の路上でトルコ人と，同じトルコでもクルド系の日本在住者が大乱闘になって多数が検挙された。その日，渋谷にあるトルコ大使館で，母国での選挙のために投票に集まっていたのである。日本には6000人以上のトルコ出身者が居住しており，うち約2000人がクルド系といわれる。本国においてはトルコ政府，治安部隊とクルド系組織が対立している。この乱闘事件はもちろん“テロ未満”の出来事であるが，海外での対立構図が日本にもそのまま持ち込まれていたといえる。

国際紛争持ち込まれ型テロを予防するには，まず海外の紛争に目を向けねばならない。どの国とどの国が対立しているのか，ある国で抑圧されている少数民族や宗教勢力はどのように抵抗しているのか，当該国で抵抗活動ができなければ国外で活動しているのか，武装組織を有しているか，他国では国外に起因したテロが起きているかなどに注目する。次に，国内の外国出身者やコミュニティに対して海外の過激派が接触していないかどうかの分析も必要になる。このような国際的な対立構図・動向と，国内の治安・公安情勢を結びつけて情報収集分析することがテロ防止の施策を打つ前提として求められる。

（宮坂直史）

XII　グローバルな課題

大量破壊兵器の拡散とその身近な脅威

▷軍備管理
二国間または多国間の交渉によって，特定分野の兵器（たとえば「戦略核兵器」とか「中距離核兵器」とか「通常兵器」など）に関して各国の保有数などの取り決めを行うこと。条約が成立したあと，批准国（条約加盟国）が本当にその決まりを守っているかを互いにチェックする（これを査察という）仕組みやその運用も重要である。また，特定分野の兵器を削減または全廃することを軍縮という。

1 大量破壊兵器の拡散とは何か

大量破壊兵器（WMD）とは，第二次世界大戦後に国連での議論を経て，核兵器，化学兵器，生物兵器の3種類を指すものとなり，今日に至るまで国際政治の世界（外交・安全保障・**軍備管理**の分野）では了解されてきた。核兵器（nuclear weapons）は都市を広範囲に文字通り大量破壊できるが，有毒な化学剤を発散する化学兵器（chemical weapons）や，細菌やウィルスなどの病原体を使用する生物兵器（biological weapons）は，建造物の大量破壊ではなく人間や動植物を殺傷するために用いられる。ただし，国際政治以外でも大量破壊兵器という語彙は使われている。たとえばアメリカで「大量破壊兵器の使用で起訴された」という報道がしばしばなされる。それは同国の暴力犯罪取締り法で，爆発物から破壊効果のある装置までを大量破壊兵器に含めているから，必ずしも化学兵器や生物兵器が使われる場合に限られていない。

次に「拡散」（proliferation）は，一般的には核物質や毒ガスが大気中を拡散（diffusion, dispersion）するという科学的な現象が想起されるが，国際政治ではそれとは違う意味で使われる。すなわち核，化学，生物兵器を保有する国が増えたり，あるいは国以外の組織・個人が不法に製造・所持したりする状況を指す。大量破壊兵器を保有する国が次々に出てくると，世界が不安定化し危険がより一層増すという考えもあり，そうならないように国際社会ではまず核兵器不拡散条約（NPT），次に生物兵器禁止条約（BWC），そして化学兵器禁止条約（CWC）などが策定され，加盟国が条約の趣旨や条文を担保するために国内法を整備し，刑事罰や行政罰を含むさまざまな規制をかけている。大量破壊兵器そのものやその原材料，それに転化できる製品などの輸出管理も行われている。これらが「不拡散」（non-proliferation）といわれる取組みである。

2 核拡散

核兵器の場合の「核拡散」とは，制度的な観点でいうとNPTが1968年に調印されるよりも前に核兵器を保有することができた米ソ英仏中5カ国以外の国に保有国が広がる事態を指す。5カ国はNPTで核保有国とされており，同時に核軍縮も求められている。

現在の核保有国はNPTには加入していないイスラエル，インド，パキスタンそして北朝鮮を加えて計9カ国とみなされている。他方で，核保有を目指し機材などを準備しながらも実現できなかった国（リビアなど）や，核保有しながらもそれを自ら放棄した国（南アフリカ），独立時の核保有を放棄させられた国（ウクライナ，カザフスタン）など過去にはさまざまなケースがある。

核兵器の製造法はいまや広く知られている。核実験を重ねて計算通りに使用できる核兵器を完成し，精度の高い運搬手段を付けて実戦配備することは難しいが，実験を省略した即席の核爆発装置くらいならば，高濃縮ウランかプルトニウムの必要量さえあれば製造の難易度は下がる。そのためテロリストが核武装する可能性もある。また，核保有国が政情不安になれば，核兵器が盗難または強取されることも考えられる。核テロを防ぐ措置を**核セキュリティ**といい，IAEA（国際原子力機関）が長年にわたってその推進を担ってきた。

3 化学・生物兵器の使用と民生用途

化学兵器に使われる化学剤は，①血液剤（青酸，塩化シアンなど），②窒息剤（塩素ガス，ホスゲンなど），③糜爛（びらん）剤（マスタード，ルイサイトなど），④神経剤（サリン，VX，ノビチョクなど）に分けられる。第一次世界大戦（1914年～18年）は戦場で②や③が大規模に使用された初めての戦いである。また，①からは殺虫剤が作られ，②は合成樹脂の原料として不可欠など幅広い民生用途がある。

一方，生物兵器に使われる生物剤（細菌やウィルスなどの病原体，毒素）は自然由来であり，三つの大量破壊兵器のなかでは最も古くから使用されていた。たとえば致死率が高い天然痘を敵の陣営に故意に引き起こすなど，疾病感染の方法だけは世界的に知れ渡っていた。生物兵器はどれも曝露から発症までの時差が生じるので，一瞬の攻防で生死を決する戦闘中に使用するのは不向きで，平時に無防備の民間人や農作物を標的にするテロ使用のほうが向いている。

化学兵器や生物兵器については正確な保有国数は不明である。どちらも保有疑惑国が少なくない。化学兵器はイラク軍が自国内やイランに対して使い（1980年代），最近では**シリア軍が内戦**（2011年～）で使った。同一地区に発生する多数傷病者の症例から使用が判断できる。他方，生物兵器はこの数十年の国家間戦争や内戦で使われたか確認されていない。本当に使用されていないのか発覚しなかっただけなのか，それはわからない。自然発症と思われることもあるだろうし，そこが生物兵器を隠密に使用する際の利点でもある。

ウィルスからワクチンがつくられるように生物剤には民生用途があり，兵器を製造するための原材料や機器は民生品にも使われる。兵器使用と民生用途の両面があることを「デュアルユース」というが，不拡散のためには生物剤の規制や輸出管理まで（前述の化学兵器も同様に）幅広い措置が必要となる。

（宮坂直史）

▷核セキュリティ
原子力発電所などの核施設を外部から攻撃させないように，あるいは万一攻撃されても被害を局限化できるような防護措置を施したり，施設内で働く人や出入り業者による犯罪を防いだり（これを内部脅威対策という），核燃料の輸送中の安全を確保したりする措置。核物質の盗難や横流しを防止することも含まれる。米オバマ政権期には多国間フォーラムとして定期的に核セキュリティ・サミットが開催されていた。

▷シリア内戦
2011年～。長年統治を続けてきたアサド独裁政権への抗議運動からはじまり，ほどなく全土での内戦に発展した。諸外国の軍事介入のみならず，反政府武装勢力の数の多さや世界最大級の難民発生（2018年のUNHCRによると665万人）など多くの特徴がみられるが，政府軍による神経ガスの度重なる使用もその一つになる。シリア政府は非難され，2013年に化学兵器を国際管理下に置き廃棄するプロセスが進行し，化学兵器禁止条約に新規に加盟することになった。しかしその後も化学兵器は使用され一般住民が犠牲になっている。

推薦図書

山本武彦・庄司真理子編『軍縮・軍備管理 現代国際関係学叢書第2巻』志學社，2017年。
箱崎幸也編集主幹『CBRNEテロ・災害対処ポケットハンドブック』診断と治療社，2020年。

コラム-15

大量破壊兵器の「暗殺」使用

核兵器，化学兵器，生物兵器は大量破壊兵器と称されるが，必ずしも大量破壊や大量殺傷を目的に使用されるとは限らない。それらの元になる猛毒の物質が，特定人物の暗殺に用いられてきた歴史がある。

たとえばロシアである。ロシアでは2000年にプーチン政権が発足してから，反体制の野党指導者や政権に都合の悪いことを報じるジャーナリストらの殺害あるいは不審死が相次いだ。実業家として富を築いた者や政府機関で働いていた者でも政権から睨まれて，国外へ逃亡し亡命を余儀なくされた者も少なくない。

近年のイギリスで，ロシアからの亡命者が，同国から派遣された暗殺者によって次々に命を狙われた。2006年に，元ロシア連邦保安庁のリトビネンコがロンドン市内でポロニウム210を飲まされて死亡した。2018年にはロシア連邦軍の情報機関で働いていたスクリーパリとその娘がソールズベリーの自宅玄関のドアノブに付着した猛毒の神経剤ノビチョクによって意識不明の重体となった。ポロニウム210やノビチョクを使うのは通常の暗殺事件ではありえない。亡命者の不審死はほかにもあるが，この二つはロシア人実行犯とその足跡も明らかにされた最も衝撃的な事例で，核テロ，化学テロといわれることもある。

被害者と加害者が事件前後に立ち寄った場所（レストラン，ホテル，スーパーマーケット，公園から飛行機に至るまで）からは核物質や化学剤が検出され，多数の付近住民や施設利用者に，自分も被害に遭うのではないかと不安をもたらした。ソールズベリーでは被害者宅を捜索した警官が重篤に陥った。毒性物質の除染は長期間に及んだ。除染は適当に真水をかけて済む話ではなく，適切な除染剤を選定したうえで一定地区や該当の施設を封鎖して行うために，業務や住民の生活にも支障や不便が生じる。

ロシア側は犯行を認めず，容疑者をイギリスに引き渡すはずもなく，このような大量破壊兵器関係の犯罪は英露の二国間関係の緊張にとどまらず，欧米諸国からもロシア非難がなされることとなった。

イギリスでは以前にも類似の事件が発生している。1970年代後半にロンドン市内で，ブルガリアからの亡命者が，同国の秘密警察によって植物毒のリシンで殺害された。対面から歩いてきた男が手にしていたのは一見普通の雨傘，だがその先端からリシン入りの微小の弾丸が発射されたのである。被害者はその場で一瞬チクっと感じたが，まさか毒物を撃ち込まれとは思わなかった。帰宅後に体調を崩す。リシンはトウゴマの種から抽出される毒素であり，古今東西のテロリストに好まれてきた。被害者の症状にはリシンに特有といえるものがなく，死後に解剖をしなければ原因物質を突き止められず，真の死因を誤認したまま，または不明のまま遺体が処理される可能性が高いからである。つまり殺人と思われない。なお，当時のブルガリアは共産主義国でソ連の同盟国にして子分のような「衛星国」でもあった。

イギリスでの例ばかり挙げてきたが，同国は他国を追われた者を受け入れる人道的な側面があり，何より高レベルの軍事医療と優れた捜査能力があるからこうして事件が世に知れ渡った。他方で，このような特殊犯罪が発覚しないこともあるのだろう。

2017年，マレーシアのクアラルンプール国際空港で北朝鮮の指導者・金正恩（キムジョンウン）の実兄である金正男（キムジョンナム）が化学兵器 VX によって殺害された。このケースは現場で初動捜査にあたった警察が，金正男の旅券には英語で北朝鮮と印字されているのに，韓国人だと思って韓国大使館に連絡を入れたことから被害者が何者であるのか，そこから北朝鮮工作員が関与した犯行が明らかになった。警察が誤らず，最初から北朝鮮大使館に連絡していれば遺体は解剖もされず早急に引き取られ，殺害されたのが金正男であることは闇に葬られ（真正旅券だが，名義は金正男でなかった），大事件として報道されなかったであろう。

化学兵器の VX といえばオウム真理教がたびたび使い，1994年に大阪で殺害事件を起こした。世界史上初めて記録された VX 殺人事件である。このように大量破壊兵器は国家間戦争や内戦以下のレベルで，より身近なところでも使われる可能性がある。最悪なのは，犠牲者が出ても警察や医療機関がテロだと判断できない事態であろう。イギリスのように大量破壊兵器絡みの特殊犯罪を明らかにできる国がどれほどあるのだろうか。

（宮坂直史）

XII　グローバルな課題

3 貧困と格差

1 貧困とは何か

「貧困」とは何であろうか。お金（収入・所得）がない，生活水準が低い，飢えているといった文字通りの貧困がある。教育が受けられない，保健・医療へのアクセスがない，水道・衛生の不備といった人間の基本的なニーズへのアクセスがないことも貧困であろう。最近では精神的な貧しさへの注目が高まっている。

ここでは所得がないという文字通りの貧困を中心に考えていこう。その場合にも「絶対的貧困」と「相対的貧困」の二つがある。絶対的貧困とは人間らしい生活に最低限必要な所得に満たない状態をいう。相対的貧困とは，その国や地域の所得水準や生活水準を考慮し，そのなかで貧しい水準にあることをいう。

関連して重要なのは所得の「格差」である。日本も格差社会の進行がいわれるが，世界規模での格差拡大も深刻である。格差は完全平等を0，完全不平等を1とするジニ係数により計測される。

2 MDGs, SDGs における貧困と格差

持続可能な開発目標（SDGs）のゴール1は「あらゆる場所で，あらゆる形態の貧困を終わらせる」である。ターゲット1.1は絶対的貧困にかかわるものであり，2030年までに極度の貧困を終わらせるとしている。SDGs の前の**ミレニアム開発目標（MDGs）**では2015年までに極度の貧困人口の割合を半減するという目標が掲げられ，中国など人口の多い**新興国**の経済発展もあり，MDGs のなかで達成された数少ないものとなった。極度の貧困の基準は MDGs の採択当初（2000年）は1人1日1米ドル未満であったが，後に1.25ドルに上げられた。SDGs 採択当初でも1.25ドルであったが，現在は1.90ドルになっている。

ターゲット1.2は，2030年までに各国定義のあらゆる次元の貧困者の割合を半減させるとする。先進諸国共通基準として，OECD は**等価可処分所得**の全世帯の中央値の半分未満の世帯を貧困者としている。これは相対的貧困に基づく定義といえよう。このほかにゴール1の下には社会保障制度や基礎的サービスへのアクセスなどに関するターゲットが並ぶ。

SDGs ではゴール8で経済成長が扱われているが，成長は「持続的，**インクルーシブ**，持続可能」でなければならないとされる。そしてゴール10は「国内

▷**持続可能な開発目標（SDGs）**
⇨ X-3 「持続可能な開発」
▷**ミレニアム開発目標（MDGs）**
⇨ X-3 「持続可能な開発」
▷**新興国**
⇨ X-6 「新興経済国と国際経済体制への影響」
▷**等価可処分所得**
可処分所得とは家計収入から税金や社会保険料などの非消費支出を差し引いたもので，等価可処分所得とは可処分所得を世帯の可処分所得を世帯の人数の平方根で割ったもの。
▷**インクルーシブ**
孤立したり，排除されたりする人や集団がなく，皆を含んでいる。

表XII－1 世界各地域の極度の貧困者数（2015年）

	極度の貧困人口の割合（%）	極度の貧困者数（100万人）
東アジア・太平洋	2.3	47.2
ヨーロッパ・中央アジア	1.5	7.1
ラテンアメリカ・カリブ海	4.1	25.9
中東・北アフリカ	5.0	18.6
南アジア	12.4	216.4
サハラ以南のアフリカ	41.1	413.3
世界全体	10.0	735.9

出所：World Bank, *Poverty and Shared Prosperity*, 2018.

および国家間の不平等を是正する」で，とくにターゲット10.1は各国の所得下位40％の国内平均を上回る所得成長を求める。

3 SDGsのゴール1およびゴール10の達成状況

ではSDGsについての国連の報告書を中心に，貧困と格差に関する達成状況をみていこう。世界の極度の貧困の人口の割合は2010年に15.7％であったのが，2015年には10％，2019年には8.2％と減ってきたが，2030年にも6％残ると予測されていた。2015年現在の世界各地域の極度の貧困者数・割合をみると**表XII－1**の通りになるが，とくにサハラ以南のアフリカで極度の貧困者の割合が高い。

ターゲット1.2に関してはOECD諸国の貧困率が平均で12％であるのに対し，日本は16％と高く，先進国のなかで深刻な部類に入る。

ゴール10の達成状況については，国連によれば有効なデータのある90カ国のうち49カ国で下位40％は全国民の平均を上回る所得向上をみせた。ジニ係数の推移では，2010〜17年の間に84カ国のうち38カ国で改善する一方で25カ国では悪化している。一方で国際NGOのオックスファムは10億ドル以上の資産を持つ世界の富裕層2153人の富の合計が，世界の総人口の6割にあたる約46億人分の資産の合計を上回っている（2019年のデータ）と指摘し，世界的な格差と少数の富裕者への所得集中に警鐘を鳴らしている。

COVID-19◁は貧困の問題に深刻な影響を与えそうである。1998年以来減少を続けていた世界の極度の貧困者数は，国連の推計では，2020年には前年に比べ，1.2億人前後増え，2021年にも横ばいか，COVID-19の感染状況次第ではさらに増加することが見込まれる。またCOVID-19が世界的な格差拡大をもたらしていることも国連は指摘している。

（高柳彰夫）

▷ COVID-19
⇨XII－10「感染症の時代における国際協力と対立」

推薦図書

西川潤『データブック 貧困』岩波書店，2008年。

XII　グローバルな課題

 気候変動をめぐる国際政治

1 気候変動問題に対する国際的な取り組み

気候変動は**SDGs**でもゴール13に掲げられている世界共通の課題である。気候変動への対策には，気候の変動そのものをできるだけ抑える「緩和策」と，自然災害や熱中症など気候変動による影響に備える「適応策」がある。このうち緩和策としては，燃焼時に二酸化炭素（CO_2）を発生させる石炭や石油などの化石燃料の利用を抑制するなど，CO_2をはじめとする**温室効果ガス**の排出削減が中心となる。

気候変動問題に関しては，国連環境開発会議（地球サミット）（1992）で合意された**国連気候変動枠組条約（UNFCCC）**が1994年に発効して以来，毎年開催される締約国会議（COP）で具体的な対応策が協議されてきた。大気には国境がないことから国際社会全体で取り組む必要があるものの，これまで多くの温室効果ガスを排出してきた先進国と，今後多くの温室効果ガスの排出が予想される中国を中心とする新興国・途上国との間で意見が対立した。

地球サミットでは地球環境問題をめぐって「共通だが差異のある責任」という，先進国・途上国ともに責任はあるものの先進国の方がより重い責任を負うという原則が合意された。そのため，中国やインドなどはその後の排出増加が見込まれていたものの，途上国としての立場を強調し，まずは先進国が排出削減して責任を果たすべきとして自国の排出には消極的であった。

1997年に京都で開かれた第3回締約国会議（COP3）では，先進国（UNFCCCの「附属書Ⅰ」に分類される国）のみが排出削減義務を負う，京都議定書が合意された。京都議定書で基準年となった1990年の世界の温室効果ガス排出量をみると，アメリカの23%をはじめ附属書Ⅰが65%を占めていた。しかし，アメリカ国内では，途上国に排出削減の義務がないなかで自国が削減義務を負うことに対して，経済への悪影響があるだけで問題解決にならないとして議会が強く反対したこともあり，2001年にブッシュ政権が京都議定書から離脱した。

2 温室効果ガスの排出状況の変化とパリ協定

京都議定書からアメリカが離脱したものの，EUは積極的に温室効果ガスの排出削減を推進した。京都議定書の第一約束期間（2008〜12）の後，アメリカはもちろん日本やロシア，カナダなども参加しなかったにもかかわらず，EU

▶ **SDGs**
⇨ X-3「持続可能な開発」

▶ **温室効果ガス**
パリ協定ではCO_2，メタン（CH_4），一酸化二窒素（N_2O），フロン類（HFCs，PFCs），六フッ化硫黄（SF_6），三フッ化窒素（NF_3）が対象。温暖化効果を表す温暖化係数はCO_2を1としてメタンは28，N_2Oは265，フロン類はHFC-23が12,400，SF_6が23,500などとかなり異なるが，一般にCO_2に換算して表記される。なお，オゾン層を破壊するフロン類はモントリオール議定書で規制されている。

▶ **国連気候変動枠組条約（UNFCCC）**
気候システムに危険な影響を生じない程度の水準に大気中の温室効果ガス濃度を安定化させることを目標とする。途上国を含めたすべての締約国の義務として，温室効果ガスの排出・吸収の目録作成，具体的対策を含む計画の作成と実施，さらに先進国には途上国への資金・技術協力の推進が規定されている。

▶ **二酸化炭素回収・貯留（CCS）**
排出された二酸化炭素を集

は京都議定書の第二約束期間（2013～20）に参加した。EU28カ国の排出量は2018年には1990年当時よりも25％減少し，世界全体の割合も1990年の20％から９％に縮小した。その一方で，CO_2世界排出量は1990年の205億トンから2018年には335億トンと1.6倍に増加し，また，中国の割合は10％から28％に増加した。

このように，一部の国にのみ排出削減義務を負わせた京都議定書は成功したとはいいがたい。こうした経験をふまえ，すべての国が排出削減に参加する新たな枠組みとして，COP21（2015）でパリ協定が合意された。パリ協定では，産業革命以降の平均気温上昇を２℃未満にしつつ1.5℃以内に抑えるように努力すること，そのために21世紀末までに温室効果ガスの人為的な排出量を実質的にゼロにする（カーボン・ニュートラル）ことが目標とされた。「**実質ゼロ**」とは，人為的な温室効果ガス排出量を森林や**二酸化炭素回収・貯留（CCS）**，**二酸化炭素回収・有効利用・貯留（CCUS）**などの技術によるCO_2吸収量で相殺することである。ただし，コストなどの面で吸収量を増やすよりも温室効果ガスの排出削減が中心的な対応となる。

また，パリ協定ではすべての締約国に対して，自主的に策定する削減目標であるNDC（国別目標）を５年ごとに設定してUNFCCC事務局に提出し，目標達成の努力をすることが義務化された。しかしながら，NDCの目標達成そのものは義務化されなかった。このように締約国の義務に関しては京都議定書と比べると大きな違いがあるものの，パリ協定にはアメリカと中国を含めてUNFCCCの締約国197のうち195カ国が署名し，190カ国が批准している。

3 気候変動対策と科学的知見

気候変動の対応に関する協議では**気候変動に関する政府間パネル（IPCC）**が提供する科学的知見が重要な役割を果たしている。パリ協定発効後の2018年10月にIPCCが発表した『1.5℃特別報告書』では，気候変動による影響を考慮すると平均気温上昇は1.5℃に抑える方が望ましいが，2017年にはすでに1.0℃上昇しており，早ければ2030年には1.5℃に達する可能性があること，さらに，各国のNDCを全て達成できたとしても平均気温は3.0℃上昇する見込みであることが示された。

これを受けて，「実質ゼロ」の達成期限を21世紀末から2050年に早める国が拡大している。2019年にはイギリスがG7で初めて法制度化したほか，12月にはEUも「欧州グリーンディール」として発表した。また，アメリカのバイデン大統領は2020年の大統領選挙期間中に公約として表明していたほか，中国の習近平国家主席が９月の国連総会で2060年までの実現を発表した。さらに，日本は10月の菅義偉首相による所信表明演説で表明した。2050年までに実質ゼロという目標を共有する官民ネットワークである**気候野心同盟**には，2020年末までに日本を含む120以上の国が参加している。（小尾美千代）

めて，地中深くに貯留・圧入する技術。IPCCの調査によると，適切な地層と管理によって1000年間，貯留層に閉じ込めることが可能という。

▷実質ゼロ

⇨コラム11「『二酸化炭素』排出実質ゼロへの道」

▷二酸化炭素回収・有効利用・貯留（CCUS）

排出された二酸化炭素を集めて貯留し，それを利用する技術。たとえばアメリカではCO_2を古い油田に注入して残った原油を押し出しつつ，CO_2を地中に貯留する方法が行われている。

▷気候変動に関する政府間パネル（IPCC）

1988年に設立された国連機関。研究者・専門家が参加して，自然科学的根拠（第一作業部会），影響，適応，脆弱性（第二作業部会），緩和策（第三作業部会）に関する世界中の研究成果やデータをまとめた『評価報告書』や温室効果ガスの排出・吸収の目録（インベントリー）を作成。

▷気候野心同盟（Climate Ambition Alliance）

2019年９月に開催された国連気候変動サミットでCOP25議長国のチリが中心となって発足された。"Race to Zero"キャンペーンを展開して多くの非国家主体を動員している。

推薦図書

有馬純『精神論抜きの地球温暖化対策――パリ協定とその後』エネルギーフォーラム，2016年。

太田宏『主要国の環境とエネルギーをめぐる比較政治――持続可能社会への選択』東信堂，2016年。

コラム－16

地球温暖化と北極

地球温暖化が北極に及ぼす影響

気候変動の影響は，地球上均一に現れるわけではなく，極地域では大きな変化がみられる。白く輝く雪や氷は太陽光を反射し，エネルギーを宇宙空間へと逃がす働きをする。しかし一旦これが溶けると海洋や大陸が太陽光を吸収し，温暖化に拍車をかけ，負のスパイラルに陥る。地政学の開祖，マッキンダーが議論していた20世紀初頭，北極海は年中氷に閉ざされた海であり，冒険家がいかに挑戦しようと横断できない海であった。それが温暖化の影響により「普通の海」となりつつある。これがいま，北極で起きている現象である。

一般に温暖化はマイナス要因が大きい変化とされている。しかし，北極においては資源や航路開発など，チャンスと捉える動きがある。

北極には地球上で未発見の石油の13%，天然ガスの30%が埋蔵されており，その多くがロシアの管轄地域，それも陸上および比較的浅い海域に存在するとされている。近年注目されてきたのがヤマル石油・ガス田である。開発当初はノルウェーをはじめとする欧米企業の氷海採掘能力に期待していたロシアであるが，クリミア半島併合に起因する経済制裁により，資金・技術的な困難に直面し，協力関係を深めたのが中国であった。

北極海を通る航路としては，カナダ側を通る北西航路，ロシア側を通過する北東航路または北極海航路がある。このうち，海流などの関係で最も融解がすすみ使用されるのが北極海航路である。ヨーロッパと北東アジアを結ぶ航路を，スエズ経由と比較した場合，航程約40%短縮となり，燃料費や保険料（インド洋のような海賊のリスクは低い）の削減が期待できる。

図　マッキンダーの地政学

出所：Halford John Mackinder, "The Geographical Pivot of History," Geographical Journal 23, no. 4, (April 1904).

北極における国際的な協調と対立

北極に関連する国としては，ロシア，ノルウェー，デンマーク，カナダ，アメリカが北極海に面しており，北極海５カ国と呼ばれている。これにスウェーデン，フィンランド，アイスランドの３カ国を加えた８カ国が，北極圏諸国と称され，北極評議会（AC）のメンバー国である。北極における国際的枠組みのなかで最も中心的なのがこの AC であり，北極圏における包括的な環境問題およびガバナンス問題の中心的存在と高く評価されている。わが国もそれまでの科学調査等の活動が評価され，2013年にオブザーバーとして認定された。

他方，資源開発に直結する大陸棚や EEZ 設定などの問題で，南極条約のような域外国も含めた国際的な枠組みに制約されることを嫌った沿岸５カ国は，イルリサット宣言により国連海洋法条約に基づく解決を主張している。

協調と対立がせめぎ合うなか，最も積極的なのがロシアである。冷戦時代の軍事基地の再開発や，新たな北極専門部隊の設置，演習や軍艦の展開といったプレゼンス活動の増加など，強固に権益の主張を行っている。

北極海を囲むその他の国は，すべて NATO 加盟国である。ロシアの動きに対抗し，2018年北極域での大規模演習 "Trident Juncture 18" を実施した。NATO 加盟29カ国すべてに加え，スウェーデン，フィンランドも参加する冷戦終了後最大の演習であった。米空母打撃部隊が1991年以来28年ぶりに北極圏に入るという，シンボリックな演習により，北極海におけるコミットメントを示した。

協調と対立が複雑化する北極の域外国で最も注目されているのが中国である。習主席は2017年プーチン大統領と会談，北極海航路開発における協力推進に合意。2018年には北極政策に関する白書を公表，自らを「北極近傍国家」と呼称，一帯一路構想に氷上シルクロードも含むことを明らかにした。

このような中ロ接近，北極開発に危機感を抱いたのがアメリカである。ポンペオ国務長官は2019年 AC 閣僚会合前夜，フィンランドにおいて演説を行った。「今日ほど，世界が磁石のように北極海に引きつけられる時代は無かった。北極は力と競争の場となりつつある」「中国のやり方は分かっている」「北極海が，新たな南シナ海となるのを見たいのか」と強い調子で批判した。

気候変動がもたらすチャンスとリスク，これからも熱くなる北極から目が離せない。

（石原敬浩）

XII　グローバルな課題

5 偏在するエネルギーと接続性

1 エネルギー消費量と経済発展の相関関係

水供給にはポンプを動かす電力が，食料の生産・輸送には石油やガスが利用されるようにエネルギーはわれわれの社会に不可欠である。安定的にエネルギーを確保できれば，より遠方から短時間で食料を調達可能となり，養える人口が増加し経済が発展する。つまり，得られるエネルギー量によって経済や都市の規模が規定される。とはいえ，有史以前より人類が利用できたエネルギーは現代から150万年〜35万年に起きた火の利用（第一次エネルギー革命）以後，人力，畜力，風力，水力，木炭など地産地消型の再生可能エネルギーであり，エネルギー消費量は現在と比べると微々たるものであった。

エネルギーを取り巻く状況の変化は18世紀の産業革命である。**熱機関**の一種である蒸気機関の実用化（第二次エネルギー革命）で**エネルギー密度**が高い燃料（石炭）を用いることが可能となり，経済活動も飛躍的に拡大した。19世紀末には，石炭から石油への第三次エネルギー革命（流体革命）が起き，エネルギー消費量はさらに増加した。その結果，2000年の世界の一次エネルギー消費量は382エクサジュール，経済総生産は37兆ドルへとそれぞれ100年前の8倍と18倍に成長した。[1]

2 エネルギー資源の偏在性と安全保障

石油と天然ガスは石炭と同様に**地質時代**に堆積した動植物の死骸などが長い年月で圧縮・変成された「化石燃料」であり，炭素を主成分とする。ただし，石炭と異なり石油と天然ガスは，一切産出しない国家もあれば，全世界の石油の5割以上が中東地域で産出されるなど偏在性がある。この偏在性故に，消費地と供給地の**接続性**が課題となってきた。主な石油消費地である先進国は，アメリカを除き十分な石油埋蔵量がなかった。多くの兵器は石油で動くため，油田とその接続経路は戦略目標であり，その確保量は軍事能力を規定することとなった。この結果，19世紀末に地理学と地質学が政治学と結びつき地政学が誕生・発展してきた。また，二つの大戦を経て，石油の活用範囲が軍事部門から民生部門に拡大したが，1970年代に石油危機で，石油の安定確保が重要視されるようになり，国家戦略としてエネルギー安全保障が議論されるようになった。

▷**熱機関**
熱機関とは，熱エネルギーを動力に転換するシステムであり，蒸気機関や発電所のタービンは外燃機関，自動車のガソリンエンジンなどは内燃機関と呼ばれる。単位はジュール（単位記号J）。1ジュールでおよそ102グラムの物体を1メートル持ち上げる仕事量に相当する。

▷**エネルギー密度**
重さや体積当たりのエネルギー量。同じ体積や重さでも，物質によってエネルギー量は異なる。化石燃料では，石油のエネルギー密度は石炭よりも高い。

▷1　バーツラフ・ミシェル『エネルギーの人類史 下』塩原通緒訳，青土社，2019年，p. 205。なお，エクサジュールとは10の18乗，漢数字表記で百京である。

▷**地質時代**
有史時代以前の地質学的な分析でのみ解明可能な時代であり，新生代，中生代，古生代，先カンブリア時代の四つの時代に分かれる。

▷**接続性**
パイプラインや通商回廊，電力網など離れた生産地と消費地を繋ぐ輸送路，インフラやネットワークを指す。

▷**石油危機**

3 エネルギー消費量と経済発展のデカップリング

第三次エネルギー革命でエネルギー消費量はさらに拡大したが，**石油危機**や公害問題，そして地球温暖化問題など化石燃料利用の負の側面も着目されるようになった。また，石油危機は「新エネルギー」と呼ばれた再生可能エネルギー技術と省エネ（高効率）技術の開発を促進した。

さらに，2000年代に入ると地球温暖化対策から脱炭素化が国際社会の合意とされ，再生可能エネルギーへの転換が進められるようなった（第四次エネルギー革命)。この脱炭素化は，エネルギー消費量と経済発展のデカップリング（切り離し）が目的であるが，厳密にいうと炭素排出量と経済発展のデカップリングである。また，**枯渇性資源**で偏在性のある化石燃料から，非枯渇性資源で普遍的な再生可能エネルギーへの利用も持続可能性の観点から重視されている。つまり，2000年代以降のエネルギー安全保障は，それまでの古典的エネルギー安全保障と異なり，安定供給に加えて脱炭素と非枯渇性いう二つの持続可能性の観点も重視されるようになった。

4 再生可能エネルギーが受ける供給上の課題

化石燃料から地産地消型の再生可能エネルギーへの転換は，一見すると産業革命以前への逆行であるが，再生可能エネルギーから二次エネルギーである電力を生産し利用するという点で大きく異なる。そして，電力利用が再生可能エネルギーの短所でもある。電力は，発電量（供給量）が消費量を上回る（もしくはその逆の）場合に，周波数が乱れ停電が生じる。つまり安定的な電力供給には，需給バランスの調整が不可欠である。だが，風力や太陽光などの再生可能エネルギーは，需要に合わせて発電量を調整できない。その対策として余剰電力を貯めるバッテリーが重要となる。だが，バッテリーの生産には化石燃料同様に偏在する**鉱物資源**が不可欠である。たとえば，リチウムイオン電池の正極材に不可欠なコバルトについては，埋蔵量も生産量もアフリカのコンゴ民主共和国が約５割を占めている（**表XII-2**）。また，風力発電機のブレードや太陽光パネルの製造に必要となるレアメタル，レアアースの多くは中国が主な生産国となる。つまり，再生可能エネルギーでも資源の偏在性と接続性の課題は解決できず，その確保を巡る国家間の駆け引きは続くことになる。（稲垣文昭）

表XII-2　コバルトの埋蔵量とコバルト鉱石生産国上位３カ国

コバルト埋蔵量（2017）	コバルト鉱石生産量（2017）
コンゴ民主共和国（49%）	コンゴ民主共和国（54%）
豪州（14%）	中国（６%）
キューバ（７%）	カナダ（６%）

出所：JOGMEC メタルマイニング2017から筆者作成。

▷石油危機

1973年に第四次中東戦争時にアラブ諸国が中心となったOPEC（石油輸出国機構）による原油公示価格引き上げ，OAPEC（アラブ石油輸国機構）による原油生産量段階的削減と親イスラエル国に対する石油輸出規制で起きた第一次石油危機とイラン革命（1979年）で生じた第二次石油危機がある。

▷枯渇性資源

再生不能資源，非再生可能資源ともいう。消費量が当該資源の補充量を上回ることで，将来的に利用できなくなる資源。化石燃料や鉱物資源が該当する。太陽光や風力など実質的に無尽蔵なエネルギーであり，バイオマスは消費量が補充量を上回らない（再生可能な範囲）で植物を用いるため非枯渇性（再生可能）資源となる。

▷鉱物資源

広義には化石燃料も含むが，狭義には金属・非鉄金属を指す。ここでは，狭義の意味で用いている。なお，金属資源でも銅，鉛，亜鉛などはベースメタル，バッテリーに用いられる埋蔵量が少ないものをレアメタルという。

推薦図書

稲垣文昭・玉井良尚・宮脇昇『資源地政学――グローバル・エネルギー競争と戦略的パートナーシップ』法律文化社，2020年。

ギヨーム・ピトロン『レアメタルの地政学――資源地政学のゆくえ』児玉しおり訳，青土社，2020年。

松島潤編著『エネルギー資源の世界史』一式出版，2019年。

XII　グローバルな課題

人道的介入

▷正戦論
戦争を正当な戦争と不当な戦争に区別し，正当な戦争のみを合法とする考え方。キリスト教教義と戦争とを調和させるべく，中世のキリスト教神学者によって理論化され，近代初頭の国際法学者に受け継がれた。

▷国連憲章第７章
⇨VIII-4「集団安全保障」

▷国連平和維持活動(PKO)
⇨VI-1「国際連合」

▷集団安全保障
⇨VIII-4「集団安全保障」

▷ソマリア内戦
1992年，内戦と干ばつで飢餓が深刻化したソマリアに対し，国連はPKOを派遣し人道援助を行うも武装集団が救援物資を略奪し，人道状況は改善しなかった。国連安保理から武力行使を容認されたPKOは，武装勢力と交戦状態に陥り，1993年のモガディシオの戦いで多数のアメリカ兵が死傷したため，1994年に国連は武力行使を停止しソマリアからの撤退を決めた。

▷ルワンダのジェノサイド
ジェノサイド（集団殺害）とは，1948年に国連総会で採択されたジェノサイド条約が規定する国際犯罪で，国民的，民族的，人種的，または宗教的な集団の全体もしくは一部を破壊する意図をもって行われる，殺害，肉体的・身体的危害などを

1　人道的介入の何が問題なのか

人道的介入とは，「大規模な人権侵害や迫害，虐殺など，生命を脅かす事態に人々が直面する状況において，それを防止するために，当該国家の同意を得ることなく軍事力を用いて介入すること」である。人道的介入が論争を呼ぶのは，他者の命や人権，尊厳を守るという目的は正当化される一方で，武力介入という行為が武力不行使や内政不干渉といった戦後の国際規範に反するためである。国連憲章は，「（他国の）領土保全又は政治的独立に対する」場合と「国際連合の目的と両立しない」際の武力行使を禁止している。他方で，憲章は，一般的な武力不行使原則の例外，すなわち武力攻撃に対する自衛権の行使と，国連安全保障理事会（国連安保理）の決定による軍事的措置の二つの例外規定を設けている。問題なのは，人権尊重という「国際連合の目的と両立する」人道を根拠とする武力介入がその例外として許容されるのかどうかである。

この戦争の「正しさ」をめぐる議論は古くからある。中世以降，西ヨーロッパでは，戦争を行う正当な理由や根拠がある「正しい戦争」と「正しくない戦争」を区別して，戦争を限定的にしようとする考えがあった。この「**正戦論**」は今日の国連憲章と国際人道法の基盤となったが，アナーキーな国際社会では戦争の是非の判断は困難なため，武力不行使や内政不干渉原則は，武力行使の許容範囲をきわめて限定的に捉える規範として機能してきた。

2　人道的理由による国連安保理の軍事的措置

人道的介入に関心が向けられるようになったのは，冷戦後である。冷戦終結を契機として，内戦などによって深刻な人道的危機の発生が増大し，武力介入が求められる事態が生じた。そしてより重要な点として，こうした事態に対応するため，国連安保理が**国連憲章第７章**に言及し，人道を目的に多国籍軍や**国連平和維持活動（PKO）**に対し武力行使を授権するようになったのである。これは国連安保理の許可を得た合法的な武力行使である。従来，国連憲章第７章の軍事措置は，国家による侵略行為などを対象とした**集団安全保障**を想定したものであったが，1990年代には一国の国内における深刻な人道的危機が「国際の平和と安全に対する脅威」として認定されるようになった。つまり，人道危機への対処が「正しい」武力行使と認定されたといえよう。しかし，**ソマリア**

内戦における人道目的の武力介入の失敗によって，国連安保理は消極的姿勢に転じ，その後の**ルワンダのジェノサイド**や**ボスニアの民族浄化**に対し積極的武力介入は行われなかった。

3 「保護する責任」概念の登場

人道的介入の是非が再び問われるようになったのは，1999年の北大西洋条約機構（NATO）によるコソボ空爆であった。当時セルビア共和国のコソボ自治州で，独立を求めるアルバニア系武装組織とセルビア治安部隊らの衝突が激しくなり，アルバニア系住民が虐殺される恐れが高まった。NATO 諸国は，中国・ロシアの拒否権行使を見越して国連安保理での武力行使容認決議の採択を避け，同決議なしでセルビア側への空爆に踏み切った。決議を経ない介入は，合法性について大きな物議を醸したが，コソボ独立国際委員会は，人道目的の武力行使は正当化されるとして「違法だが正当」と判断を下した。

ここで問題とされたのは，人道という動機が正当だとしても，それが国際的に確立された「権利」かどうかであった。この難問を克服するために提唱されたのが**「保護する責任（Responsibility to Protect）」**という概念である。これは，第一義的に人道危機から自国民を保護するのは国家の責任であるが，国家が保護する能力や意思を持たない場合，国際社会がその責任を果たすため，国連安保理の決定に即して軍事的措置を講じるというもので，介入の「権利」が「責任」と置き換えられた。保護する責任は，2005年の国連サミットで合意され，同概念に基づき武力行使を含む主権介入が事実上容認された。

4 人道的介入に内在する課題

保護する責任に依拠する国連安保理決議によって初めて軍事行動が取られたのが2011年のリビア内戦であった。民主的デモを武力鎮圧しようとしたカダフィ政権に対して NATO を中心とする多国籍軍が軍事介入を行ったが，カダフィ政権の崩壊を招き，内戦を悪化させた。**BRICS** 諸国は，NATO の行動がカダフィ政権の体制転換を意図したものだとし，「文民保護の名を借りた内政干渉」だと激しく反発した。しかし，NATO 側にとって，市民保護の実現とカダフィ政権の温存は両立し得ず，体制転換は止むを得ない選択肢であった。リビア内戦への保護する責任の適用によって，人道目的以外の動機が介在し得ること，軍事介入がなければ起こることのない被害が生じ得ること，軍事大国以外には介入するインセンティブがないことなど，人道的介入に内在する問題が表面化した。人道を目的とした「正しい戦争」のあり方は，保護する責任の登場で一定の合意が得られたと思われたが，リビア内戦によって，再考を促され，国際社会はその後発生した人道危機に対し，市民保護への有効な手段を講じられずにいる。

（クロス京子）

指す。ルワンダでは，1994年4月6日から約100日の間に，少数派のツチおよそ80万人が多数派のフツに殺害された。

▷ボスニアの民族浄化
民族浄化は，多民族国家において，ある民族がほかの民族集団を追放，強制移住，殺害を通じて排除し，単一民族からなる支配地域を拡大することを意味する。旧ユーゴスラビアの内戦のなかで生まれたが，とくに民族混住度合いの強かったボスニアで多用された。ボスニア東部のスレブレニツァでは8000人以上のムスリム系の住民が殺害された。

▷「保護する責任（Responsibility to Protect）」
「干渉と国家主権に関する国際委員会」が2001年に発表した『保護する責任』と題する報告書で提唱された概念。同報告書の「責任」には，「予防する責任」「対応する責任」「再建する責任」の三つの要素が包含されている。2005年の国連総会首脳会合で採択された『世界サミット成果文書』では，国家はジェノサイド，戦争犯罪，人道に対する罪，民族浄化から人々を保護する責任を負うとその対象事態が限定された。

▷BRICS
⇨X-6「新興経済国と国際経済体制への影響」

推薦図書

最上敏樹『人道的介入——正義の武力行使はあるか』岩波書店，2001年。
マイケル・ウォルツァー『正しい戦争と不正な戦争』風行社，2008年。

XII　グローバルな課題

7 民主主義と人権

1 人権と民主主義の関係

第二次世界大戦では，特定の集団が迫害や大量殺害の対象になるなど，人権抑圧が横行した。二度の世界大戦を教訓に創設された国連は，人権を国際社会全体の課題とし，国際平和のために「人権及び基本的自由尊重」の促進に協力していくことを目的の一つに掲げた。1948年，国連総会において「すべての人民とすべての国とが達成すべき共通の基準」として「**世界人権宣言**」が採択された。この宣言が謳った基本的人権尊重の原則は，その後国連で採択された条約や，世界各国の憲法，法律に取り入れられた。人権は国際社会共通の普遍的価値となり，人権保障が国際社会の正当な関心事項として推進された。

▷世界人権宣言
1948年の第三回国連総会で採択された。法的拘束力がないことから，宣言に含まれた「自由権」を保障するための「市民的及び政治的権利に関する国際規約」と，「社会権」を保障するための「経済的，社会的及び文化的権利に関する国際規約」が作成され，1966年に国連総会で採択された。

他方，国連を含めた国際社会において民主主義の発展・促進が議論されるようになったのは，米ソ冷戦が終結した1990年代以降であった。冷戦後は，民主主義と人権が相互に依存し補完する関係にあるとされた。民主主義を促進するうえで，すべての人の尊厳と人権を尊重することが求められると同時に，民主主義においてこそ，人の尊厳や平等が尊重され，人権が守られると考えられるようになったのである。

2 多様な民主主義

では，民主主義とは何を意味するのであろうか。民主主義とは，人民が権力を所有し行使する政治制度や政治思想を意味する。しかし，民主主義の具体的な内容や考え方に明確な合意はなく，各国の民主主義の在り方は多様である。冷戦期においては，経済的平等の原則を重視するソビエト型人民民主主義が提唱され，西側諸国が推進する自由や平等の理念に基づく自由民主主義との間に対立が生じた。冷戦崩壊後は，多くの国が競争的民主主義を導入するなど形式的に民主化したが，自由や人権を圧迫している国も存在している。アメリカの政治学者ロバート・ダールは，民主主義の手続き的側面に着目し，価値中立的・客観的に民主主義体制を分析するために，**ポリアーキー**という民主的政治体制を考案した。ダールは，市民の政治参加の程度（政治的平等）と公に異議を唱えられる程度（政治的自由）の二つの指標を用い，現実の民主主義体制を分析し，両者が十分に満たされた体制をポリアーキーとし，非民主体制が参加と自由化の次元を高めることでいかに民主化に進むかの経路を示した。

▷ポリアーキー
ロバート・ダールによって提唱された造語。モナーキー（一人支配，君主制），オリガーキー（少数の支配，寡頭制）に対する，多数による民衆の支配を指す。
市民的・政治的諸権利（表現の自由，結社の自由，報道の自由，投票の自由，選挙権，被選挙権）が，実際に「自由かつ公正な選挙」で行使されることを条件とする。

3 民主主義の拡大と平和

冷戦が自由民主主義の勝利に終わったことに加え，民主主義国同士は戦争をしないという**デモクラティック・ピース**論が，冷戦後，先進国を中心とした主要ドナー諸国に広く受け入れられ，非民主主義国に対する民主化支援が積極的に行なわれるようになった。民主制による平和の理由としては，民主制諸国で共有されている「紛争の平和的解決」規範や文化を強調するものと，民主制における政策決定過程の透明性など制度的特性から説明する二つの仮説がある。

民主主義が国際平和に寄与するとの考え方は，さまざまな政策に影響を与えた。冷戦後活発化した国連の**平和維持活動（PKO）**では，民主主義の役割が重視され，選挙支援が実施されるようになった。また，**脆弱国家**支援として，世界銀行や IMF など開発援助機関が，国家の正当性を高めるという観点からガバナンスの改善を推進した。この一環として，民主化，市場経済化，法の支配の強化，汚職抑制といった支援が行われている。発展途上国に対する戦略的援助は，冷戦期の東西陣営の安全保障の確保を目的としたものから，人権の擁護，民主化の促進を重視する援助対象国の政治改革支援へと転換した。

しかし，民主化促進政策が常に効果を有しているとは限らない。性急な市場経済や競争的選挙制度の導入がかえって不安定化を招く事態が生じた。権威主義体制や全体主義体制から民主主義体制への移行途上の国家は政治的に不安定であることが多く，武力紛争が勃発する可能性が高い。また，西洋諸国の規範や制度に基づく政策が援助対象国の実情に一致しないため民主主義が定着しないとの指摘がある。

4 民主主義の拡大と後退

政治学者のサミュエル・ハンティントンによれば，歴史的に民主化には三つの波があったという。このうち1970年代半ばから1980年代に南欧から東欧諸国，南米諸国などで同時代的に起こった体制移行を「**民主化の第三の波**」と呼ぶ。その後揺り戻しがみられたものの，民主主義国の増加傾向は続き，2011年に起こった「**アラブの春**」と呼ばれる一連の民主化運動では，中東の独裁国家に民主化の波がついに到達したように思われた。しかし，民主化は停滞し，独裁の復活や内戦の勃発，大量の難民流出，テロ組織の出現など，事態の悪化は中東に留まらず，世界に負の影響を及ぼした。2019年には，市民の自由や政治参加などの指標に基づき「民主主義国」と認定できる国が，はじめて「非民主主義国」の数より下回ったとのデータが出された。世界各地で国家の強権化や集団間の分断が深刻化し，民主主義の後退とそれに伴う人権状況の悪化が懸念されている。民主化の後退を招いた理由として，民主主義に立脚した資本主義の在り方に問題があるとする考え方がある。

（クロス京子）

▷デモクラティック・ピース（民主的平和）
⇨IV-2「リベラリズム」

▷平和維持活動（PKO）
⇨VI-1「国際連合」

▷脆弱国家
国民に対し安全や生計を保証するなど，基本的な公共サービスを提供することが困難な国家のこと。国家の基本的役割を果たしておらず，国民からの信頼を得られていない国が多い。失敗国家，破たん国家，崩壊国家と同義で用いられることもある。

▷民主化の第三の波
1974年のポルトガルの革命を契機に多くの国で同時代的に起こった民主化の流れが「波」と形容された。非民主主義体制への揺り戻しと民主化が繰り返されるためである。

▷アラブの春
⇨XI-11「中東」

推薦図書

サミュエル・P・ハンチントン『第三の波——20世紀後半の民主化』三嶺書房，1995年。
ブルース・ラセット『パクス・デモクラティア——冷戦後世界への原理』東京大学出版会，1996年。
ロバート・A・ダール『ポリアーキー』岩波書店，2014年。

XII　グローバルな課題

8 複雑化する人の越境移動

1 難民と移民

国境を越えて移動する人々は，移動の原因が強制的か自発的かによって，異なる国際制度体系のもとで扱われる。前者がいわゆる難民であり，「難民の地位に関する条約」（1951年採択）のなかで「人種，宗教，国籍もしくは特定の社会集団の構成員であること又は政治的意見を理由に迫害を受ける恐れがある」ために「国籍国の外にいる者」と定義される。この定義が条約採択当時の**東西対立**を反映し，難民の発生原因を制限的に捉えたものであることから，その後の難民発生原因の多様化に合わせて，補足的取極の制定や柔軟な運用が試みられてきた。たとえばアフリカでは地域条約に基づき紛争などによって移動を余儀なくされる人々も難民として扱われ，ヨーロッパ諸国では定義に該当しない人々は「事実上の難民」として難民に準じた扱いを受ける。一方，移民に関しては，国際的に了解された定義は存在せず，国家や国際機関などが独自に滞在期間や国籍要件を設定し移民を定義している状態にある[1]。難民と移民の国際的な定義を巡る差異は，両者を扱う国際制度の違いや，各国政府が両者に与える待遇の違いに明確に表れている。難民であれば国際的な保護の対象となり，受け入れ国は**ノン・ルフールマンの原則**といった条約上の義務を負うが，移民に関して受け入れ国は国際的義務を負わない。

ところが，今日の人々の移動の実態に目を向けると，難民と移民の区別はこれまで以上に不明瞭なものとなっており，混在移動（mixed migration）と呼ばれる現象が生じている。その背景にある事情として，難民と移民が同じ移動経路や移動手段を利用するケースが増えていることや，移動の過程で非合法の手段を利用したり移動の過程で人々が保護を要する状態に変化するケースが増えていること，また人々の移動の動機自体がそもそも単一ではない，といったように，状況が複雑化していることが指摘されている。こうした状況は，難民と移民を異なる国際制度のもとに置き，前者には国際的な保護を与える一方，後者への対処を国家の裁量に委ねるという，人の越境移動の国際的な管理体制の適切な運用を困難にしている。

▷東西対立
⇨ III-1「冷戦の起源」

▷1 「移住労働者」を「国籍を有しない国で，有給の活動に従事する予定であるか，またはこれに従事する者」と定義した「すべての移住労働者とその家族の権利の保護に関する国際条約」（1990年採択）や，「長期の移民」を「通常の居住地以外の国に移動し，少なくとも12カ月間当該国に居住する人」と定義した1998年の国連事務総長報告がある。

▷「ノン・ルフールマン原則」
難民条約第33条が「生命又は自由への脅威にさらされるおそれのある領域の国境へ追放し又は送還してはならない」と定める通り受け入れ国の義務として規定されており，難民と庇護申請者に適用される。

▷「安全保障化」
コペンハーゲン学派によって定式化された概念であり，

2 難民・移民の安全保障化と難民・移民の締め出し

交通手段の発達やグローバル化の進展により，人の移動がますます活発化する一方で，難民・移民を取り巻く環境は厳しさを増している。その一因に挙げられるのが「**安全保障化**（securitization）」という現象である。特に2001年の**9.11アメリカ同時多発テロ**以降，難民・移民に対する受け入れ国の眼差しは一段と厳しさを増し，欧米では難民・移民を安全保障上の脅威とみなす政治家らの発言が相次ぎ，市民によるゼノフォビア（外国人嫌悪）も深刻化している。こうした状況は，難民・移民の受け入れ国による受け入れ手続きのさらなる厳格化を招き，難民や移民に対する不当な逮捕・勾留，強制送還も頻発している。さらに，先進諸国は難民認定手続きへの**安全な第三国**基準の導入や移民の出身国や経由国と**再入国協定**の締結を進めており，二国間ないし多国間の枠組みを利用して難民・移民の締め出しを図ろうとする動きを活発化させている。

3 難民・移民をめぐる国際的不平等とその解消に向けた試み

2015年の欧州難民危機や2018年以降増加しているアメリカを目指す中米移民キャラバンは，難民や移民の多くが途上国から先進国へ向かっているとの印象をわれわれに与える。ところが実際の難民・移民の移動経路をみると，途上国間での移動の多さが目に付く。2017年末時点の統計で，難民全体の85％が途上国によって受け入れられており，移民全体の38％が途上国間で移動しており途上国から先進国に移動した移民の数を上回っている。こうした状況は，難民・移民の受け入れに伴う負担を過度に途上国に集中させ，受け入れ環境や法制度の整備が不十分ななかで難民・移民が不利益を被る事態を生んでいる。

その解決策の一つとして注目されているのが，難民・移民を開発援助とリンケージさせる試みであり，近年の難民援助では難民とともに難民の受け入れ国の住民に対して開発援助を行う方法が主流化しつつある。また，「アフリカのためのEU緊急信託基金」のように移民の移動の根本的な原因である出身国の貧困の解消を目指した援助も実施されている。また，こうした途上国が抱える問題を途上国間で，さらには途上国と先進国の間で共有する試みとして，地域協議プロセス（Regional Consultative Process）と呼ばれる非公式な対話の枠組みが増加している。

しかしながら，2016年に国連で採択された「難民と移民のためのニューヨーク宣言」は難民・移民をめぐる国際的に不平等な状況に警鐘を鳴らしており，依然として事態が深刻であることが伺える。2018年に採択された二つのグローバル・コンパクト[2]に基づき，国連難民高等弁務官事務所（UNHCR）や国際移住機関（IOM）などの移動する人々の保護・支援に従事する国際機関や**NGO**，移動する人自身を含む，多様なステークホルダー（利害関係者）が問題解決に携わっていくことが望まれている。

（中山裕美）

特定のアクターによって，それまで安全保障上の脅威と見なされていなかった事象が，緊急かつ例外的な措置を要する安全保障上の脅威であるという新たな認識が提示され，観衆がそれを受容していく過程を指す。

▷9.11アメリカ同時多発テロ
⇨XII-1「国際テロリズム」

▷「安全な第三国」
難民申請者が移動中に経由した迫害や拷問などの恐れのない国を指し，「安全な第三国」への送還はノン・ルフールマンの原則に抵触しないとされる。

▷「再入国協定」
一方の国で入国や滞在が認められず送還された国をもう一方の国が受け入れる義務を協定締結国間で課した国際条約である。

▷2　UNHCRが策定した「難民に関するグローバル・コンパクト」では受け入れ地域の住民や難民自身を含めた多様なステークホルダーによる協働が提唱されており，政府間交渉を経て採択された「安全で秩序ある正規移住のためのグローバル・コンパクト」では，実施・フォローアップのために国連機関からなる国連移住ネットワークが設置されている。

▷NGO
⇨VI-5「非政府組織」

推薦図書

明石純一『人の国際移動は管理されうるのか——移民をめぐる秩序形成とガバナンス構築』ミネルヴァ書房，2020年。

中山裕美『難民問題のグローバル・ガバナンス』東信堂，2014年。

XII　グローバルな課題

国際政治とジェンダー

1 フェミニズムとジェンダー

フェミニズム◁は，政治制度や慣習などに内在する性別に基づく格差を明らかにし，男女が平等に権力を分かち合う社会の実現を目的として発達した思想・運動である。19世紀後半から20世紀初頭の参政権運動など女性が男性と同等の権利獲得を目指した第一波フェミニズムに対し，1960年代以降の第二波フェミニズムは，女性の根源的な開放を求めた。第二次世界大戦後，西側先進諸国では経済発展とともに男女同権が進み，女性を取り巻く環境は大きく改善した。しかし，法制度上の男女平等が達成されても，制度や慣行，人々の意識に女性差別が存続していた。それゆえ第二波フェミニズムは，経済・文化・社会構造に組み込まれている女性に対する差別の根源を排し，実質的な平等を求めた。その際に用いられたのが「ジェンダー」という概念であった。ジェンダーとは，生物学的・身体的な性差（セックス）とは異なり，「男らしさ／女らしさ」など社会的・文化的に構築された性差を意味する。人は社会生活を通じて性に基づく行動様式や関係性を習得し，社会規範や制度として共有する。フェミニストは，性差別が残り続けているのは，女性が生物的に劣るからではなく，社会構造に埋め込まれた女性を劣位に置く意識や慣習が要因であると指摘し，ジェンダーという分析視角を用いて，労働や教育分野など，さまざまな集団に存在する男女間の不平等で抑圧的な関係に光を当てた。

2 国際政治における女性の不在

第二波フェミニズムの影響は，冷戦崩壊目前の1980年代後半になって，国際政治，安全保障分野に及んだ。フェミニスト国際政治学者が，国際政治の現場や学問としての国際政治学における女性の不在を問うようになったのである。外交や安全保障政策は，男性の主観的経験に基づき形成されており，国際政治では「権力の分布・配分」といった軍事的安全保障に関心が向けられてきた。フェミニスト研究者は，男性とは異なる女性の視点で国際政治や国際安全保障の諸問題を検討することを求めた。

この背景には，冷戦崩壊後の安全保障環境の変化があった。民族紛争や気候変動，経済危機など，人びとは国家安全保障の射程外にある多様な脅威に直面していた。フェミニスト研究者は，安全保障概念を拡大することに加え，身体

▷フェミニズム
フェミニズムは，時代や地域でいくつもの流派に分かれており，単一的な思想・運動とは捉えづらい。大きくは，第一波フェミニズムと第二波フェミニズム，そして1990年代以降の多様性を重視する第三波フェミニズムの三つの世代に分けることができる。

▷人間の安全保障
1994年に国連開発計画（UNDP）が『人間開発報告書』で打ち出した概念。人間一人ひとりの安全向上を目標とし，多様な脅威から生存・生活・尊厳を守り，保護と能力強化を通じて持続可能な個人の自立と社会づくりを促す政策概念として国連システムに導入された。

▷女性・平和・安全保障に関する国連安全保障理事会決議第1325号
女性，平和，安全保障（Women, Peace and Secu-

的，構造的暴力の排除といったフェミニズムの観点から安全保障を捉え直すよう提唱した。この時期，冷戦終結を契機に国家の破たんとみられる現象が増加しており，フェミニストの主張は，人間一人ひとりの安全を保障する「**人間の安全保障**」概念と親和的なものであった。

3 安全保障分野へのジェンダー視点の導入

女性・平和・安全保障に関する国連安全保障理事会決議第1325号（2000）は，国際社会が初めて女性を平和・安全保障の文脈に関連づけた画期的な決議とされる。旧ユーゴスラビア紛争やルワンダ内戦で戦争の手段として集団レイプが使われたことを契機に，紛争下の性暴力が初めて安全保障の課題になったのである。同決議は，女性が受ける武力紛争の被害が特有で重大だと認め，加盟国に対し，紛争下の女性の保護や平和維持・平和構築プロセスにおける**ジェンダー主流化**を求め，平和と安全保障に関わるすべての取り組みへの完全で平等な女性の参加を要請した。

この決議が重要なのは，紛争下の性暴力という，男性とは異なる女性が抱く安全や脅威に焦点を当て，対応を促しただけでなく，和平合意や平和構築の意思決定に女性が主体的に加わることを求めた点である。女性は保護すべき弱い存在という固定観念から脱し，草の根の紛争解決や平和構築プロセスで女性が果たしてきた主体的役割を認め，女性自身に差別や不平等を生み出す社会構造を変革することを促すものであった。

4 国際政治にジェンダー視点を導入する意義

国際政治や安全保障分野にジェンダー視点を導入する意義は，現代世界の多様な課題に対し，男性とは異なる経験に基づく別のアプローチを提示できることであろう。一方でこのアプローチにはフェミニズムが払しょくを求めてきた固定観念，つまり男性とは違う平和的な女性という**本質主義**への回帰だとの批判がある。しかし，ジェンダー視点の導入は，単に男性的思考から抜け落ちている点に目を向けるだけでなく，周縁化されてきた女性を**エンパワー**することにほかならない。紛争後の社会を一例に挙げると，戦闘行為が終結しても，女性はさまざまな暴力に晒される。家庭内暴力はその一つである。多くの社会ではこうした私的領域の暴力を，刑罰の対象となる公的暴力と区別し，適切な司法へのアクセスを制限している。フェミニストは，ここに女性に対する構造的暴力があることを指摘し，「**個人的なことは政治的なことである**」として，家庭内暴力など私的な経験を，ジェンダーの権力関係に基づく政治や社会構造と関係づけ，公的に議論すべきだと主張する。国際政治という公的領域に女性の声を反映することは，男性・女性，公的・私的領域の境界の再検討を促すのである。

（クロス京子）

rity: WPS）に関する安保理決議は，第1325号とフォローアップ決議を合わせて「WPS アジェンダ」と総称される。

▷ジェンダー主流化
法律，政策，事業などの取り組みがもたらす影響を女性と男性の間で差があるかどうか精査し，すべてのプロセスに女性と男性の関心事と経験を統合し，女性と男性が平等に恩恵を受けられるようにすること。

▷本質主義
男性や女性のなかに，ある生物学的・心理的な「本質」を認め，さらにそれを時代が変わっても変化することのない，普遍的で絶対的なものだとする考え方のこと。

▷エンパワー
個人や集団が潜在的に持っている能力を引き出し，発揮させること。

▷「個人的なことは政治的なことである」
The Personal is political. 第二波フェミニズムのスローガン。家庭から職場まで，生活のさまざまな場面における個人的な経験を，社会構造のなかで女性というジェンダーにあてがわれた「政治的な出来事」として公に議論しようとする。

推薦図書

J. アン・ティックナー（進藤久美子・進藤榮一訳）『国際関係論とジェンダー——安全保障のフェミニズムの見方』岩波書店，2005年。

シンシア・エンロー（望戸愛果訳）『バナナ・ビーチ・軍事基地——国際政治をジェンダーで読み解く』人文書院，2020年。

XII　グローバルな課題

10 感染症の時代における国際協力と対立

1 新興感染症・再興感染症の時代

1970年代以降，それまでの人類には未知だった感染症（たとえばエイズ，エボラ出血熱，SARS，MERSなど）が次々に現れ，世界は新興感染症の時代に入った。加えて，しばらく流行もなく公衆衛生上は問題ではなくなっていた感染症も再び増加してきた。これを再興感染症（麻疹＝はしか，デング熱，日本脳炎，黄熱など）という。

その背景には，人の大量かつ高速の遠距離移動，地球環境の変化や開発の促進による人間と野生動物の接触，公衆衛生上の予防意識や上下水道インフラ・医療体制の国別・地域別の格差などがある。さらに，現代の治療において多種大量の抗生物質が投与されていることも，新たな薬剤耐性菌を増加させることにつながっている。

疫病は，その発生や流行が特定地域で長期間にわたって季節限定的に繰り返されていれば風土病（endemic diseases）と言われる。予想された地域や時期を超えて感染が突発的に発生拡大する状況と（epidemic），世界的に感染拡大する場合がある（pandemic）。パンデミックの最新例が，新型コロナウィルス（SARS-CoV-2）による急性呼吸器疾患（COVID-19）になる。

感染症を一つでも根絶するのは難しい。紀元前から人類を苦しめた**天然痘**◁だけはWHO（世界保健機関）が1980年に根絶宣言を出すことができた。そのウィルスはヒトだけに感染し，感染すれば必ず発症し，感染者周辺での大規模なワクチン接種で封じ込めることができた。このような点からもう一つ根絶可能なポリオという病気があるが，現在もアフガニスタンやパキスタンなどで症例が見いだされる。そこでの内戦や治安悪化などが医療行為を妨げてきた。

▷天然痘（または疱瘡，smallpox）
紀元前1100年代の古代エジプトのラムセス王の死亡原因とされるなど，古今東西，人類を最も苦しめてきた代表的な感染症。空気・飛沫・接触感染を引き起こし，ウィルスの一つであるvariola majorによる症例は致死率20～50％であった。1980年に根絶宣言が出され，その後世界中のウィルスはアメリカかソ連の１カ所の研究機関に集められた。だがソ連はウィルスを培養し生物兵器の軍拡を行い，ソ連崩壊後には管理が杜撰となり廃棄も不明で，ウィルスの行方は神のみぞ知るような状況になった。1990年代から2000年代にかけてバイオテロの脅威といえば，

アジアで2003年以降続く鳥インフルエンザA（H5N1）は死亡率が50％を超えてとくに脅威だが，人畜共通感染症のため根絶は困難で，2000年代前半に中国に現れたSARSや，アフリカで感染爆発が繰り返されるエボラ出血熱はウィルスの人間以外の宿主が特定されておらず，有効なワクチンも未確定である。

2 国際協力と国際対立

感染症対策には迅速で国際的な情報共有が不可欠である。どこの国で発生してもいち早く情報が行き渡れば，各国はそれに備えた対策を講じることができ

る。WHO のような専門機関は加盟国からの拠出金と人材に支えられており，加盟国に対して命じたりすることはできない。だが世界的に情報収集・分析を行い，感染症に対する国際的な行動規範を策定したり，公衆衛生の国際的な事業に取り組んだりするうえでなくてはならない機関である。

しかし WHO に限らず国際機関の常であるが加盟国の政治的言動から逃れることはできないし，それが全体的な利益を損なうこともある。たとえばCOVID-19対応では早期に感染を抑え込んだ台湾が高く評価されたので，その経験や知見が共有され支援に動いてもらえれば多くの国を利すると思われた。しかし中国の意向によって台湾は WHO のオブザーバー参加さえ閉ざされている。だが台湾はオブザーバー参加していた時期もあるだけに，その時々の中台関係に左右される面がある。

COVID-19は米中対立を激化させた。米トランプ政権は「中国ウィルス」「武漢ウィルス」と公式の場で何度も発し（**感染症の呼称問題**）中国を繰り返し非難し，中国寄りに映る WHO からの脱退も表明した。一方の中国は，国際的な疫学調査を拒み続け，独善的な対外世論工作を展開した。

COVID-19のワクチン開発，取得も国際競争を際立たせた。パンデミックを終息させるには世界的にワクチンを流通させなければならない。数多くの途上国はワクチンを自国で開発できず，外国の製薬メーカーに融資し巨額の契約を締結することもできない。そのような国への配分のために，各国が共同出資する国際的な枠組み **COVAX ファシリティ**があるが供給量は限定的といわれている。先進国はまず自国民のワクチン確保に奔走し，その間隙を縫って中国やロシアは途上国との間で自国製ワクチンの無償提供をも含む契約を取り交わすいわゆる「ワクチン外交」を進め，自国イメージの向上に余念がない。

3 「インフォデミック」とサイバー攻撃

COVID-19のパンデミックは危機管理に付随するさまざまな問題を引き起こした。一つは，無数の陰謀論・偽情報が飛び交い，社会の分断を加速させる一因になっている。人々の不安につけこむでたらめな話がまかり通ったり，コロナ禍を自作自演し大儲けしている者がいるという陰謀論は，憎悪や敵対感情だけを生み出したりしている。疾病にまつわる SNS 上の流言によって社会混乱が起きることを WHO は「インフォデミック」（infodemic）と名づけ，感染症との戦いの中で，もう一つの感染を抑える戦いとみなしている。

サイバー空間ではまた製薬会社や研究機関からワクチン開発の研究成果を盗もうとする標的型攻撃が増えた。医療機関が使用している端末をランサムウェアで感染させロックしてしまい，その解除のためにビットコイン支払いなど身代金を要求する犯罪も多発した。感染症対策とあわせて，サイバー攻撃対策はより一層重要になる。 （宮坂直史）

炭疽菌とともに天然痘ウィルスが必ず言及されてきた。

▷感染症の呼称問題
地名や国名がついた感染症は多い。スペイン風邪，エボラ出血熱，マールブルク出血熱，クリミア・コンゴ出血熱，ラッサ熱，中東呼吸器症候群，日本脳炎，西ナイル熱，ベネズエラ馬脳炎，ニパウィルス感染症などである。そのなかでWHO は感染症に地名，人名，動物名を付けない指針を2015年に出した。特定の宗教・民族への反感が生じ，渡航や貿易などで不当な障壁を生んだからという理由である。だが，スペイン風邪以外の上記感染症は現在も症例が続いているにもかかわらず地名，国名つきの名称のままである。

▷ COVAX ファシリティ
加盟国が共同で新型コロナ感染症ワクチンを購入する枠組みで，高中所得国が資金提供し自国向けに購入することと，各国・団体が拠出して途上国に供給する2本柱がある。WHO，Gavi アライアンス，CEPI が主導した。Gavi とは2000年に民間・公共セクターによって設立された「ワクチンと予防接種のための世界同盟」の略であり，子供のための予防接種プログラムの拡大を主眼としている。CEPI は「感染症流行対策イノベーション連合」のことでワクチン開発支援を目的として官民で2017年に立ち上げられたものである。

推薦図書

詫摩佳代『人類と病　国際政治から見る感染症と健康格差』中央公論新社，2020年。

コラム-17

感染症と安全保障

新型コロナウィルスの問題は,〈感染予防・医療〉と〈経済〉の二つの観点から論じられることが多い。それに対して,感染症を安全保障問題として再定義するのは見落とされがちな視点であろう。単に感染症が,戦争や内戦,軍隊の運用や訓練,そして外交戦略や国際交流にいかに影響を及ぼしているかという間接的な話ではなく,より直接的な脅威としてウィルスや細菌そのものが人為的に改変され,それが使用されることを考えてみたい。

いまから20年前,2001年にアメリカで炭疽菌手紙郵送事件が起きて,肺炭疽を発症した5人が死亡した。実行犯は米陸軍感染症医学研究所の炭疽菌の専門家で,捜査した者が当初は「兵器級」と評したレベルで,菌をドライパウダー形態にして浮揚し吸引されやすいように特殊加工を施していた。炭疽という疾病はヒトからヒトへ感染するものではないものの,この事件を契機に全世界的にバイオテロ対策が促進されるようになった。このころ,ロシアで管理不全状態にあると推測されていた天然痘ウィルスに焦点があたり,また1990年代前半までイラクが実際に保有していた病原微生物にも関心が向けられ,さらに過去に世界各国で発生した生物剤絡みのテロや犯罪の再検証も盛んになった。

日本や世界各国で,バイオテロ対策で議論されたり訓練想定に登場したりするのは炭疽菌と天然痘ウィルスが多かった。筆者が企画運営に関わってきたバイオテロ,バイオセキュリティに関する多機関合同の訓練も,そういうものが使われることを想定していた。事案発生時に現場で対処する警察,消防,自衛隊のそれぞれの専門部隊や救急医療従事者,自治体の危機管理職員などが学ぶハンドブックやマニュアルのたぐいにも天然痘や炭疽をはじめペストやボツリヌス症,各種の出血熱などの症状や,それらの原因となるウィルスや細菌の特性が必ず解説してある。既知で馴染みの病原体を学び,警戒せよということである。

だが同じ2000年代,バイオに関する訓練や国際セミナーに参加すると,危機管理の論文を執筆したりしている医学生物学系の研究者が異口同音に「自分がテロリストならばインフルエンザ・ウィルスを改変する」と冗談半分にいっていたのが印象深い。インフルエンザの流行は毎年のことであり,そのウィルス株の入手には困らず，遺伝子組み換えが容易であり，未知の強毒ウィルスを作り出すことができる。天然痘ウィルスや炭疽菌を入手して使うよりも簡単だというのである。

21世紀にバイオテクノロジー，そして「合成生物学」という新しい学問が急速に発展する。パンデミックというと20世紀初頭のスペイン風邪が有名だが，2005年にはそのウィルスの人工合成にも成功している。現在の急性呼吸器疾患（COVID-19）をもたらす新型コロナウィルス（SARS-Cov-2）もヒトヒト感染を繰り返すうちに自然に変異するのは当然で，とくにいくつかの変異株の持つ感染力の強さが懸念されている。だが自然の変異以前に，新型コロナウィルスはそれこそ世界中のラボで解析され，遺伝子情報も明かになっている。それを人工的に改変することは理論上難なくできるのである。

このような時代においては，致死性が高く，ヒトからヒトに感染する天然痘やペスト，各種の出血熱といった既知のものだけではなく，まったく未知のウィルスや細菌が引き起こす事態も想定しなければならない。近年の海外でのバイオテロ予防対処訓練でもまさに人工的に作り出されたウィルスXが想定されるようになってきたのである。

バイオテクノロジーの急激な発展は，高度な専門化を伴うと同時に，大衆化をもたらしている。日曜大工のごとくアマチュアが自宅のなかで，あるいはカルチャースクールに通って趣味として遺伝子工学の実験を楽しんだり（バイオハッカーたち），さらに知識と資金があれば本格的な実験機器を購入したり作製して自宅で研究に取り組む光景も珍しくない。生物学は大学や研究機関だけが抱え込む学問ではなくなった。そこには無限のビジネスチャンスがあり，さまざまな産業の発展を支えることになる。だが同時に，生み出された成果がどのように活用されるのか，つまり軍事利用やテロへの悪用という懸念もつきまとう。学問は自由であるという大前提を踏まえたうえで，その成果発表の在り方などは慎重に国際的なガイドラインが施されてきた。研究倫理の確立のみならず，その適切な運用という高度な判断を伴う厄介な課題に世界は直面している。

（宮坂直史）

XIII　日本の課題

安全保障政策

▷**国防の基本方針**
1957年に定められ，国防の目的を，直接および間接の侵略の未然の防止と，侵略の排除，そして民主主義を基調とする日本の独立と平和を守ることとしている。この目的を達成するための基本方針として，国連の活動の支持，国家安全保障基盤の確立，自衛に必要な防衛力の漸進的整備，日米安保体制を基調とすることの4項目をあげた。

▷**非核三原則**
核兵器を持たず，作らず，持ち込みも認めないとする日本政府の政策。1967年に佐藤栄作首相が国会で表明し，71年に非核三原則を守るべきだとする衆議院決議が採択された。しかし，持ち込みに関しては，アメリカの核搭載艦船が日本に寄港することは事実上容認されていた。

▷**武器輸出三原則**
1967年に政府が武器輸出について，共産圏，国連決議で禁止された国，国際紛争の当事国に認めない方針を表明。76年にはこれら以外の国へも原則武器輸出が禁じられた。

▷**防衛計画の大綱**
中長期的な防衛力のあり方や規模の基本方針。1976年に初めて策定されて以来，

1　憲法第9条と日米安保体制

戦後日本は，憲法第9条との整合性を図るために，専守防衛の名のもとで防衛力を自衛に必要な最小限なものに制限する一方，日米安全保障条約を通じて核抑止力を含む打撃力をアメリカに依存してきた。1957年に閣議決定された「**国防の基本方針**」のもと，日本政府は4次にわたって防衛力整備計画を策定し，「通常兵力による局地戦以下の侵略」に備えることを目指した。その間，「**非核三原則**」や「**武器輸出三原則**」の策定が行われ，集団的自衛権に関しても「保有すれども行使せず」という解釈が定着していった。

2　基盤的防衛力と日米同盟の役割分担

1970年代に入り，国際的な緊張緩和が進むなか，周辺諸国の軍事力に合わせた所要防衛力ではなく，独立国として必要最小限の基盤的防衛力を保有するという考え方が1976年の「**防衛計画の大綱**」で採用され，同時に防衛費に国民総生産（GNP）1％の枠をはめることも決まった。大綱では「限定的かつ小規模な侵略」に対処し，それ以上の事態に対してはアメリカの来援を待つとされ，1978年の「**日米防衛協力のための指針（ガイドライン）**」で「矛と盾」の役割分担が定められた。基盤的防衛力構想は必要最小限の防衛力存在を重視していたが，情勢の変化に応じて新たな態勢に円滑に移行し得るとされていた。実際に**新冷戦**のもとで東西両陣営の緊張が再び高まると，自衛隊は米軍と協力して日本周辺での警戒監視や対潜水艦戦，防空任務を担うようになった。一方で，日本では経済やエネルギーなど非軍事的側面を重視する「総合安全保障」が目指されるようになった。

3　冷戦後の「同盟漂流」

冷戦の終結後に起こった湾岸戦争で，日本は国際安全保障への貢献の必要性を痛感したため湾岸戦争終結後に掃海艇部隊をペルシア湾に派遣し，国際平和協力法によって国連平和維持活動（PKO）への自衛隊の派遣を制限付きながら可能とした。また，北朝鮮の核開発や台湾海峡の緊張など，日本を取り巻く安全保障環境も悪化し，地域の安定にも貢献が求められるようになった。1995年の防衛大綱の改定により，自国防衛以外にも責任を果たす意思を示した。また，

冷戦後に「漂流」した日米同盟を再定義してアジア太平洋地域の要と位置づけ，97年にはガイドラインを改定して「**周辺事態**」での米軍への後方地域支援を可能とした。さらに，98年に北朝鮮のテポドン発射を受けてミサイル防衛の導入が決まり，2001年の9.11の後はテロ対策特別措置法を成立させ，**有志連合**への支援を行った。その後も，東ティモールへのPKO派遣や，イラク特別措置法による復興支援，ソマリア沖海賊対処など，国際社会での自衛隊の役割の拡大が続いた。

4 平和安全法制と日米同盟の課題

2004年に再び防衛大綱が改正され，日本自身の努力と日米同盟に加え，国際社会との協力が重視されるようになり，「多機能・弾力的・実効性のある防衛力」の保有を目指すことになった。さらに，北朝鮮の核ミサイルの脅威の増大に加えて，中国の海洋進出，とくに有事でも平時でもない「グレーゾーン」事態に対する懸念が高まったため，防衛力の存在を重視した基盤的防衛力構想から脱却し，実際に機能する防衛力の保有が必要となった。こうして，2010年の防衛大綱では南西諸島における警戒監視を重視する「動的防衛力」が，2013年の防衛大綱では海上および航空優勢の確保と陸上戦力の機動展開を重視する「統合機動防衛力」が打ち出された。

2013年に初めてとなる「国家安全保障戦略」の策定と国家安全保障会議の創設が行なわれ，「積極的平和主義」のもとで国際社会の平和と安定に貢献する方針が打ち出された。14年には「防衛装備移転三原則」が決定され，国際的な装備の共同開発と装備品輸出の道を開いた。2015年には平和安全法制が国内世論の強い反対のなかで成立し，集団的自衛権の限定行使や，PKO活動における制約の一部緩和が認められ，湾岸戦争以降の日本の安全保障政策のあり方をめぐる議論に一定の区切りをつけた。あわせて，日米ガイドラインも改定され，日本の領域外での防衛協力が拡大した。

北朝鮮が核ミサイル能力を大幅に増強し，急激な軍拡を続ける中国が東シナ海や南シナ海で現状変更を目指す行動を拡大したため，2018年の防衛大綱では「多次元統合防衛力」が打ち出され，従来の陸海空に加えて宇宙，サイバー空間，電磁波領域を横断する統合作戦能力の獲得を目指すことになった。北朝鮮の弾道ミサイルに常時対処するため，陸上配備ミサイル迎撃システム「イージス・アショア」の配備も決定された。

2020年には「イージス・アショア」の配備撤回に関連して，敵国の領域内でミサイル発射を阻止するミサイル阻止能力の導入が議論されるなど，日本が攻撃能力を保有することに関して議論が高まった。このような議論は従来の日米同盟の盾と矛の役割分担の在り方にも影響を与えるであろう。加えて，少子化や社会保障費の増額という現実のなかで，効率的な防衛力の整備が大きな課題となっている。 （小谷哲男）

1995年，2004年，2010年，2013年，2018年に改定されている。大綱の方針を踏まえ，防衛装備品の5年間の整備計画を定めた中期防衛力整備計画（中期防）も策定される。

▷日米防衛協力のための指針（ガイドライン）
日米安全保障条約に基づく日米間の防衛協力のあり方を定めた文書。1978年にソ連による日本侵攻を想定して策定され，1997年の改定では周辺事態への対処が盛り込まれた。その後，日本の平和安全法制の策定をふまえて，2015年4月に集団的自衛権の限定行使も前提として改定された。

▷新冷戦
⇨III-6「冷戦とデタント」

▷周辺事態
周辺事態法で定義された概念で，そのまま放置すれば直接的な武力攻撃に至るおそれがあるなど，日本の平和と安全に重要な影響を与える事態。周辺地域の範囲は明確に示されなかった。認定されれば，自衛隊が米軍に後方支援を行うことができる。

▷有志連合
国連安全保障理事会の決議などを経ずに，平和維持活動や軍事行動などに取り組む国際的な連携関係。2001年の米同時多発テロ後，アメリカはアフガニスタンへの武力行使を明確に容認する安保理決議を得られなかったため，NATOや日本など同盟国にテロとの戦いへの協力を呼びかけた。

推薦図書
防衛大学校安全保障学研究会編『新訂第5版 安全保障学入門』亜紀書房，2018年。

コラム-18

インド太平洋

「インド太平洋」論の起源と経緯

21世紀，とりわけ2010年代以降，「インド太平洋」という新しい地域概念が流通するようになった。これは従来の「アジア太平洋」を西方に拡大し，インド洋沿岸諸国までを包含する広大な地域として認識されている。東シナ海，南シナ海だけでなく，インド洋においても，中国が海洋進出と自己主張の度を強めていることへの警戒感がその背景にある。

太平洋とインド洋とを接合するという発想は，日本の安倍晋三首相が2007年にインド連邦議会で行った「二つの海の交わり」演説での「拡大アジア」概念にも窺える。しかし「インド太平洋」という明確な表現が政府高官によって使われたのは，米オバマ政権下のヒラリー・クリントン国務長官が2010年に行ったホノルル演説と翌年に発表された論文を端緒としている。これに日本やオーストラリアが呼応して支配的言説となっていったのである。とくに第二期安倍政権になると「自由で開かれたインド太平洋（FOIP）戦略／構想」が打ち出され，習近平体制下の中国が進める示威行動や軍事拠点建設，一帯一路構想に対処するための連携が進んだ。米トランプ政権も，2018年に在日米軍を含む太平洋軍をインド太平洋軍に改名するなど，インド太平洋はもはや外交・安全保障のキーワードの一つとなった。

「クアッド」の再生

連携の中核を担うのが，民主主義の価値を共有する日米豪印の四カ国枠組み，「クアッド」である。「クアッド」は2007年に初めての戦略対話と合同演習を実施したものの，中国の強い反発を招き，日米豪の政権交代とともにいったん消滅したかにみえた。ところが，2010年代に入ると尖閣諸島への度重なる侵入，南沙諸島での人工島建設，スリランカやパキスタンなどでの大規模港湾建設とその運営権の確保，ジブチにおける初の海外基地設置など，西太平洋からインド洋における中国の攻勢がさらに強まった。

こうしたなか日米豪印は二国間，また三カ国間での安全保障協力を徐々に進展させていった。四カ国間では2017年，10年ぶりに局長級での戦略対話がマニラで開催され，「自由で開かれたインド太平洋」の重要性が確認された。さらに2019年には，ニューヨークで初の外相会談が，2021年には初の首脳会談が開かれた。軍事面では，米印間で実施されてきた海上演習，「マラバール」に日本が2015年から加わるようになった。2020年には，これにオーストラリアも13年ぶりに参加するなど，「クアッド」での軍事協力が強化されている。

カギを握るインド

今後どの程度「クアッド」は制度化されるのだろうか。「アジア版NATO」のようなものになっていくのだろうか。その鍵を握るのは，インドである。まず考えておかねばならないのは，日本とオーストラリアはどちらもアメリカと同盟関係にあるが，インドはアメリカであれ，ほかのどの国であれ，同盟を結んでいないという事実である。それでもインド洋の要に位置する「世界最大の民主主義国」の参画なくして，「自由で開かれたインド太平洋」は実現し得ない。

インドのモディ首相は，2018年のアジア安全保障会議（シャングリラ・ダイアローグ）において，独自の「インド太平洋」観を披瀝した。そこでは，「インド太平洋」が限定された加盟国の戦略やクラブではないこと，特定の国を標的とするものではないとして，「包摂性」を強調した。中国を敵視したり，排除するものではないということである。他方で，一方的な現状変更，航行の自由の妨害や，小国を「債務の罠」に陥れるような開発の動きを直接，間接に否定する姿勢を示すことで中国を牽制してもいる。さらにASEANの役割を重視する方針も表明された。実際のところ，翌2019年にASEANが発表した「インド太平洋に関するASEANアウトルック（AOIP）」は，モディ首相の「インド太平洋」観に共鳴する内容であった。インドもASEANも米中対立に巻き込まれず，主体的に秩序形成を担いたいという意識が強い。

とはいえ，中国がコロナ禍の2020年にインドとの未解決の国境問題で軍事的攻勢をかけたように，今後も「戦狼外交」を続けるとすれば，インドとしても「クアッド」の強化に向けて決断を迫られるときが来るかもしれない。

（伊藤　融）

XIII　日本の課題

国連外交

1 国際連合と日本

日本は1956年に，80番目の加盟国として国連に加盟した。国連加盟にあたり，時の日本の外務大臣，重光葵（しげみつまもる）は国連総会において演説を行った。重光は日本自身を，「1世紀におよぶ欧米及びアジア両文明の融合の産物」とし，それゆえに「日本は東西のかけ橋となり得る」と述べた。国連加盟にあたり日本は，アジアの一員として，アジアと欧米との懸け橋となる決意を示したのである。

1951年の**サンフランシスコ平和条約**によって主権を回復した日本にとって国連加盟は，約10年越しの国際社会への本格復帰であった。同時期に日本は太平洋戦争以前の経済力を取り戻して名実ともに戦後復興を成し遂げ，1960年代には，高度経済成長を背景にGDP（当時はGNP）が世界第二位となる。新たな**日本外交の三原則**の一つに「国連中心」を掲げた経済大国日本は，国連の主要な資金拠出国としてあり続け，2000年には**国連分担金**は，国連予算の約20%を占めるに至った。

2 国連の任務と自衛隊海外派遣

国連は本来的に**集団安全保障**の考え方に基づき，自衛以外の武力行使まで認められる例外的な機構である。一方で日本は，国際紛争の解決の手段としての武力行使を憲法で禁じてきた。また自衛隊創設時には，自衛隊の海外出動を行わないことを国会で決議している。こうした立場の日本は，国連の行う平和と安全のための取り組みに距離を置いてきた。国連加盟から間もない1958年には，国連レバノン監視団（UNOGIL）の**軍事監視要員**として自衛官の派遣を国連事務総長から要請されたが，日本は国内法を理由に断った。

日本が自衛隊海外派遣を公式に実施したのは，それから30年以上を経た1990年代，**ペルシャ湾掃海艇派遣**と，**国連カンボジア暫定統治機構（UNTAC）**への陸上自衛隊部隊等の派遣であった。国連中心外交を掲げる日本が，国連が本来的に任務とする国際の平和と安全の維持にどのように関与するのか，またどこまで関与できるのか，国連加盟直後から直面したこの課題は，現代に至るまで日本外交の課題となっている。

▷サンフランシスコ平和条約　⇨XIII-5「近隣諸国との関係(1)歴史認識」

▷日本外交三原則
1957年の外交青書において，「国際連合中心」「自由主義諸国との協調」「アジアの一員としての立場の堅持」の三大原則が掲げられた。

▷国連分担金
国連の活動資金は，加盟各国の支払う通常予算分担金とPKO分担金，さらにそれ以外の分担金・拠出金に分けられる。前二つの分担金は加盟各国に支払い義務が課せられており，その分担率は各国GDP規模に応じて決定される。

▷集団安全保障　⇨VIII-4「集団安全保障」

▷（国連PKO）軍事監視要員
停戦状況の監視にあたる各国から国連PKOに派遣された軍人（士官）を指す。非武装の多国籍チームを組み，武器保管状況や違反事例の調査（発砲や侵入など）にあたる。

▷ペルシャ湾掃海艇派遣
1991年，海上自衛隊の掃海艇部隊が中東・ペルシャ湾に機雷除去任務で派遣された。湾岸戦争で敷設された機雷の処分を各国海軍艦艇と協力して実施した。

▷国連カンボジア暫定統治機構（UNTAC）
1992年に国連安保理決議745によって設置された。「暫定

3 安保理改革

国連安全保障理事会は，国連の創設以来，常任理事国５カ国が主導する体制に変更はない。しかし，国連創設から21世紀までに，国際社会は大きく変化した。国連加盟国数も，創設時の51カ国から，2021年現在では193カ国まで拡大している。

日本は，多くの資金貢献を行い，また軍縮や人間の安全保障などの分野で国際社会をリードする国として，安保理常任理事国入りを求めてきた。国連創設から60年を経た2005年には，この改革の動きが最高潮を迎えた。日本は，同様に常任理事国入りを目指すドイツ，インド，ブラジルと，**G4**を形成して，常任理事国を６カ国，非常任理事国４カ国を新たに追加する安保理改革案を共同提案国とともに国連総会に提出した。同案は一定の支持を得たものの，反対する**コンセンサス・グループ**と，独自の動きを模索したアフリカ諸国の不支持等で採択され，日本は大きな外交的敗北を味わう結果となった。

4 日本外交と国連の現代

国連は，加盟国が協力する多国間協議の場である。それは理想主義的な国際協調の姿である。同時に国連は，各国が自国の利益を確保すべく，日々駆け引きを行う場でもある。それは現実主義的な権力政治の姿である。国連は，加盟国の利益を自動的に最大化する存在ではなく，各国がそれを通じて利益を確保する場として存在する。

日本では，国連を理想主義的に捉え，無条件に素晴らしいものとする見解が長くみられた。それは国連の一面のみをみた幻想であった。1990年代以降，国際ニュースが身近なものになり，安保理改革の停滞や，日本自身が人権問題・歴史問題などをめぐって国連の場で批判対象とされる状況を，人々は目にするようになった。この過程で国連への幻想は消え，日本人一般の国連イメージは次第に悪化してきた。2020年のCOVID-19パンデミックの最中，日本では国連の印象を「好ましい」とする割合が29％（**ピュー・リサーチ・センター調査**）となった。ベルギーの59％が２番目に低い値であり，日本人は国連に対し，突出して低い評価を示している。かつての理想主義的国連観から現実主義的国連観へと，日本人の国連観は急速に転換し，国連批判も増加している。

国連では，各国が国際社会の課題に向き合い，また国際協議の場で自国の国益を最大化しようと努力する。国際社会の取り組むべき課題は何か，そうしたアジェンダの決定から，各国の国益は露骨に絡み合う。だからこそ国連で行われる議論を主導し，また国際規制などを自国優位な形にすることこそが国益確保には必要となる。

（本多倫彬）

統治」の名のとおり，従来の停戦監視・平和維持を任務としたPKOの領域を超えて，国連が期間を定めてカンボジアの統治を行った。なお，UNTACのトップには，日本国籍の明石康が就いた。

▷国連安全保障理事会
⇨VI-2「安全保障理事会」

▷G4
それぞれの国は，国連への資金的，人的貢献で各地域を代表する存在感の大きい諸国である。2005年の挫折後も，定期的に首相・外相会談を開催して安保理改革を求めている。

▷コンセンサス・グループ
日本には韓国，ドイツにはイタリア・オランダなど，インドにはパキスタン，ブラジルにはアルゼンチンなど，G4各国の常任理事国入りに反対する近隣国家で構成され，反対運動を展開している。

▷ピュー・リサーチ・センターによる調査
アメリカのシンクタンクが14の経済先進諸国で実施している国際協調および国連についての調査。2021年には１万4276人を対象に，国連および国際協調に対する見解を問うた（https://www.pewresearch.org/global/2020/09/21/international-cooperation-welcomed-across-14-advanced-economies/）。

推薦図書

明石康『国際連合』岩波書店，2006年。
神余隆博『多極化世界の日本外交戦略』朝日新聞出版，2010年。
篠田英朗『集団的自衛権の思想史』風行社，2016年。

コラム－19

秋野豊氏の死と日本の平和構築の夜明け

1998年７月20日，タジキスタンの中央山岳部ガルム地方タヴィル・ダラにて，元筑波大学助教授の秋野豊氏をはじめ４名の国連関係者が殺害された。秋野豊氏は，その前年となる1997年６月に政府と反政府勢力間で和平合意が成立したことを受けて，1998年４月末に，日本政府から国連タジキスタン監視団（UNMOT）政務官として派遣された文民専門家であった。

旧ソ連・東欧を専門としながら，内戦ぼっ発後のタジキスタンに足しげく通った秋野氏は，文字通りタジキスタン内戦の専門家でもあった。激しい地域間対立であったタジキスタン内戦における平和構築活動を「外科的な縫合手術」と喩えた秋野氏は，反政府勢力のタジキスタン社会への再統合に尽力した。具体的には，アフガニスタン北部に逃げていた反政府派を，武装解除の上で故郷であるガルムに帰還させ，タジキスタン社会に再統合するべく活動していた。反政府派には，政府に対してだけではなくUNMOTに対して懐疑的なグループもいた。秋野氏は，政府だけではなくUNMOTにも懐疑的な反政府派指導者と積極的に会合を持ち信頼を勝ち得ていった。その活動のなかで，不満分子の襲撃を受けたのである（３人の犯人はその後逮捕・起訴され処刑）。

しかしながら，秋野氏の取り組みは，反政府派の疑念を十分に払拭するものであり，UNMOTの活動に道筋をつけたといえる。2000年５月には議会選挙が平和裏に実施されたことを受けて，UNMOTはタジキスタン内戦終結を宣言し，国連タジキスタン和平構築事務所（UNTOP）にその任を引き継いだ（2007年任務終了）。その後，タジキスタンでは散発的な衝突は起きたが，再度不安定化することもなく順調に経済発展を遂げている。

平和構築活動に従事する日本人が犠牲になったのは，秋野豊氏が初めてではない。1993年には，カンボジアで国連ボランティアの中田厚仁氏と文民警察官の高田晴行氏が犠牲になっている。日本の平和構築は1992年の「国際連合平和維持活動に対する協力に関する法律（PKO法）」の成立に始まった。中田氏，高田氏や秋野氏の派遣はこの PKO 法に基づく国際貢献が目的であり，（自衛隊と異なる）文民による日本の平和維持・構築活動の草分け的な活動であった。

秋野氏の事件の翌年となる1999年発表の「ODA 中期政策」では，開発の成果を破壊する紛争への対応，つまり ODA の課題としての平和構築の重要性が示された。2003年の「ODA 大綱」では，さらに踏み込む形で，国際社会の安定と発展に寄与するものとして平和構築は重点課題とされた。また，2015年には ODA の軍組織・軍事部門への関与を認めた「開発協力大綱（従来の ODA 大綱からの名称も変更された）」が閣議決定された。言うまでもなく，日本で ODA を担う主たる組織は国際協力事業団（JICA）である。つまり，ODA 活動に関するこれらの規定は，日本が行う平和構築活動における文民活動の重要性を示している。

冷戦という特異な国際環境のなかで，日本外交は好むと好まざるとにかかわらず日米関係が主軸であり，自ら主体性を発揮して安全保障政策を展開することはできなかった。そうした日本にとり，冷戦終焉という大きな国際政治の変化を受けて，紛争と平和の問題に対して単なる傍観者であり続けることは，ますます難しい時代となった。すべてを自衛隊に委ねるような姿勢では，日本の平和構築は深化も拡大も難しい。市民の目線での平和構築，あるいは EU の言う文民的危機管理のあり方こそが，今後の日本の平和と紛争に対して問われている課題と言える。

秋野豊氏の悲劇は，結果的にこうした日本をとりまく環境の変化をまざまざと思い知らせる事件となった。その結果，日本人は新しい時代の到来に目を見開き，耳を傾けなければならなくなったのである。なお，事件から20年となる2018年７月にはタジキスタンにて秋野氏が内戦終結に果たした功績を讃えるシンポジウムが開催された。また，駐タジキスタン日本大使館主催で，柔道家であった秋野豊氏を記念した柔道大会「秋野豊杯」が毎年開催されるなど，秋野豊氏の名前と活動は，日本とタジキスタンの両国を繋ぐ絆となっている。

（稲垣文昭・広瀬佳一）

XIII　日本の課題

3 経済外交

1 戦後日本の経済外交

戦後日本にとって経済外交は最も重要な外交課題の一つであった。

戦後初期の最大の経済外交上の課題は国際経済体制への復帰であった。経済復興のためには制約のない貿易が不可欠とみなされていたからである。アメリカが主導して確立した戦後国際経済体制は自由・無差別・多角を原則としており，日本の参加を排除していなかった。1952年に発効したサンフランシスコ平和条約も日本が安定的かつ友好的な通商関係を築くためにすみやかに連合国と交渉を開始することを規定していた。しかし，1930年代の貿易摩擦のイメージが強く残っていたために欧州諸国などは日本との自由な通商再開に消極的で，1955年にようやく**GATT**加盟が実現したものの多くの加盟国はGATT 第35条の例外規定を援用して，日本に最恵国待遇を与えることを拒否した。こうした対日通商差別が撤廃されるのは，日本経済が拡大し各国が日本市場に注目を始めた1960年代前半まで待たなければならなかった。

1968年，日本は西ドイツを抜いて自由主義陣営第二位の GNP を占めるに至った。「経済大国」とみなされるようになった日本がもっとも苦慮したのがアメリカとの貿易摩擦である。1960年代後半以降の対米貿易黒字拡大を背景として，日米間では1970年代前半の繊維製品を皮切りに鉄鋼，自動車，半導体と1990年代半ばまで貿易摩擦が続き，対日批判が高まった。日本市場の閉鎖性を問題視したアメリカは，個別品目の市場開放にとどまらず，**日米構造協議**を通じて非関税障壁の撤廃も要求した。アメリカ国内で一時はソ連の軍事力よりも日本の経済力の方が脅威との世論調査結果が示されるほど苛烈であった日米経済摩擦は，バブル崩壊後の日本経済の低迷と情報技術革命を契機とするアメリカ経済の長期好況によって解消していった。

一方，経済大国・日本にとって，国際経済体制の安定への貢献も経済外交の重要な課題となった。1975年，日本は第一次石油危機をきっかけとしてフランス・ランブイエで開催された第一回先進国首脳会議（サミット）に参加した。ランブイエ・サミットでは対応に苦慮した日本であったが，経済力を背景として次第に存在感を発揮するようになった。1985年には日米欧の蔵相・中央銀行総裁による**プラザ合意**によって円高を容認するなど，貿易や国際金融の分野で先進諸国間協調を支えた。

▷ **GATT**
⇨ IX-2「自由貿易体制」

▷ **日米構造協議**
英語では「Structural Impediments Initiative (SII)」。日米間の貿易不均衡是正を妨げる両国の経済構造問題を協議するために1989年開始。1990年に最終報告書が提出され，日本は公共投資の大幅拡大や大規模小売店舗法（大店法）の改正などを実施することとなった。

▷ **プラザ合意**
1985年9月に先進5カ国（日・米・英・西独・仏）が発表したドル高是正に向けた政策合意。ドルに対して各国通貨を10～12％切り上げることとし，そのために各国が協調介入を行った。この結果，プラザ合意前に1ドル240円前後であった円相場は，1年後には160円を割り込むほどに円高が進んだ。IX-1「国際通貨体制」参照。

もう一つ，戦後日本の経済外交の重要なテーマがアジア太平洋地域との関係である。アジア太平洋地域との経済外交は，東南アジア・東アジアへの賠償・準賠償とそれに付随した経済協力を中心としてはじまった。1979年には中国に対する円借款がはじまり，総額3兆円以上の対中ODAを実施した。1989年にはオーストラリアと協力してAPEC閣僚会議を開催した。APECは現在に至るまでアジア太平洋地域における重要な地域的枠組みとなっている。「**開かれた地域主義**」と呼ばれるように，アジア太平洋地域の経済協力の特徴は域内の自由化の恩恵を域外の国々にも提供するというグローバルな自由貿易主義を基調としている点にあるが，その形成に日本の経済外交が果たした役割は小さくない。

一方，1997年のアジア通貨危機の際に大蔵省が中心となって画策した「アジア版IMF（AMF）構想」はアメリカや中国の反対により潰えたが，アジアでの通貨協力はその後「**チェンマイ・イニシアティブ**」として結実した。

2 現代の経済外交の課題

新興国の台頭や保護主義の高まりといった世界経済の変動を受けて，日本の経済外交は以前とは異なる展開を見せている。

1990年代，各国はFTAによる貿易自由化を進めるようになった。当初，日本はWTOを重視する立場から特定の国や地域を対象とする経済連携協定に消極的であったが，2002年のシンガポールとのEPAを皮切りとして，**FTA／EPA**重視へと舵を切り，これまでに21の協定を結んでいる（2021年7月現在）。

とくに近年では，アメリカが離脱した後に日本が主導してまとめ上げた**TPP11協定**（2018年）や日EU・EPA（2019年），アジア太平洋諸国を幅広く含む地域的な包括的経済連携（RCEP）協定（2020年）といった「メガEPA」とも呼ばれる大型の経済連携協定を次々と締結している。2019年にはトランプ政権下のアメリカと貿易協定・デジタル貿易協定が結ばれ（2020年発効），EU離脱後のイギリスとも日英包括的経済連携協定を締結した（2020年締結，2021年発効）。

第二次安倍晋三内閣が掲げた「**自由で開かれたインド太平洋」構想**は，自由貿易などの普及・定着や経済的繁栄の追求などをその柱としている。他方，米中対立が深まるなかで，戦略的に重要な品目におけるグローバルなサプライチェーンの見直しといった「**経済安全保障**」にも注目が集まっている。また，経済のグローバル化に伴って，知的財産保護や電子商取引に関する法規制といった国内制度への対応も経済外交上の課題となっている。

（高橋和宏）

▷開かれた地域主義
⇨XIII-4「アジア太平洋の多国間協力」

▷チェンマイ・イニシアティブ ⇨IX-5「通貨危機」

▷FTA（自由貿易協定）／EPA（経済連携協定）
FTAは特定の国や地域との貿易拡大のために，その相手国・地域との物品関税やサービス貿易の障壁等を削減・撤廃を目的とする。これに対してEPAは貿易自由化だけではなく，投資環境の整備や人の移動，知的財産の保護といった幅広い経済関係の円滑化を目的とする協定である。IX-3「地域統合・市場統合の展開」参照。

▷TPP11協定
CPTPP（環太平洋パートナーシップに関する包括的及び先進的な協定）とも。TPP協定はアメリカを含む12カ国が2016年に調印したが，トランプ政権発足直後の2017年1月にアメリカが離脱したことを受け，残りの11カ国が協定一部条文を除き，2018年3月にチリで署名した。

▷「自由で開かれたインド太平洋」構想
⇨コラム18「インド太平洋」

▷経済安全保障
⇨VIII-8「経済安全保障」

XIII　日本の課題

4 アジア太平洋の多国間協力

1 「アルファベット・スープ」

APEC, ARF, EAS, TPP, RCEP, FTAAP。これらはアジア太平洋地域に存在する多国間協力枠組み／合意である。同地域には，このようにアルファベットの略語で表される数多くの多国間協力枠組みが存在することから，その現状をアルファベット・スープと呼ぶことがある。下図はアジア太平洋に存在する主要な多国間協力枠組みとその加盟国を図式化したものである。アジア太平洋地域では，多国間協力が重層的に進展していることが見て取れよう。

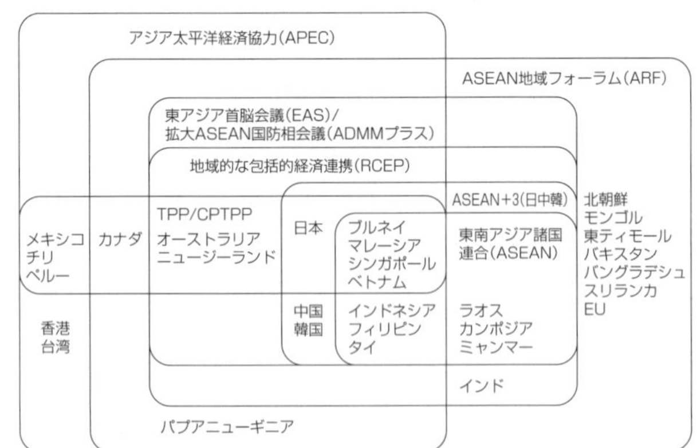

図XIII－１　アジア太平洋地域の多国間協力枠組み

出所：筆者作成。

2 多国間協力の特徴

アジア太平洋の多国間協力の特徴は３点ある。第一は，その歴史は比較的浅く，1990年代以降に発足した枠組みが多い点である。冷戦期，**ASEAN**◁など多国間枠組みがなかったわけではないが，たとえば1950年代から多国間協力が進展していたヨーロッパと比べると，アジア太平洋は日米同盟などの二国間協力が主軸であった。89年のアジア太平洋経済協力（APEC）の発足を皮切りに，安全保障協力の ASEAN 地域フォーラム（ARF）（1994），金融協力中心の ASEAN＋３（日中韓）（1997），首脳レベルの東アジア首脳会議（EAS）（2005）が誕生した。90年代に多国間協力が進展した背景には，経済成長の促進という目的を地域諸国が共有したこと，冷戦終結によってその環境が整ったことがある。

▶ ASEAN（東南アジア諸国連合）
島嶼部東南アジア諸国間対立の解消と関係改善，地域の安定化を目的に，1967年に発足した東南アジア地域協力組織。インドネシア，マレーシア，シンガポール，フィリピン，タイ，ブルネイ，ベトナム，ラオス，ミャンマー，カンボジアの10カ国から構成される。経済協力を中心に，安全保障や社会文化面でも協力を進めている。

▶ ASEAN ウェイ／方式
ASEAN が会合を重ねながら形成させてきた，不文律の東南アジアの国際関係および地域協力の基本原則。協議とコンセンサスによる意思決定，国家主権・内政不干渉原則の尊重，武力不行使，紛争の平和的解決・管理，非公式主義，法的拘束力を伴わない緩やかな制度化などを主たる原則とする。

▶「開かれた地域主義」
多くの地域経済協力の合意では，関税削減や非関税障壁の撤廃などの経済的恩恵を享受できるのは域内諸国に限られる。しかし，北米

第二は，ヨーロッパでは仏独といった大国が中心となっているが，アジア太平洋ではASEANを中心に小国主導で進展している点である。なぜASEANが牽引しているのか。理由の一つは大国間の相互不信である。米中は政治体制や価値観の違いから，経済協力は強化させながらも相互に警戒を解いていない。日中関係は歴史認識や領土をめぐる問題が未解決のままである。このような状況下，小国の集合体であるASEANがイニシアティブをとった。ASEANはいずれの大国にとっても脅威ではなく，またASEAN諸国側にも植民地時代や冷戦期を通して得た経験から，大国政治に翻弄されたくないとの思惑があった。

第三は，問題解決そのものよりも，対話による信頼醸成に重きを置いている点である。これは上述のASEAN主導の多国間協力という特徴に起因する。アジア太平洋の多くの多国間協力枠組みでは，**ASEANウェイ**と呼ばれるASEANの協力原則が採用されている。それは，友好的・協力的な国家間関係を構築するには，まず信頼関係を築き，相互に脅威とはならないという安心供与（reassurance）が不可欠との考えが前提となっている。

3 多国間協力の成果と課題

上記の特徴を持つ多国間協力の成果と課題を，それぞれ一つずつ挙げよう。成果は経済面に見られる。「**開かれた地域主義**」を原則とするAPECを通して，加盟国は域外国・企業を排除せず域内外の投資を呼び込み，経済成長を実現し，貿易関係の強化を図り，経済的相互依存を深めた。アジア太平洋において地域統合が最も進展しているのは経済分野であり，APECはアジア太平洋自由貿易圏（FTAAP）の創設を目指している。しかし，FTAAPをめぐって大国間競争が激化している点は懸念される。創設に向け，主要手段を日（米）中心の環太平洋パートナーシップ（TPP）協定とするのか，ASEAN中心ながらもほとんどの国にとって最大貿易相手である中国が強い影響力を発揮する地域的な包括的経済連携（RCEP）とするのか，主導権争いが進行中である。2015年に**アジアインフラ投資銀行（AIIB）**を設立した中国の経済的影響力は勢いを増している。

多国間協力の課題は，平和・安全保障面での具体的な成果に乏しいことである。ARFでは災害救援・人道支援で協力を実施してきた一方，**南シナ海の海洋問題**の解決や，国家間対立が紛争へと発展することを未然に防ぐ紛争予防の取組みは遅々としてすすんでいない。そのため多国間枠組みは「トークショップ（おしゃべりの場）」に過ぎないと揶揄されている。対話による信頼醸成は可視化も数値化もされないことからその評価は難しく，積年の信頼醸成が米中間の相互不信の解消や，対立の緩和に繋がっているとも言い難い。

国境を越える問題が増加する今日，多国間協力の重要性は高まっている。アジア太平洋の多国間協力が米中対立によって停滞するような事態を防ぐことは，日本外交の重要課題の一つである。（福田　保）

やヨーロッパ諸国とも貿易を行っていたアジア諸国は，そのような排他的な経済ブロックを作る意図はないこと，また域外からの投資を歓迎することを明確にするために打ち出したAPECの基本原則。

▷アジアインフラ投資銀行（AIIB）
アジアにはすでに国際通貨基金のアジア版と言われるアジア開発銀行（ADB）が存在するが，その経済援助はアジア新興国の要望に十分応えられていない。そこで主にアジア新興国のインフラ整備支援を目的に，習近平中国国家主席が2015年に設立した国際金融機関。2021年3月現在，加盟国数はADBの68を凌ぐ103。日本とアメリカは未加盟。

▷南シナ海の海洋問題
南沙・西沙・中沙・東沙諸島の領土や海洋資源をめぐる国際紛争。中国，台湾，ベトナム，フィリピン，マレーシア，ブルネイが領有権を主張しており，歴史的に争いが激しいのは中越，中比。2000年代後半から中国は海洋活動を活発化させ，その言動をめぐり排他的経済水域など国際海洋法の解釈の相違からアメリカとの軍事的緊張も高まっている。

推薦図書

福田保「米中対峙下におけるアジア太平洋の多国間制度」金子芳樹，山田満，吉野文雄編著『「一帯一路」時代のASEAN――中国傾斜のなかで分裂・分断に向かうのか』明石書店，2020年，pp. 48-69.
大庭三枝『重層的地域としてのアジア』有斐閣，2015年。

XIII　日本の課題

近隣諸国との関係(1)　歴史認識

1 日本の戦後処理外交と歴史認識

1945年8月，日本は国民を「欺瞞」して「世界征服ノ挙」へと導いた軍国主義者を強く糾弾するポツダム宣言を受諾し，敗戦を迎えた。日本占領初期には徹底した非軍事化措置がとられ，極東国際軍事裁判（東京裁判）では25名が「平和に対する罪」などで有罪（うち7名が死刑）となった。しかし，米ソ対立が明らかとなるなか，日本の戦略的価値を認めたアメリカは対日占領政策を非懲罰的なものへと転換していった。1951年9月に調印された**サンフランシスコ平和条約**にも戦争責任を直接規定する条項は置かれなかった（第11条で日本は東京裁判等の「裁判（judgements）」を受諾している）。

サンフランシスコ平和会議には，米英両国の妥協の結果，中華人民共和国（中国）・中華民国（台湾）のいずれも参加しなかった。中華民国とは，サンフランシスコ平和条約発効と同じ日に**日華平和条約**が締結された。同条約で中華民国は日本に対する賠償請求を自発的に放棄したが，蒋介石政権によるこうした寛大な配慮は「以徳報怨（いとくほうえん）（うらみを持つ相手にも徳をもって対応する）」として知られている。その後，米中接近後の1972年に日本は中華人民共和国との国交正常化に踏み切った（中華民国とは断交）。このときに結ばれた**日中共同声明**には，日本が戦争を通じて中国国民に与えた重大な損害について「責任を痛感し，深く反省する」という文言が含まれている。

韓国とは14年の長期交渉の末，1965年にようやく**日韓基本条約**が結ばれた。交渉では韓国併合（1910年）の国際法上の有効性が争点となり，条約締結当時の合法性を主張する日本と植民地支配という過去の清算を求める韓国との見解の溝は深刻であったが，最終的に「もはや無効」という玉虫色の決着となった。韓国に対する植民地支配については訪韓した椎名悦三郎外相が口頭で反省の意を示したものの，日韓基本条約のなかには日本側の謝罪を示す言葉はない。また，日韓基本条約と同時に結ばれた請求権並びに経済協力協定では，日韓両国・両国民による請求権に関する問題が「完全かつ最終的に解決」されたと規定している。

東南アジア諸国との賠償交渉も含め，日本の戦後処理外交は1970年代前半にほぼ完了した。冷戦という国際情勢下，アジア諸国との関係では平和条約や賠償協定の締結といった法的側面に主眼が置かれ，戦争や植民地支配という過去

▷サンフランシスコ平和条約
1951年9月8日調印，1952年4月28日発効。日本と連合国との戦争状態を終了させるための条約。同条約発効により，日本は主権を回復した。日本に大きな賠償負担を課さなかったことなどから「寛大な講和」とも呼ばれる。

▷日華平和条約
1952年4月28日調印。日本と中華民国との間の戦争状態を終結させるための条約。日本が中華人民共和国ではなく中華民国と平和条約を結んだ背景には，アメリカからの強い要求があった。同条約は日中国交正常化により効力を失った。

▷日中共同声明
1972年9月29日調印。この共同声明により，日中間の「不正常な状態」は終了し，日中国交正常化が実現した。また，日本は中華人民共和国政府が中国の唯一の合法政府であることを承認し，中国は日本に対する賠償請求を放棄した。

▷日韓基本条約
1965年6月22日調印，同年12月18日発効。日本と韓国との国交回復を実現。同条約に付随する請求権並びに経済協力協定では，日本が韓国に対して10年間にわたって無償3億ドル，有償（長期低利貸付け）2億ド

の行いにいかに向き合うかという歴史認識が問われる場面は少なかった。

2 歴史認識の外交問題化

こうした状況は冷戦終結を機に大きく転換する。その兆しは1980年代に発生した歴史教科書問題（1982年，1986年）や中曽根康弘首相の靖国神社公式参拝（1985年）に現れていた。それまで国内問題として議論されてきた歴史教科書や靖国神社参拝に中国や韓国が強く反発し，国際問題化したのである。冷戦終結前後から歴史認識が外交問題化した背景には，韓国の慰安婦問題のように，国交正常化時には声を上げることができなかった問題が国内の民主化によって再発見されたという事情もある。また，この頃にはアジア諸国のみならず，イギリスやオランダとの間でも戦時中の捕虜問題や慰安婦問題が懸案となった。

こうした歴史認識問題をめぐる国際社会からの要請に，1990年代の日本政府は前向きに対応しようとしたといってよい。宮澤喜一首相は1992年の韓国訪問時に慰安婦問題について「衷心よりお詫びと反省の気持ち」を表明し，翌年には河野洋平官房長官が，慰安婦募集での軍の関与を認める「河野談話」を発表した。1993年には細川護熙首相が過去の侵略行為や植民地支配に反省とお詫びの意を表明している。そのなかでも，日本政府の歴史認識を初めて総括的に示したのが，戦後50年にあたる1995年８月に村山富市首相が発表した「**村山談話**」であった。以後，日本外交は慰安婦のために「アジア女性基金」を設置するなど，個別の歴史問題にも取り組んだ。

3 現代の歴史認識問題

村山談話はその後の内閣にも引き継がれ，日本政府の公式な歴史認識を示すものとなった。しかし，2000年代には歴史教科書問題が三度クローズアップされ，韓国とは慰安婦問題で行き詰まり，小泉純一郎首相の６回にわたる靖国神社参拝が厳しい対日批判を招くなど，日本外交は歴史認識問題に直面し続けた。

2015年，安倍晋三首相は戦後70年を機に「安倍談話」を発表した。安倍談話は主に1931年の満州事変以降に国際秩序の挑戦者となった戦前日本の歩みを振り返りつつ，「先の大戦における行い」について繰り返し表明してきた「痛切な反省と心からのお詫びの気持ち」は今後も揺るがないとした。一方，謝罪の主語が日本政府なのかが曖昧な点などに批判も向けられた。

1998年の**日韓共同宣言**で日本は韓国に対する植民地支配への謝罪を初めて公式文書化し，2015年には慰安婦問題の「最終的かつ不可逆的な解決」を確認した**日韓合意**が実現した。しかし，2017年に発足した文在寅政権はこの日韓合意に当初は否定的な立場をとり，慰安婦や徴用工に関する韓国の訴訟で日本政府や日本企業に賠償支払を命じる司法判断が一部で示されるなど，歴史認識問題をめぐる両国の亀裂はいっそう深まっている。（高橋和宏）

ルの経済協力を行うことも定められている。

▷村山談話
1995年８月15日に閣議決定された村山富市首相による総理大臣談話（正式名称は「戦後50周年の終戦記念日にあたって」）。植民地支配と侵略によって多くの国々，とりわけアジア諸国の人々に多大の損害と苦痛を与えたことに「痛切な反省」と「心からのお詫びの気持ち」を表明している。

▷日韓共同宣言
1998年10月８日，小渕恵三首相と金大中大統領が署名。国交正常化以来の緊密な友好協力関係をより高い次元に発展させ，「21世紀に向けた新たな日韓パートナーシップ」を構築するとの決意を宣言。日本は韓国に限定して初めて植民地支配への謝罪を公式文書化する一方，韓国が戦後日本の歩みを評価する文言が含まれている。

▷慰安婦問題に関する日韓合意
2015年12月28日，日韓外相会談後に発表。日本側は安倍首相からの心からのおわびと反省の気持ちを表明し，韓国が設立する財団に日本の政府予算から資金を拠出して元慰安婦を支援すること，日本の支援を前提に日韓両政府は慰安婦問題が「最終的かつ不可逆的に解決」することを確認した。日本が10億円を拠出した支援財団は2019年解散。

XIII　日本の課題

近隣諸国との関係(2)　領土問題

1 サンフランシスコ条約と領土問題

19世紀中葉の西洋列強によるアジア進出で，それまでの**華夷秩序**が崩壊し，今日の国際法の概念がもたらされた。これにともない，アジアでも**領域権原**の確認や国境の画定が外交や戦争を通じて行われるようになった。とりわけ，第二次世界大戦はアジアの国境線を大きく書き換えたが，日本の近隣諸国は戦後の対日領土処理の基盤となった1951年の**サンフランシスコ平和条約**の締約国とならなかったため，戦後の日本はソ連（現ロシア）とは北方領土をめぐって，また韓国とは竹島の領有権をめぐって紛争を抱えるようになった。また，中国および台湾が1970年代に入ってから尖閣諸島の領有権の主張を始めたが，日本は同諸島をめぐる領有権紛争は存在しないという立場を堅持している（**図XIII-2**）。

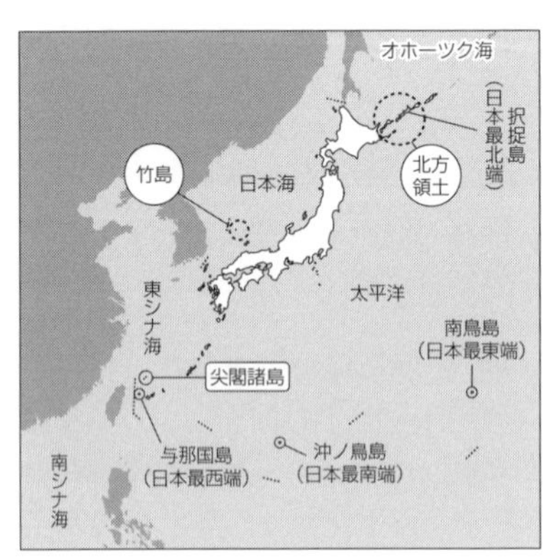

図XIII-2　日本の領土

出所：外務省「日本の領土をめぐる情勢」(https://www.mofa.go.jp/mofaj/territory/index.html)。

2 北方領土

日本は北方領土（択捉島，国後島，色丹島および歯舞群島）の領有を19世紀末までに確立し，1855年にロシアとの通好条約で択捉島とウルップ島の間の国境を確認した。第二次世界大戦の終戦直前にソ連は中立条約を無視して対日参戦し，千島列島と北方領土を占領した。サンフランシスコ平和条約で日本が放棄した千島列島に北方領土は含まれていないが，同条約に署名しなかったソ連は北方領土の占領を「第二次世界大戦の結果」と正当化している。1956年の日ソ共同宣言では，平和条約締結後に歯舞・色丹が引き渡されることが規定されたが，米ソ冷戦のあおりを受けて交渉は進まなかった。冷戦が終結すると，ソ連は1991年の共同声明のなかで領土問題の存在を認め，その後日本とロシアは四島の帰属を確認して平和条約を締結することを確認した。2018年11月には両国が「1956年宣言を基礎として平和条約交渉を加速させる」ことで合意し，事実上

▷華夷秩序
中国を世界の中心とみなし，中国以外の諸外国を未開の蛮人の国とする中華思想に基づき，周辺国が中国に対して貢物を送り（朝貢），中国が見返りに周辺国の支配者を王に封じる（冊封）という形で生まれた国際秩序。

▷領域権原
国家が領域に対して有する排他的権利を有効に行使する際の根拠で，次の五つが挙げられる。無主地の「先占」，新たに生まれた陸地の「添付」，他国に領域を移転する「割譲」，「時効」，「征服」。武力行使禁止原則が確立された現代国際法において，征服は正当な領域権原とは認められない。

▷サンフランシスコ平和条約　⇨XIII-5「近隣諸国との関係(1)歴史認識」

2島返還を優先するようになった。日本は北方四島での共同経済活動や人道支援を通じて交渉を前に進めたい考えだが，ロシアでは2020年の改憲によって領土の割譲が禁止され，また北方領土の軍事化が進むなど予断を許さない状況が続いている。

3 竹島

日本は竹島の領有を17世紀半ばまでに確立し，1905年に領土に編入して領有を確認した。サンフランシスコ平和条約の交渉過程でも日本の領有権が確認されたが，韓国では竹島の日本領土への編入が韓国併合の第一歩と信じられており，1952年４月に同条約が発効する直前に韓国は公海上に漁業管轄権を主張する「李承晩ライン」を設定し，そのなかに竹島を取り込んで警備隊員を常駐させるようになった。近年では，2012年に李明博大統領が竹島に上陸したり，軍が定期的に大規模な演習を行なったりするなど，実行支配を強化する動きを強めている。日本は1954年から３回にわたって竹島の領有権に関して国際司法裁判所に付託することを提案したが，同裁判所の強制的な管轄権を受け入れていない韓国は全て拒否しており，状況を打開する見通しは立っていない。近年，韓国は竹島での観光や軍事演習を通じて，実行支配を強化する動きを強めている。

4 尖閣諸島

日本は尖閣諸島（魚釣島，北小島，南小島，久場島，大正島，沖ノ北岩，沖ノ南岩，飛瀬）が無主地であることを確認したうえで，1895年に領土に編入した。編入後，同諸島では鰹節の生産や羽毛の採集などが行われ，一時は200名以上の住人が暮らしていた。サンフランシスコ平和条約によって，尖閣諸島は沖縄の一部としてアメリカの施政下におかれ，1972年の**沖縄返還協定**◁によって日本に施政権が返還された。しかし，1960年代末に東シナ海に石油が埋蔵されている可能性が指摘されると，1971年６月に台湾が尖閣諸島を自らの一部として領有権を主張した。一方，同年12月には中国が尖閣諸島の領有権を主張するようになったが，これは尖閣諸島を自らの一部と台湾が主張したため，「１つの中国の原則」の観点から行われたと考えられる。その後の日中国交回復交渉のなかで，中国は領有権問題の棚上げを一方的に主張したが，1992年に尖閣諸島を中国領土と記載した領海法を制定し，2008年以降は海上法執行機関に属する船舶を尖閣諸島沖に頻繁に派遣して領海にも侵入するなど，力による現状変更を目指すようになり，日中間の深刻な懸案となっている。2013年に発足した中国海警局は，2018年に中央軍事委員会の指導を受けるようになり，人民解放軍との連携も深まっている。

（小谷哲男）

▷**沖縄返還協定**
1971年６月に沖縄返還協定が調印され，翌72年５月15日に沖縄が日本に返還された。日米安全保障条約は返還後の沖縄にも適用されることとなった。施政権が返還される区域には，尖閣諸島が含まれた。

推薦図書

芹田健太郎『日本の領土』中央公論新社，2010年。
原貴美恵『サンフランシスコ平和条約の盲点――アジア太平洋地域の冷戦と「戦後未解決の諸問題」』渓水社，2005年。

人名索引

事項索引

サ行

ハ行

マ行

ヤ行

執筆者紹介（氏名／よみがな／現職／五十音順／＊は編著者）

執筆担当は文末に明記

石原敬浩（いしはら・たかひろ）
海上自衛隊幹部学校教官

伊藤　融（いとう・とおる）
防衛大学校国際関係学科教授

稲垣文昭（いながき・ふみあき）
秋田大学大学院国際資源学研究科教授

今井宏平（いまい・こうへい）
アジア経済研究所研究員

浦部浩之（うらべ・ひろゆき）
獨協大学国際教養学部教授

大澤　傑（おおさわ・すぐる）
愛知学院大学文学部講師

＊小笠原高雪（おがさわら・たかゆき）
東京国際大学国際関係学部教授

小笠原欣幸（おがさわら・よしゆき）
東京外国語大学大学院総合国際学研究院教授

＊小尾美千代（おび・みちよ）
南山大学総合政策学部教授

久保田徳仁（くぼた・のりひと）
防衛大学校国際関係学科准教授

窪田悠一（くぼた・ゆういち）
日本大学法学部准教授

倉田秀也（くらた・ひでや）
防衛大学校国際関係学科教授

クロス京子（くろす・きょうこ）
京都産業大学国際関係学部教授

小谷哲男（こたに・てつお）
明海大学外国語学部教授

佐藤丙午（さとう・へいご）
拓殖大学国際学部教授

篠﨑正郎（しのざき・まさお）
防衛大学校防衛学教育学群准教授

高橋和宏（たかはし・かずひろ）
法政大学法学部教授

高柳彰夫（たかやなぎ・あきお）
フェリス女学院大学国際交流学部教授

土屋大洋（つちや・もとひろ）
慶應義塾大学大学院政策・メディア研究科教授

長島　純（ながしま・じゅん）
中曽根平和研究所研究顧問

中山裕美（なかやま・ゆみ）
東京外国語大学大学院総合国際学研究院准教授

西田竜也（にしだ・たつや）
東海大学政治経済学部教授

長谷川将規（はせがわ・まさのり）
湘南工科大学総合文化教育センター教授

＊広瀬佳一（ひろせ・よしかず）
防衛大学校国際関係学科教授

福田　保（ふくだ・たもつ）
東洋英和女学院大学国際社会学部教授

古澤嘉朗（ふるざわ・よしあき）
広島市立大学国際学部准教授

本多倫彬（ほんだ・ともあき）
中京大学教養教育研究院准教授

宮坂直史（みやさか・なおふみ）
防衛大学校国際関係学科教授

湯浅　剛（ゆあさ・たけし）
上智大学外国語学部教授

渡辺紫乃（わたなべ・しの）
上智大学総合グローバル学部教授

《編著者紹介》

広瀬佳一（ひろせ・よしかず）

1989年　筑波大学大学院社会科学研究科博士課程満期退学，法学博士
現　在　防衛大学校人文社会科学群国際関係学科教授
『現代ヨーロッパの安全保障』（編著），ミネルヴァ書房，2019年
『平和構築へのアプローチ』（共編著），吉田書店，2013年
『冷戦後のNATO』（共編著），ミネルヴァ書房，2012年

小笠原高雪（おがさわら・たかゆき）

1989年　慶応義塾大学大学院法学研究科博士課程単位取得満期退学
現　在　東京国際大学国際関係学部教授
『「一帯一路」時代のASEAN』（共著），明石書店，2020年
『平和構築へのアプローチ』（共著），吉田書店，2013年
『アメリカと東アジア』（共著），慶応義塾大学出版会，2004年

小尾美千代（おび・みちよ）

1999年　筑波大学大学院国際政治経済学研究科博士課程単位取得退学
2007年　博士（国際政治経済学）（筑波大学）
現　在　南山大学総合政策学部教授
「アメリカにおける再生可能エネルギー市場の構築と気候をめぐるグローバル・ガバナンス」『グローバル・ガバナンス』第6号，2020年3月，13-20頁
Environmental Risk Mitigation——Coaxing a Market in the Battery and Energy Supply and Storage Industry（共著）Palgrave Macmillan, 2016
『日米自動車摩擦の国際政治経済学——貿易政策アイディアと経済のグローバル化』，国際書院，2009年

やわらかアカデミズム・〈わかる〉シリーズ
よくわかる国際政治

2021年11月20日　初版第1刷発行　〈検印省略〉
2022年9月30日　初版第3刷発行

定価はカバーに
表示しています

編著者　広瀬佳一
　　　　小笠原高雪
　　　　小尾美千代
発行者　杉田啓三
印刷者　江戸孝典

発行所　株式会社　ミネルヴァ書房
607-8494 京都市山科区日ノ岡堤谷町1
電話代表（075）581-5191
振替口座 01020-0-8076

共同印刷工業・新生製本

ISBN978-4-623-09269-7
Printed in Japan